Riccardo Bonfranchi
Eliane Perret

Heilpädagogik im Dialog

Lehren und Lernen mit behinderten Menschen

Band 40

Riccardo Bonfranchi,
Eliane Perret

Heilpädagogik im Dialog

Praktische Erfahrungen, theoretische Grundlagen und aktuelle Diskurse

ATHENA | wbv

Ein ATHENA-Titel bei wbv Publikation

ein Geschäftsbereich der
wbv Media GmbH & Co. KG
Bielefeld 2021

Gesamtherstellung:
wbv Media GmbH & Co. KG, Bielefeld
wbv.de

Bestellnummer: 6006398
ISBN (Print) 978-3-7639-6580-9
ISBN (E-Book) 978-3-7639-6583-0

Printed in Germany

Bibliografische Information der Deutschen Nationalbibliothek
Die Deutsche Nationalbibliothek verzeichnet diese Publikation in der Deutschen Nationalbibliografie; detaillierte bibliografische Daten sind im Internet über http://dnb.d-nb.de abrufbar.

Für Judith und René

Inhalt

	Vorwort	9
1	Menschenbilder – was sind das für Bilder?	11
2	Unterliegt die Schule einem sozialen Wandel?	17
3	Beziehung und Bildung – beißt sich das?	25
4	Was verstehst du unter Erziehung?	32
5	Welche Werte und Normen sind in »Erziehung« drin?	39
6	Heißt es: »Fordern und Fördern« oder »Fördern und Fordern«?	47
7	Wodurch ist ein guter Theorie-Praxis-Bezug gekennzeichnet?	53
8	Meine Vorbilder – deine Vorbilder	62
9	Ist die Heilpädagogik eine Profession?	70
10	Gibt es in der Heilpädagogik ethische Fragestellungen?	78
11	Was sagt uns Fachleuten der Heilpädagogik die Neurowissenschaft?	84
12	Die ICF – eine Modeerscheinung oder Hilfe im heilpädagogischen Alltag?	90
13	Worauf richtet die Diagnose ihren Blick?	97
14	ADHS, POS, MCD – was ist es nun?	104
15	Wer ist verhaltensauffällig?	109
16	Was macht eine gute Methodik des Lernens aus?	118
17	Woran orientiert sich die Kompetenzorientierung?	128
18	Ist utilitaristisches Gedankengut grundsätzlich des Teufels?	134
19	Man spricht von New Public Management und meint was damit?	141
20	Wer übernimmt die Verantwortung in der Heilpädagogik?	148
21	Warum hatten Heilpädagogische Sonderschulen – anders als die Regelschulen – von Beginn an eine Leitung?	155
22	Ist die Integration von Kindern mit einer Behinderung in die Regelschule sinnvoll?	163
23	Resilienz und Vulnerabilität: zwei Seiten derselben Medaille?	172
24	Sprache – eine Brücke zum Du	178

25 Gibt es einen Zusammenhang zwischen Individualpsychologie und Heilpädagogik? 185
26 Kreativität in der Schule – ein Widerspruch? 191
27 Kann man jemand anderen motivieren? 199
28 Ist die Klassengemeinschaft eine Gemeinschaft? 205
29 Haben Lehrende und Lernende eine Beziehung zueinander? 211
30 Braucht es Disziplin und Strafe überhaupt? 218
31 Gab es Gewalt und Mobbing in der Schule früher nicht? 225
32 Stehen Familie und Schule miteinander in Verbindung? 232
33 Werden Eltern durch die Behinderung ihrer Kinder auch behindert? 239
Dank 247
Literaturhinweise 249

Vorwort

Da treffen sich zwei Heilpädagogen, ein Mann und eine Frau. Beide sind gleich alt, um genau zu sein, schon etwas älter. Der eine ist schon pensioniert, die Frau mittlerweile auch. Er war Schulleiter einer Heilpädagogischen Sonderschule, sie unterrichtet noch in einem kleinen Pensum an einer Sonderschule, deren Schulleiterin sie jahrelang war. Um zu präzisieren, muss gesagt werden, dass er Schulleiter einer Sonderschule war, an der ausschließlich Kinder und Jugendliche mit einer geistigen Behinderung gefördert werden. Ein Spezialgebiet von ihm ist zum einen Ethik und zum anderen die Pädagogik von schwerst- und mehrfachbehinderten Kindern und Jugendlichen. Bei ihr ist es etwas anders. Ausgehend von einem personalen Menschenbild sind ihre Spezialgebiete die Individualpsychologie von Alfred Adler, die Bindungstheorie sowie die Pädagogik von lernbehinderten und verhaltensauffälligen Kindern und Jugendlichen. Diese Ergänzung ergibt, so finden die beiden, ein ersprießliches Feld, auf dem man lange verweilen, das heißt diskutieren kann. Deshalb beschließen sie, ein Buch zu schreiben.

Vorab noch eine Bemerkung, die der guten Ordnung halber gemacht werden muss. Weil das abgesteckte Feld von geistiger Behinderung, schwerster geistiger Behinderung, Lernbehinderung und Verhaltensauffälligkeit nun wahrlich nicht klein ist, werden wir uns in diesem Buch nicht zu sinnes- und körperbehinderten Menschen äußern. Es ist nämlich ein Kennzeichen der in diesem Buch dargestellten Inhalte, dass wir uns einer advokatorischen Ethik verpflichtet fühlen und deshalb immer wieder die Position der betroffenen Schüler und Schülerinnen einnehmen. Und das wollten wir in jenen Bereichen tun, in denen wir uns auskennen.

Die Frage der Reihenfolge der Beiträge hat uns eine Weile intensiv beschäftigt. Es hat etwas Zeit gebraucht, bis wir uns eingestanden haben, dass es eine klare, stringente Reihenfolge nicht gibt, nicht geben kann. Natürlich haben wir uns dann doch für einige Grundsätze entschieden, nach denen wir die Beiträge aneinandergereiht haben. Vielleicht gelingt es den einen oder anderen Leserinnen oder Lesern festzustellen, nach welchen Kriterien wir uns dabei ausgerichtet haben. Aber im Grunde spielt es keine Rolle; man hätte die Reihenfolge auch völlig anders bilden können.

Wie ist dieses Buch entstanden? Wie haben wir es gemeinsam geschrieben? Am Anfang haben wir uns über mögliche Themen ausgetauscht. Dabei hat jeder von uns seine Spezialthemen formuliert. Das mussten wir nicht lange aushandeln, weil jeder die Themen des anderen problemlos akzeptiert hat. So kamen 33 Themen zustande, die wir für die heutige Diskussion um

Pädagogik und insbesondere Heilpädagogik für relevant halten. Es hätten noch mehr Themen sein können. Da wir ja nicht am gleichen Ort leben und wir auch unsern Alltag unterschiedlich gestalten, sind wir auf die Idee gekommen, dass jeder zu jedem Thema einen Beitrag schreibt. Erst wenn jeweils beide ihren Beitrag verfasst hatten, tauschten wir ihn aus. Damit wollten wir verhindern, einander gegenseitig zu beeinflussen. Das hat sich bewährt, und wir haben uns – ausnahmslos – daran gehalten. Wenn dann beide Texte zu einem Thema ausgetauscht waren, kommentierten wir jeweils den Text des anderen. Dabei galt die Regel, die Kommentare des anderen zum eigenen Text so stehen zu lassen. Auch daran haben wir uns gehalten. So nahm das Projekt über mehrere Monate langsam, aber sicher Gestalt an. So ist dieses Buch entstanden, von dem wir hoffen, dass wir den Leser, die Leserin anregen, sich selber Gedanken zu einem eigenen Kommentar zu machen – zu einem speziellen Thema, das ihn, sie interessiert.

Das Buch bietet deshalb eine Fülle an Kenntnissen und Erkenntnissen, die wir hier zusammengetragen haben. Es stellt beredtes Zeugnis von – zusammengenommen – rund 80 Jahren Heilpädagogik dar. Das natürlich so gerechnet, dass man die Erfahrungsjahre von uns beiden Autoren zusammenzählt. Ist dieses Buch deswegen ein historisches Buch der Heil- und Sonderpädagogik? Mitnichten! Da beide Autoren noch sehr stark mit der heutigen Praxis verbunden sind, geht es vielmehr darum, die Entwicklung heilpädagogischer Ansichten und Prozesse einerseits zu reflektieren und andererseits immer wieder einer Prüfung zu unterziehen. Wir haben uns auch stets mit neuen Forschungsergebnissen befasst und haben festgestellt, dass vieles davon an den heutigen Ausbildungsstätten nicht gelehrt wird. Dass wir beide, oft aus unterschiedlichen Motiven heraus, vieles an der heutigen Heilpädagogik kritisch betrachten, liegt in der Natur der Sache. Nicht alles, was neu ist, ist automatisch auch gut.

Das Buch ist natürlich für alle an der Thematik Interessierten gedacht. Aber es ist kein hochwissenschaftliches Buch. Es hat kaum Zitate, keinen Handapparat, dafür eine Liste von Literatur für alle, die sich gerne weiter in ein Thema vertiefen möchten. Wir haben uns auch um eine lebendige, leserfreundliche Sprache bemüht und uns davor gehütet, in einen Fachjargon zu verfallen. So hoffen wir, dass dieses Buch sowohl auf das Interesse von Eltern und an Bildungsfragen Interessierten stößt als auch von Vertretungen der Bildungsdirektion, Schulpflegern und Schulpflegerinnen, aber auch Studenten und Studentinnen der Hochschulen für Heilpädagogik und Pädagogischen Hochschulen gelesen und gern zur Kenntnis genommen wird.

Dr. Riccardo Bonfranchi
Dr. Eliane Perret

1 Menschenbilder – was sind das für Bilder?

Anderen begegnen? (Aus-)Wirkungen auf die heilpädagogische Arbeit

Beitrag Eliane Perret

Warum stellen wir die Frage nach den Menschenbildern, warum ist sie die erste in diesem Buch? Weil sie nach meiner Ansicht für unser berufliches Selbstverständnis sehr wichtig ist! Unser Erleben ist geprägt vom Bild, das wir vom Menschen haben – von unserem Menschenbild. Zumeist unbewusst, aber nicht weniger wirksam! Es betrifft das Ethos, mit dem wir unseren Beruf ausüben.

Nun, es würde sich anbieten, sich der Frage mit einem Exkurs in philosophischer Anthropologie anzunähern. Ich hoffe, *du* machst es! Das wäre spannend, denn in allen Kulturen und Epochen haben die Menschen versucht, sich Bilder von sich zu machen und ihren Platz in der Welt zu definieren. Das kann man auch eindrücklich in Museen sehen, die das jeweilige Menschenbild in seiner kulturellen und historischen Vielfalt dokumentieren. Auch in den Werken von Kunstschaffenden kommt deren Bild vom Menschen zum Ausdruck. Ich möchte mich dem Thema jedoch lieber aus psychologischer Sicht zuwenden, das ist mir vertrauter.

Menschenbild – Grundlage unserer Arbeitshypothesen

Unsere Vorannahmen, Erwartungen und Forderungen hängen eng mit unserem Menschenbild zusammen und prägen maßgeblich die Gestaltung der Beziehungen zu den Schülerinnen und Schülern und auch die kollegiale Zusammenarbeit. Das Menschenbild wird zum Ausgangspunkt unserer Arbeitshypothesen. Je nachdem legen wir den Schwerpunkt bei unserer Arbeit, geben unterschiedlichen didaktischen Konzepten den Vorzug, gestalten den Unterricht entsprechend, entwickeln Förderkonzepte und beurteilen Entwicklungsprozesse. Wir haben es ja stets mit Schülerinnen und Schülern mit einer speziellen Problematik zu tun. Ich nehme als Beispiel Kinder, welche die heute sehr verbreitete Diagnose ADHS haben. Ist mein Menschenbild durch die aktuell dominierenden Neurowissenschaften geprägt, werde ich das Verhalten als Folge von gestörten Prozessen im Gehirn deuten und entsprechende Maßnahmen, z. B. die Verschreibung von Methylphenidat, als verpflichtend erachten, eingebettet in der Verhaltenstherapie angelehnte Unterrichtskonzepte. Gehe ich davon aus, dass das Verhalten des Kindes vererbt ist, werde ich im Gespräch mit den Eltern mein Augenmerk darauf richten, welcher Elternteil sich allenfalls durch starke Unruhe bemerkbar macht; eventuell auch bei ihm ein ADHS vermuten. Stehen für mich die Lebensgeschichte des Kindes und das Zusammenspiel mit den Beziehungspersonen bei der Herausbildung des Verhaltens im Vordergrund, werde ich andere Überlegungen anstellen, die meinen Umgang mit ihm prägen. Das sind nur einige Spielformen, wie das Menschenbild meinen Berufsalltag prägen kann.

Nun wurde ja die Bedeutung solcher Vorannahmen vielfach untersucht. In jedem Psychologiestudium wird irgendwann der Rosenthal-Effekt diskutiert. Die Aussage ist klar: Eine vorangehende positive Einschätzung eines Schülers oder einer Schülerin hat Einfluss und bestätigt sich in dessen bzw. deren weiterer Entwicklung. Die Erklärung dafür sind unbewusste Verhaltensänderungen der Lehrpersonen, die sich in ausgedehnter Zuwendung, subtiler Unterstützung, vermehrtem Lob und hohen Leistungsanforderungen äußern. Umgekehrt kann eine negative Erwartungshaltung eine entsprechend negative Entwicklung nach sich ziehen (Golem-Effekt).

Mein Menschenbild = dein Menschenbild?

Das eigene Menschenbild gilt oft als so selbstverständlich, dass es kaum hinterfragt oder durch andere Sichtweisen relativiert wird. Dabei wäre es gerade für Lehrpersonen wichtig, sich dessen bewusst zu sein und die persönlichen Erwartungshaltungen auf dem Hintergrund des eigenen Menschenbildes zu reflektieren. Sie haben eine besondere Verantwortung, sich bewusst zu sein, mit welchen Vorannahmen und Werthaltungen sie die Beziehung zu ihren Schülerinnen und Schülern und zu deren Familien gestalten. Für mich heißt das, die eigene Biografie in einem umfassenden Sinne zu durchleuchten. Selbstverständlich ist der kulturelle Hintergrund der eigenen Familie bedeutsam, der beispielsweise das Rollenbild von Mann und Frau maßgeblich formen kann. Es ist aber auch die persönliche Entwicklung im familiären und schulischen Umfeld. So kann eine eigene Unsicherheit oder Schwäche zu einer ungünstigen Solidarität mit einem Kind führen, das eine »vertraute« Problematik aufweist. Man traut ihm nicht zu, was man sich selbst nicht zugetraut hat, und lässt es in der Mutlosigkeit hängen. Im umgekehrten Fall kann einem Lehrer, der selbst die Schule mit Leichtigkeit bewältigt hat, der gefühlsmäßige Zugang zu Kindern verwehrt sein, die sich schwertun, das Lernen anzupacken. Es gäbe noch viele Beispiele anzuführen. So die Lehrerin, die sich zu Hause als Jüngste gerne den Älteren angeschlossen hat und nun Mühe hat, die unvertraute Aufgabe als anleitendes Vorbild zu übernehmen, und entsprechend Führungsprobleme in der Klasse hat. In der Psychotherapie spricht man in diesem Zusammenhang von Gegenübertragung.

Weitblick gewinnen

Dieser Bewusstwerdungsprozess ist nicht immer einfach und mag auch am eigenen Ego kratzen, aber er lohnt sich. Es wird kaum Heilpädagogen geben, die nicht gerne von sich sagen möchten, dass sie »über der Sache stehen«, das heißt einen objektiven Blick für das Problem des Kindes und das Geschehen in der Klasse haben. Oder um es mit Goethe zu sagen:

»Es ist das Ethos, an dem die Lehrer arbeiten, was wirkt, was die Atmosphäre der Schule mitbestimmt, was geschätzt wird.«

Nun arbeiten wir in einem Beruf, der sein Gepräge im Laufe der Zeit immer wieder geändert hat. Neue Phänomene haben Fragen aufgeworfen, und neue wissenschaftliche Erkenntnisse sind eingeflossen. Zur Auseinandersetzung mit diesen Entwicklungen gehört die Frage nach dem jeweiligen Menschenbild. Sie gibt den nötigen Weitblick, aber auch einen inneren Maßstab, diese Entwicklungen zu beurteilen und einen eigenen, fundierten Standpunkt einzunehmen.

Kommentar Riccardo Bonfranchi

Ich greife aus deinem Text die Passage heraus, in der du davon ausgehst, dass sich unsere Menschenbilder auf alle unsere Vorannahmen, Erwartungen und Forderungen auswirken. In diesem Sinne habe ich das auch beschrieben. Allerdings mit einer Ausnahme, nämlich des immer gleichen Menschenbildes, das wir gegenüber Menschen mit einer geistigen Behinderung haben.

Meine Frage ist nun, ob diese Vorannahmen, Erwartungen und Forderungen nicht auch einem starken gesellschaftlichen Wandel unterliegen. Du gehst ja so weit zu sagen, dass die gesellschaftlichen Bedingungen auch unser Bild von unseren Schülern und Schülerinnen bestimmen. Dies sehe ich genauso. Aber für mich stellt sich nach dem Lesen deines Textes die Frage, ob die Menschen in grauer Vorzeit gleiche oder zumindest ähnliche Bilder von der menschlichen Natur hatten wie wir oder eben doch ganz andere? Warum? Es ist doch wahrscheinlich, dass ihre Annahmen auf anderen Grundlagen basierten; dass ihre Erwartungen an das Leben, das Mensch-Sein auch anders strukturiert waren als die unsrigen heute; und dass deshalb die Forderungen an das, was ein Mensch zu lernen oder zu erbringen imstande sein musste, auch anders gestaltet waren als heute.

Oder gibt es doch Konstanten? Wenn nämlich unsere Menschenbilder mit denen vor rund 5000 Jahren in Grundzügen identisch oder zumindest sehr ähnlich wären, würde meine These der Ungleichartigkeit der Menschenbilder nicht stimmen. Ich bin mir da unschlüssig. Menschenbilder können sich im Laufe der Zeit nicht grundsätzlich widersprechen, so auch meine Meinung.

Also, und dies mein vorläufiges Fazit: Ich muss mir dazu noch mehr Informationen beschaffen und darüber nachdenken. Aber eben, haben das die Menschen nicht schon immer getan ...?

Menschenbilder und ihre (Un-)Veränderlichkeit – eine philosophisch-anthropologische Betrachtung

Beitrag Riccardo Bonfranchi

Der Mensch hat wohl schon immer Bilder der Welt entworfen. Durch sein Bewusstsein ist er dazu in der Lage. Wenn er sich nun Gedanken über die Welt macht, kann es nicht ausbleiben, dass er sich auch über sich selbst Gedanken macht. Der Mensch ist ja ein Teil der Welt. Wie kann er sich in ihr positionieren? Wie sieht der Mensch sich in der jeweiligen Epoche? Entsprechend dem Bild, das er von sich hatte, konnte es sein, dass er begann, sich zu schmücken, zu bemalen, sich zu tätowieren. Dieses Sich-selber-Wahrnehmen führte dann dazu, dass er ein mythisches Gegenüber konstruierte, auch wenn ihm das vielleicht nicht bewusst war. Er verkleidete sich und nahm die Gestalt von Tieren an. In dieser Maske tanzte er, um die Götter friedlich zu stimmen oder sie um Regen zu bitten. Es waren magische Mächte, die hier beschworen wurden. Sie stehen in einem unmittelbaren Zusammenhang mit dem Bild, das sich der Mensch von sich selber machte.

Menschenbild im Wandel der Zeit

Einige tausend Jahre später vergeistigt sich dieses Bild. Es gibt nicht mehr Götter, sondern nur einen Gott (in der westlichen Welt). Dieser sagt dem Menschen nun, welches Bild das richtige oder das falsche ist. Aber auch dieses Bild wandelt sich zu Beginn der Neuzeit. Nun heißt es: Sapere aude. Bediene dich deines eigenen Verstandes – und nutze die Wissenschaften. Dies bedeutet, dass durch eine ungeheuerliche wissenschaftliche Entwicklung ein ebenso ungeheuerliches Wissen angehäuft wird, sodass heute eine Vielzahl von Bildern entstanden ist, was der Mensch nun ist oder sein soll.

Es ist für mich als Exponent der modernen Welt nicht mehr möglich, nur ein Bild, ein Menschenbild zu zeichnen. Dieses neue Weltbild ist polyvalent, jedes Bild ist möglich, wenn es denn nur denkbar ist. Es kann aber immer überprüft werden, ob es dem Menschen angemessen ist.

Unerwünschte Laune der Natur?

Ein Bild des Menschen gibt es, das wohl über die Jahrtausende gleich geblieben ist, und ich meine damit das Bild, welches wir uns von den Menschen machen, die als geistig behindert gelten. Hier kann davon ausgegangen werden, dass es diese Menschen schon immer nicht hat geben sollen. Sie gelten als eine unerwünschte Laune der Natur und es ist besser, wenn sie gleich nach der Entdeckung ihres Andersseins wieder verschwinden. So kann man denn davon ausgehen, dass Menschen mit einer sichtbaren geistigen Behinderung (z. B. Trisomie 21) vermutlich unmittelbar nach der Geburt getötet oder – bei Jägern und Sammlern – liegen gelassen wurden (persönliche Mitteilung eines Aborigines im australischen Outback). Aus dem späten Mittelalter in der Schweiz ist bekannt, dass solche Kinder »versehentlich« in ein Jaucheloch fielen, oder es wurde nach ihrem Baden »vergessen«, das Fenster zu schließen und sie abzutrocknen. Diese Kinder starben an einer Lungenentzündung. Man legte sich zurecht, dass der liebe Gott das arme Kind wieder zu sich genommen habe. Die Aussagen der Nationalsozialisten zum »unwerten Leben« sind hinreichend bekannt. Tatsache ist, dass das Bild, das sich die jeweilige Gesellschaft von Menschen mit einer geistigen Behinderung gemacht hat, unverändert geblieben ist. Auch heute passen Menschen mit einer geistigen Behinderung nicht ins Bild. Durch die Möglichkeiten der Pränatalen Diagnostik werden bereits in der frühen Schwangerschaft genetische Veränderungen erkannt und etwa 90 Prozent der Embryos abgetrieben. Der einzige Unterschied gegenüber früheren Zeiten besteht darin, dass das werdende Kind mit einer diagnostizierten geistigen Behinderung intrauterin von der Bildfläche verschwindet und die Menschen sich nicht mehr mit dem geborenen Kind und dem Bild, das sie sich von ihm machen, auseinandersetzen müssen.

Fazit: Wir sehen, dass sich das Bild, das sich der Mensch von sich selber gemacht hat, immer wieder gewandelt hat. Dass aber das Bild, das er sich z. B. von Menschen mit einem Downsyndrom macht, über die Jahrtausende hinweg wohl unverändert geblieben ist. Das Einzige, was sich geändert hat, ist die Effizienz, mit der er sich von diesem Bild, diesen Menschen distanzieren kann.

Kommentar Eliane Perret

Da habe ich ja – wie gewünscht – ein bisschen Einblick in die philosophische Anthropologie bekommen. Es ist interessant, wie der Mensch seine Möglichkeiten nutzte, sein Dasein zu verbessern, zu planen und sich Nicht-Verstandenem und scheinbar Unerklärlichem anzunähern. Es ist ja sicher auch kein Zufall, dass Kinder sehr viele diesbezügliche Fragen haben und sich gerne auf philosophische Gespräche einlassen.

Heute stehen uns mehr Wissen und Erkenntnisse zur Verfügung. Entsprechend größer geworden ist die Verantwortung, die wir haben. Viele Wissenschaftler und Denker waren und sind sich dessen bewusst. Ich denke dabei z. B. an Albert Einstein und Albert Schweitzer, die vor den Gefahren im Umgang mit der Atomkraft und deren Nutzung gewarnt haben. Auch jetzt zu Zeiten von Covid-19 geht es um die Frage, wie das Wissen um das Virus und dessen Verbreitung so genutzt wird, dass die Gesundheit *aller* Menschen geschützt ist.

Du sprichst mit deinen Ausführungen auch eine Frage an, die sich den Menschen immer gestellt hat: die Frage nach dem Umgang mit Behinderten. Wie du sagst, ist diese Frage heute nach wie vor da. Entscheidungen werden getroffen, vielleicht weniger offen. Vielleicht fühlen sich Menschen durch Behinderte in anderer Weise »behindert« als früher, weil sich die Lebensumstände geändert haben? Vielleicht läuft die Diskussion darüber verdeckter, steriler ab? Wie auch immer! Ich denke, dass der Maßstab bei der Beurteilung all dieser Fragen stets getragen sein muss von einer Ethik, die sich dem humanistischen Menschenbild verpflichtet fühlt.

2 Unterliegt die Schule einem sozialen Wandel?

Entwicklungswahn und Umgang mit Wandel und Verantwortlichkeiten

Beitrag Riccardo Bonfranchi

Natürlich wandelt sich die Schule. Wie sollte sie nicht als Einrichtung der Gesellschaft? Aber bevor ich diese Thematik aufgreife, frage ich mich, was der Begriff »sozialer Wandel« bedeutet. Als sozialer Wandel, Kulturwandel oder auch gesellschaftlicher Wandel werden die prinzipiell unvorhersehbaren (aber doch oft angebahnten oder betriebenen) Veränderungen bezeichnet, die eine Gesellschaft in ihrer sozialen und kulturellen Struktur über einen längeren Zeitraum erfährt.

Da die Schule ein Teil der Gesellschaft ist, unterliegt sie selbstverständlich auch diesem »unvorhersehbaren« Wandel. Bei dieser nüchternen Feststellung will ich es aber nicht belassen, weil es sich gerade bei den Veränderungen der Schule um einen überhitzten Wandel handelt. Damit meine ich, dass das System Volksschule in den letzten rund dreißig Jahren einen ungeheuren Umbruch erlebt hat. Man muss sich deshalb schon die Frage stellen, was dessen Ursache ist, ob es so kommen musste und wie wieder mehr Ruhe einkehren kann. Denn wenn es mit der Schule so weitergeht, steuert sie auf einen Kollaps zu.

Schulreformen im Zeitraffer

Betrachten wir einmal im Zeitraffer, welchen Themen die Schule in den vergangenen Jahrzehnten gerecht zu werden versuchte. Da ging es um die Digitalisierung, also das Bestücken der Schule mit Computern und Tablets. Nur im Gymnasium oder auch in der Volksschule? Heute aber schon im Kindergarten! – In den achtziger Jahren war die Aids-Aufklärung ein Thema, das stark verunsicherte. – Ein anderes, ob der Handarbeitsunterricht ganz abgeschafft werden soll oder eventuell nur teilweise. – »Auch Volksschulen brauchen eine Leitung« war die nächste Forderung. Heilpädagogische Sonderschulen und Gymnasien hatten seit ihrem Bestehen eine Leitung. Heute sind alle Schulen geleitet. – Ist das System der Schulpflegen noch zeitgemäß? Sollen sie nicht besser abgeschafft werden? Die Bezirksschulpflegen ja, die Gemeinde- und Stadtschulpflegen hingegen wiederum nicht, wurde entschieden. – Müssen die naturwissenschaftlich ausgerichteten Fächer aufgewertet werden, und wenn ja, auf Kosten welcher Fächer? – Sollen Kleinklassen aufgelöst werden? Heißt das dann »eine Schule für alle«? Bei Kindern und Jugendlichen mit Verhaltensauffälligkeiten hört der Spaß aber auf? – Taugt das neue Französisch-Lehrmittel etwas? – Soll nur über das Gehör geschrieben werden, die Computer richten es ja? – Hat Mengenlehre eine Zukunft? – Sollen Jungen und Mädchen gemeinsam Turn- und Sportunterricht erhalten? Warum wird das eigentlich unterschieden, Turnen und Sporttreiben? – Braucht es die klassische Sekundarlehrkraft, aufgeteilt nach Phil. I und Phil. II, noch? Heute gibt es nur Oberstufenlehrkräfte. – Braucht es zwei Fremdsprachen, und welche soll die wichtigere sein? Macht Frühenglisch Sinn oder lernt man Fremdsprachen besser erst später? Was sagen die Romands dazu? – Dürfen auf der Schulreise noch Servelats (Schweinefleisch!) gegrillt werden? Müssen bei der Weihnachtsfeier die Lieder, in denen Jesus explizit erwähnt wird, aus dem Programm gestrichen werden? – Und dann kommt auch noch das Fach Ethik in den neuen Lehrplan und fordert eine Vielzahl an Kompetenzen. Und so weiter und so fort.

Ich bin sicher, dass ich eine Reihe von weiteren Veränderungen, von strittigen Ideen im Zusammenhang mit der Schule der letzten dreißig Jahre vergessen habe. Es sind zu viele. Wer kennt die Namen, nennt die Zahl ...?

Wenn man ein profitorientiertes Unternehmen im Laufe von wenigen Jahrzehnten einer solchen Flut an Ideen, Veränderungen, Widersprüchen ausgesetzt hätte, gäbe es dieses Unternehmen schon lange nicht mehr. Aber mit der Schule – der Volksschule, muss man genauer sagen – kann man es ja machen! Interessant ist, dass die Gymnasien und auch die Berufsschulen diese chaotischen Verhältnisse nicht in diesem Ausmaß mitgemacht haben. Natürlich gab es in den beiden Bereichen auch Veränderungen. Doch das geschah in einer moderateren Form und kann mit dem Tohuwabohu der Volksschule nicht verglichen werden.

Spielball von welchen Kräften?

Deshalb ist zu fragen: Wie konnte dies geschehen und welche Kräfte waren und sind da am Wirken? Wie konnte die Volksschule zum Spielball unterschiedlicher gesellschaftlicher Gruppen werden?

Wir leben in einer liberal denkenden, multikulturell geprägten Gesellschaft, in der eine Vielzahl sich antagonistisch verhaltender Gruppen ihre Meinung öffentlich macht. Verschiedenste Strömungen, gegensätzliche Inhalte können in unserer demokratischen Gesellschaft ihren Platz finden. Bezüglich dieses unendlichen Dissenses gibt es in unserer Gesellschaft Konsens. Vielleicht ist dies die wichtigste Übereinstimmung, über die wir verfügen. Die Vielfalt unserer Gesellschaft ist das Ergebnis eines über Jahrhunderte andauernden Prozesses, und ein Ende ist nicht absehbar. Dieser Prozess bedeutet auch die Freiheit, zu wählen. Ich kann mich für dieses oder jenes entscheiden, wenn es niemand anderen schädigt. Innerhalb des rechtlichen Rahmens kann ich mir selber überlegen, was ich zu tun oder zu lassen habe.

Sich der Folgen stärker bewusst sein

Kehren wir zur Ausgangsfrage zurück. Es ist wohl der Preis dieser Toleranz gegenüber nahezu jeder Idee, die in Bezug auf die Volksschule dazu geführt hat, dass jede Pressure-Group versucht, ihre Inhalte im Bildungssystem unterzubringen. In einem demokratischen Rechtsstaat durchaus legitim. Nur ist zu fragen, ob das System diesen überhitzten Wandel überlebt. Es geht ja um die Kinder. Da kommen große Zweifel auf. Andererseits bin ich auch gegen eine Reglementierung dessen, was man in der Volksschule zulassen darf. Das heißt, dass ich in dieser Frage zu keiner einfachen, eindeutigen Lösung komme. Wenn man die Heterogenität der Gesellschaft, in der wir leben, befürwortet, hat man keine andere Wahl, als diese auch für das Subsystem der Volksschule zu akzeptieren. Aber es wäre schon ein großer Gewinn, sich der Folgen stärker bewusst zu sein und sie zu Ende zu denken. Wenn ich mir überlege, dass ein Zuviel auch zu einem Kollaps führen kann, führt mich das – gerade als Pädagoge – zu einigen Gedanken über Egoismus und Verantwortung.

Verantwortung für das Ganze

Es sollte im Interesse aller möglich sein, bezüglich seiner Überzeugung und deren Durchsetzung auch einmal einen halben Schritt zurückgehen. Denn der Egoismus des Einzelnen muss seine Grenze da haben, wo er anderen schadet. Mit einer solchen Haltung würde man wieder die nötige Verantwortung für das Gesamte übernehmen. Bekanntlich ist ja das Ganze mehr als die Summe seiner Teile. Ich persönlich darf und kann mich jeweils für einen Einzelaspekt im System der Volksschule engagieren. Aber ich habe auch eine Verantwortung dem Gesamten gegenüber, und da wäre mehr Augenmaß beim Vertreten des Teilinteresses angesagt. Darüber sollten die Reformerinnen und Reformer und alle, die sich dafür halten, einmal nachdenken.

Kommentar Eliane Perret

Deine Aufzählung aller Reformen der letzten dreißig Jahre löst Atemlosigkeit aus. So ist es in den letzten Jahren wahrscheinlich vielen Lehrerinnen und Lehrern gegangen. Die einen begannen, Dienst nach Vorschrift zu machen, andere reagierten mit Selbstzweifeln, Depressionen oder psychosomatischen Erkrankungen, hatten ein Burnout oder gaben den Beruf auf.

Wenn man – wie du es immer wieder machst – nach dem Warum dieser Entwicklung fragt, so darf man nicht beim Detail stehen bleiben. Ein Blick in die Literatur verweist auf einen Umgestaltungsprozess, der seinen Ursprung in den USA hat und alle europäischen Länder erfasste. Nicht einbezogen wurden dabei die durch europäische Forschung und Erfahrungen erbrachten Entwicklungen und Verbesserungen der Schulen, die sich an einem personalen Menschenbild orientierten. Vielleicht liest du dazu einmal von Roman Langer: *Warum haben die Pisa gemacht?* (Langer 2008). Er rollt die Entwicklung auf, beginnend 1957 mit dem Sputnik-Schock, nachdem die Russen als Erste eine Sonde in die Erdumlaufbahn geschickt hatten. Erstaunlicherweise setzten die Amerikaner nun nicht alles daran, ihr offensichtlich marodes Schulsystem in Ordnung zu bringen. Sondern sie setzten auf die eigene Machtentwicklung und ein an utilitaristischen Prinzipien orientiertes Notfallprogramm für die Schulen. Diesen Auftrag übertrugen die USA später an die OECD (*Organisation für wirtschaftliche Zusammenarbeit und Entwicklung*), die 1961 gegründet wurde. Es verwundert nicht, dass diese Strategie keinen Erfolg brachte, dazu hätte man grundsätzliche Diskussionen über die pädagogischen und psychologischen Erkenntnisse führen müssen, die erfolgreichem Lernen zugrunde liegen. Weder Schule noch Bildung wurden in den USA besser und der Wirtschaftsvorsprung der anderen Länder war gleich geblieben. Amerikas Schulen galten weltweit als schlecht. Das Bildungssystem hatte sich zunehmend hin zu teuren privaten Eliteschulen und maroden Staatschulen entwickelt.

Mitte der neunziger Jahre nahm die OECD der UNESCO das Zepter im Bereich der Bildung aus der Hand. Unter dem Druck der USA, die drohte, aus der Organisation auszutreten, übernahm sie den Auftrag, Indikatoren auszuarbeiten, mit denen Bildungssysteme international verglichen werden konnten. Für die USA hatte das den Vorteil, von der eigenen Bildungsmisere abzulenken und gleichzeitig mit einer Top-down-Strategie die nationale Bildungspolitik anderer Länder zu beeinflussen, die so unter Zugzwang kommen würden. So entstand die Pisa-Studie, die Daten auf der Basis amerikanischer Bildungskonzepte erhob und einen Theorie- und Kulturbruch gegenüber der europäischen Bildungstradition bedeutete. Trotz kritischer Stimmen segneten die OECD-Länder das Pisa-Konzept ab. Seither hat die

OECD im Bildungsbereich eine Vormachtstellung, die sie sich selber zugeeignet hat. Die Pisa-Tests lösten einen regelrechten Schock aus, der in Europa eine Reformwelle nach der anderen nach sich zog, während die USA sich kaum um die Resultate kümmerten. Überprüft wurde der Reformeifer von einer Vielzahl selten unabhängiger in- und auch ausländischer Studien. Eine davon wunderte sich darüber, dass diese grundlegenden Reformen in der Schweiz so locker vonstattengingen und nicht einmal die Kantone als wichtigste Veto-Player den erwarteten Widerstand leisteten (Bieber 2010).

In dem Sinne ist für mich die heutige Situation der Schule nicht das Resultat sozialen Wandels, auch nicht bedingt durch die Freiheiten einer »liberal denkenden, multikulturell aufgestellten Gesellschaft, die von einer Vielzahl sich antagonistisch verhaltender Gruppen bevölkert wird«. Vielmehr sehe ich die Situation als Unfreiheit, die uns ungefragt auferlegt wurde und die wir nicht weiter haben müssten.

Auswirkungen des sozialen Wandels auf Schule und Gesellschaft

Beitrag Eliane Perret

Viele Reformen in unserem Bildungssystem wurden und werden mit dem sozialen bzw. gesellschaftlichen Wandel begründet, der in der Schule mitvollzogen werden muss. Oft verbunden mit dem Vorwurf, sie tue das nicht oder zu wenig schnell. In letzter Zeit besonders laut zu hören bei der Forderung nach Digitalisierung des Unterrichts.

Aufgabe der Schule

Zuerst etwas Grundsätzliches zur Aufgabe der Schule speziell auch in der Schweiz. Lange Zeit war auch bei uns Schulbildung ein Privileg und nur einem Bruchteil von Kindern vorbehalten. Erst gegen Ende des 19. Jahrhunderts wurde die Schule mit der Totalrevision der Bundesverfassung (1874) für alle Kinder obligatorisch. Sie war nun unentgeltlich und konnte von Buben und Mädchen ungeachtet ihrer Herkunft, ihres Glaubens und ihrer sozialen Zugehörigkeit besucht werden. Die Entstehung der Volksschule war stark mit der politischen Entwicklung zur direkten Demokratie verbunden. Demokratie gesteht den Bürgerinnen und Bürgern Rechte zu. Sie muss besorgt sein um die Wahrung der Grundrechte, der Meinungsfreiheit, des Stimm- und Wahlrechts und der Rechtssicherheit und -gleichheit. Im Gegenzug schließen diese politischen Rechte für die Bürgerinnen und Bürger die Verantwortung ein, sich für deren Erhalt einzusetzen. Das bedingt einen gewissen Bildungsstand, der befähigt, am aktuellen politischen Zeitgeschehen aktiv mitzuwirken. Das ist gerade in einer direkten Demokratie in einem hohen Maße gefordert und ein wichtiges Ziel unserer Volksschulen. Reformen müssen sich an diesem Ziel, mündige Mitbürgerinnen und Mitbürger heranzubilden, messen lassen!

Seit damals sind fast 150 Jahre vergangen. Ich staune, dass ich mehr als ein Drittel dieser Zeit als Schülerin oder Lehrerin aktiv miterlebt habe. Selbstverständlich hat sich in dieser Zeit sehr viel verändert, bezüglich des Verhältnisses zwischen Lehrpersonen und den Kindern, des Lernstoffes und der Unterrichtsformen. Zu Recht wurde der autoritäre Unterrichtsstil in der zweiten Hälfte des letzten Jahrhunderts als nicht kindgerecht kritisiert. Aber auch die im Nachgang der 68er-Bewegung propagierte Anti-Pädagogik erfasste das Wesen des Kindes in keiner Weise, genauso wenig wie es dies heute das selbstorganisierte Lernen tut.

Erlebter Wandel von Konzepten und Bildungsbegriff

Ich konnte selbst einen gut geführten, auf entwicklungspsychologischen Grundlagen basierenden Unterricht erleben, mit dem jedes Einzelne der Kinder gefördert wurde. Glücklicherweise gehöre ich nicht zu jener Generation, die aus ihrer Schulzeit vor allem das strenge Regiment des Lehrers, verbunden mit Drill, Angst und Strafe, in Erinnerung hat. (Nebenbei gesagt wird dieses Bild eines schon bald seit einem Jahrhundert verschwundenen Unterrichtens oft zur Begründung »längst nötiger« Reformen heraufbeschworen. Abgesehen davon, dass es auch in jener Zeit andere Lehrer und Lehrerinnen gab.) Ich gehöre auch nicht zu den Kindern, die Versuchskaninchen von Schulexperimenten im Laissez-faire-Stil wurden.

Selbstorganisiertes Lernen – individualisierte Lernangebote

Heute wiederum bedaure ich jene Kinder, die sich in der Schule den Schulstoff selbstorganisiert aneignen müssen, begleitet von einem Coach, der ihnen individualisierte Lernangebote bereitstellt, allenfalls basierend auf von Algorithmen gesteuerten Computerprogrammen weltweit agierender Bildungskonzerne. Nicht nur geht die Schere zwischen den Kindern auseinander, sondern die Inhalte sind globaler Einheitsbrei. Kulturelle und historische Themen, die zu Verbundenheit mit dem eigenen Land führen, werden zusehends vernachlässigt. Solche Konzepte ignorieren nicht nur grundlegende pädagogische Erkenntnisse, sondern sie operieren auch mit einem völlig veränderten Bildungsbegriff (siehe Kapitel 17).

Bildungschancen für Mädchen und Jungen

Ich möchte noch einen zweiten Aspekt aufgreifen, der den sozialen bzw. gesellschaftlichen Wandel der Schulen deutlich macht: Die geschlechterbezogenen Veränderungen. So war der Lernstoff – vor meiner Zeit als Schülerin – geschlechterspezifisch aufgeteilt, um die Kinder auf ihre damals übliche Rolle als Erwachsene vorzubereiten. Mädchen hatten weniger Bildungschancen. Das änderte sich aber sukzessive. So hatte ich auch als Mädchen Geometrie in der Schule (und liebte sie) und wurde auch dazu angeregt, eine weiterführende Schule zu besuchen. Wir hatten jedoch – nur die Mädchen (!) – ausschließlich Textiles Werken. Ehrlich gesagt, ich litt nicht darunter, dass wir uns nicht mit den Buben zusammen in der Holz- oder Metallwerkstatt tummeln konnten. Die Koedukation im Werken wurde erst Realität, als ich bereits Lehrerin war. Längst ist klar, dass Mädchen und Buben die gleichen Bildungschancen haben müssen. – Auch die Zusammensetzung der Schulteams wurde immer weiblicher. Heute stehen wir vor der Situation, dass es Schulhäuser ohne männliche Lehrpersonen gibt. Von mancher Seite wird deshalb die Verweiblichung der Schulen als Nachteil für die Buben beklagt. Wir waren immer froh um alle männlichen Wesen, die an unserer Schule unterrichteten und den Schülerinnen und Schülern männliches Modell und Vorbild waren.

Familiärer Hintergrund

Als letzten Punkt möchte ich auf die veränderte Herkunft der Familien unserer Schülerinnen und Schüler eingehen, auch das ein Spiegel sozialen Wandels. In den ersten Jahren meiner Arbeit als Lehrerin unterrichtete ich mehrheitlich Kinder, deren Familien aus der Schweiz kamen. Das änderte sich im Laufe der Zeit. An der Zusammensetzung der Kinder konnte man stets mitverfolgen, woher die auswärtigen Arbeitskräfte kamen, aber auch wo Kriegsgeschehen oder politische Ideologien die Menschen in die Flucht trieben.

Sprache und Kultur

Das bedeutete nicht nur, Kinder zu unterrichten, die der Unterrichtssprache nicht mächtig waren. Oft standen sie zwischen den Kulturen und konnten keine Wurzeln schlagen. Auch der berufliche Hintergrund der Eltern veränderte sich. Immer häufiger waren sie im Dienstleistungssektor tätig, seltener wurden die handwerklichen Berufsfelder, oft waren auch beide Eltern berufstätig. Das zog die Forderung zur Errichtung von Tagesschulen nach sich.

Das sind nur einige Schlaglichter auf den sozialen Wandel, der Veränderungen in der Volksschule ausgelöst hat. Ob sie positiv zu werten sind, zeigt sich für mich daran, ob sie in ihrem Kern den anthropologischen Grundkonstanten des Kindes entsprechen. Diese sind im Unterschied zu gesellschaftlichen Verhältnissen gleich geblieben. »Der Mensch wird am Du zum Ich«, wie Martin Buber sagte. Um gut zu lernen, brauchen die Kinder ein persönliches Gegenüber und einen entsprechend konzipierten Unterricht. Hier steht die Volksschule heute meines Erachtens an einer Wegscheide.

Kommentar Riccardo Bonfranchi

Dein letzter Satz hat mir zu denken gegeben. Du schreibst, dass die Schule an einer Wegscheide ist. Das verstehe ich nicht ganz. Eine Wegscheide zeigt entweder nach links oder nach rechts. Es gäbe also nur zwei Möglichkeiten. Das kann ich mir nicht vorstellen. Ich denke vielmehr, dass aufgrund unserer pluralistischen Gesellschaft eine Vielzahl an Möglichkeiten für die Zukunft der Schule offensteht. Welche soll sie wählen oder welche Pressure-Groups sind mächtig genug, um sich durchzusetzen? Das macht mir große Sorgen, weil ich, und da sind wir uns wohl einig, nicht unbedingt davon ausgehe, dass die für das Kind beste Lösung gewählt wird – der Preis einer liberal-freiheitlichen Gesellschaft!

Das Mitdenken und die Stimmen vieler Personen, vor allem der Eltern oder Pädagogen und Pädagoginnen, sind hier gefragt.

Einig sind wir uns nicht nur in diesem Kapitel, dass die Beziehung der Lehrperson zum Schüler bzw. zur Schülerin das Wichtigste ist und keinem Wandel unterliegen darf. Ein positives Lehrer-Schüler-Verhältnis ist ein konstituierendes Merkmal von Schule überhaupt und in der Heilpädagogik eine *conditio sine qua non*. Dass diese Grundbedingung jeder Pädagogik nun auch infrage gestellt wird, tut uns beiden weh. Von daher könnte man die berühmte Aussage von Martin Buber, die du in deinem Text aufführst, auch so verstehen: dass das Kind zu dem Ich wird, dessen Du wir ihm sind.

3 Beziehung und Bildung – beißt sich das?

Ausbildung der Persönlichkeit und Ich-Identität – ohne Bindungen und Beziehungen geht nichts

Beitrag Eliane Perret

Ich könnte einfach sagen »Nein, im Gegenteil gehören Bindungen und Beziehung zusammen!«, aber so es ist wohl nicht gemeint – trotz »offener Aufgabenstellung«. Darum beginne ich ganz von vorne, in den ersten Lebensmonaten eines Kindes. Denn bereits dann beginnt die Bildung des Kindes. Als Heilpädagogin ist es wichtig, um diese Gegebenheiten zu wissen, denn sie definieren unser Arbeitsfeld.

Bindungserfahrungen als Grundlage

Die »Wiege des Denkens« (Hobson 2014) liegt in den zwischenmenschlichen Bindungserfahrungen. Das ist durch die soziale Natur des Menschen bedingt, worin er sich von allen anderen Lebewesen unterscheidet. Bildung bzw. Lernen geschieht im Rahmen dieser anthropologischen Voraussetzungen. In den meisten Fällen ist die Mutter der erste Mitmensch, mit dem das Kind eine Bindung aufbaut. Sie bringt dazu ein natürliches Fürsorgeverhalten mit. Das ist nur in ganz seltenen Fällen nicht vorhanden (Suchtprobleme, psychische Erkrankungen oder Ähnliches). Seitens des Kindes sind die Voraussetzungen durch sein angeborenes Bedürfnis nach Nähe und Schutz und nach emotionalen Beziehungen gegeben.

Wie die Qualität dieser Bindung beschaffen sein sollte, wird seit Mitte des vergangenen Jahrhunderts erforscht. Damit verbunden sind Namen wie John Bowlby, Mary D. Ainsworth, Mary Maine, Klaus E. und Karin Grossmann, Henri Julius und andere. Ihre Forschungen zur frühen Interaktion zwischen Säugling und Mutter belegen, dass bereits der Säugling mit seiner ganzen körperlichen und sinnesphysiologischen Ausstattung auf die Kontaktaufnahme zum Menschen ausgerichtet ist und zwischenmenschliche Erfahrungen allen anderen Eindrücken vorzieht. In dieser ersten Beziehung beginnt das Kind einen stabilen Kern, das Urvertrauen, als Grundstein einer gesunden Persönlichkeitsentwicklung aufzubauen. Zwar nimmt die Mutter gerade in der ersten Lebenszeit eine zentrale Rolle ein, aber genauso entscheidend ist der Vater.

Nicht nur das Bedürfnis nach Bindung

Mütter und Väter nehmen jedoch meistens unterschiedliche Aufgaben wahr, denn neben dem Bedürfnis nach Nähe und Schutz, das durch die Bindung befriedigt wird, ist das Bedürfnis nach Interaktion (Erkundung, Exploration) eine angeborene Grundlage des Menschen. Bindungs- und Explorationsverhalten stehen sich deshalb als sich ergänzende und sich gegenseitig regulierende Grundbedürfnisse gegenüber, die in einem ausgewogenen Verhältnis zueinander stehen sollen.

Lange Zeit konzentrierte sich die Forschung vorwiegend auf die Bindungsqualität und damit auf die Bedeutung der Mutter für die Entwicklung des Kindes. Neuere Forschungsergebnisse zeigen jedoch, dass Väter ebenso wichtige Bindungspersonen sind wie die Mütter, sich jedoch in ihrer Feinfühligkeit von ihnen unterscheiden (vgl. Grossmann & Grossmann 2017; Stamm 2018).

Spielfeinfühligkeit – die Welt erkunden

Während die Feinfühligkeit der Mutter eher für das Bindungsverhalten des Kindes verantwortlich ist, ist es die väterliche für sein Erkundungsverhalten. In den meisten Fällen ergibt sich diese Aufgabenteilung aus den frühkindlichen Gegebenheiten. Für die Mutter bedeutet es, schon in den ersten Lebenstagen die Signale ihres Babys richtig wahrzunehmen und zu interpretieren. Sie muss angemessen darauf eingehen können, das heißt dem jeweiligen Entwicklungsstand entsprechend und der Eigenaktivität des Kindes den notwendigen Spielraum lassend. Verfügt die Mutter über die dafür notwendige Feinfühligkeit, so entsteht eine sichere, emotional-warmherzige, innige Bindung des Säuglings und Kleinkindes an sie. Mütter sind deshalb eher auf den nahen Körperkontakt und auf die innere Gefühlswelt des Kindes ausgerichtet.

Väter hingegen stillen in der familiären Umgebung das kindliche Bedürfnis nach Exploration und Herausforderung. Sie regen dessen körperliche und psychische Entwicklung an, sind Helfer beim Explorieren und fordern die Kinder heraus, sich neuen Anforderungen zu stellen. Zahlreiche Beobachtungen und Forschungen zur Vater-Kind-Beziehung lassen vermuten, dass der Vater eine zuverlässige und feinfühlige Sicherheitsbasis sein soll, in der sich der Bindungsaspekt mit dem Spielgefährtenaspekt vereint. Der Vater kann das Kind als *vertrauenswürdiger, starker und weiser Gefährte* (Bowlby) bei seinen Erkundungen unterstützen. Man spricht in diesem Zusammenhang von väterlicher Spielfeinfühligkeit.

Voraussetzungen für Lernen und Bildung

Nehmen beide Elternteile ihre Aufgabe verantwortungsvoll wahr, so bereiten sie den Boden für die kindliche Tüchtigkeit. Dazu gehören seine geistige Regsamkeit, sein Leistungswille, seine Freude am Lernen und seine emotionalen und sozialen Kompetenzen. Also alles, was es zum Lernen und für den Aufbau von Bildung braucht. Ergänzend und kompensierend können außerfamiliäre Beziehungspersonen mithelfen. So entstehen bereits früh die individuellen Voraussetzungen für Lernen und Bildung.

Nun ist es in Mode gekommen, ein Kind schon früh intellektuell zu fördern, sodass es bei Schuleintritt bereits lesen und rechnen kann. Aber der Schlüssel für einen erfolgreichen Bildungsweg liegt anderswo. Die Forschung belegt eindeutig, dass Schul-, Berufs- und Lebenserfolg nicht vorrangig von einem hohen Intelligenzquotienten und vielen Frühförderkursen abhängen, sondern von den emotionalen und motivationalen Kompetenzen eines Kindes. Es sind die Bindungsbeziehungen, in denen die gefühlsmäßige Basis für Lernfreude und Leistungsbereitschaft gelegt wird. Lew Wygotski spricht von der *emotional nächsten Entwicklungszone*, an welche Eltern und Erziehende ihre Kinder heranzuführen haben. Sie sollen das Kind vor Aufgaben stellen, die es vorerst nur mit Unterstützung, dann zunehmend alleine bewältigen kann. Sie bringen sich zunächst aktiv in den Lern- und Entwicklungsprozess ein und begleiten es, ohne ihm die nötige Freiheit zur Eigenaktivität zu verwehren.

Bildung braucht Beziehung

»Beißen« sich nun Bildung und Beziehung? Ich hoffe, es ist klar geworden. Lernen und Bildung werden heute als Beziehungsgeschehen verstanden, das zeigen viele wissenschaftlich erhärtete Fakten. Bildungspolitik müsste dem Rechnung tragen; tut sie aber nicht. Denn gerade um Chancengleichheit zu befördern, würden Kinder in der Schule Beziehungspersonen und nicht Lerncoaches brauchen, und der Unterricht müsste als Beziehungsgeschehen verstanden und gestaltet werden. Das zeigen auch die Forschungen zum »dialogischen Lernen« (vgl. Kap. 15). Der zu Unrecht verpönte Klassenunterricht würde diesen Erkenntnissen am besten Rechnung tragen, wogegen beim selbstorganisierten Lernen nur diejenigen Kinder (ohne Nachhilfestunden) einigermaßen bestehen, die auf eine sichere emotionale Basis bauen können, aus der sie Zuversicht und Lernfreude ziehen. Dennoch – als Heilpädagogin habe ich viele Möglichkeiten, diesen Erkenntnissen Rechnung zu tragen.

Kommentar Riccardo Bonfranchi

Wäre es auch denkbar, dass der Vater für das Bindungsverhalten und die Mutter für das Erkundungsverhalten verantwortlich zeichnen könnte? Wichtig scheint mir vielmehr zu sein, dass diese beiden Grundbedürfnisse befriedigt werden, von wem auch immer, das ist für mich nicht so wichtig. Du verweist ja auf eine Reihe von Studien, die belegen, dass eine stabile emotionale Basis sowie ein ordentliches Maß an Neugierde notwendig sind, damit sich eine tragfähige Ich-Identität entwickeln kann.

Deine Ausführungen müssten aber noch dahin ergänzt werden, dass das Individuum auch seinen eigenen Anteil daran hat, wie es sich entwickelt. Das Wissen um die Eigenaktivität des Kindes schon im Säuglingsalter ist leider noch nicht Allgemeingut. Dies auch deswegen, weil es den Hirnforschern, den Neurologen, nach wie vor nicht gelungen ist, in dieses hineinsehen zu können. Sie können keine Messungen dazu anstellen, womit es zusammenhängt, dass dieses Kind lernbehindert ist bzw. den Durchschnittswert auf einer Gauß'schen Normalverteilungskurve nicht erreicht oder warum jenes Kind ständig Verhaltensweisen zeigt, die ebenfalls auf dieser Kurve nicht bei den 68 Prozent »Normalen« eingeordnet werden können, sondern immer herausfallen. Dies sind hochkomplexe Prozesse und über die Ursachen besteht nach wie vor weit verbreitet Unklarheit. Freilich wird das gesamte Forschungsgebiet der Entwicklungspsychologie heute nicht mehr genügend einbezogen – da gäbe es schon Antworten zu finden.

Einig bin ich mit dir, dass die heutigen Lern-Settings diesen Kindern sicherlich nicht dazu verhelfen werden, dass sie ihre Lücken gegenüber dem Durchschnitt ihrer Vergleichspopulation werden schließen können. Aber dazu äußere ich mich in meinem Beitrag.

Aktuelle Entwicklungen des Schulsystems belasten förderliche Bindungen und Beziehungen

Beitrag Riccardo Bonfranchi

Ja, das ist keine Frage. Beziehung und Bildung beißen sich heute, und zwar ganz gehörig. Ich will es begründen:

Über Beziehung haben wir uns schon ausgetauscht. Wir gehen wohl beide davon aus, dass unsere Schüler und Schülerinnen nur dann gut lernen, das heißt sich bilden können, wenn auch eine echte Beziehung zwischen der Lehrperson und ihnen besteht. Nur dann lassen sie sich überhaupt auf einen Lernprozess ein. Sie möchten von der Lehrperson wahrgenommen werden, ihr Eindruck machen und ihre Anerkennung und Rückmeldung erhalten. Also setzt Bildung den Aufbau einer tragfähigen Beziehung voraus. So haben wir es gesehen, so hat man es uns beigebracht und so erachten wir es auch heute noch als richtig. Du kennst die neueren Studien, die diese pädagogische Grundbedingung beweisen, besser als ich.

Beziehung nebensächlich

Aber »The Times, They Are A-Changin«, wie Bob Dylan singt. Die Beziehung in ihrer grundlegenden Bedeutung für das Lernen wird heute nicht mehr gleich stark gewichtet wie früher. Der Primat kommt heute der Ausbildung von Kompetenzen zu, in der Meinung, das sei effizienter. Entsprechende Unterrichtsformen wie Lernateliers oder Lernwerkstätten werden eingesetzt. Selbstlern-Programme am Computer halten Einzug in die Volksschule. Eine Menge Leute verdienen sehr viel Geld damit. Pädagogen und Pädagoginnen mit Grundlagen- und Erfahrungswissen zu Beziehung und Lernen sollen hingegen als Ewiggestrige hingestellt werden. So braucht man auf ihre Überlegungen gar nicht erst einzugehen.

Ohne tragfähige Beziehung geht es nicht

Doch man muss unterscheiden: Gute Schüler und Schülerinnen kommen auch so durch die Schule, keine Frage. Für starke Schüler und Schülerinnen scheinen die Lehr-Lern-Settings kurzfristig kein so großes Problem darzustellen. Sie können sich anpassen und lernen auch unter veränderten Bedingungen. Unsere Schülerinnen und Schüler – hier lernbehinderte und verhaltensauffällige Kinder – haben eine weniger geglückte Schulkarriere, vielleicht ein eher bildungsfernes heimisches Umfeld. Für Kinder mit einer geistigen Behinderung kommen solche Settings ohnehin nicht infrage. Aber auch für Kinder, die über wenig Selbstwertgefühl verfügen, wie es bei lernbehinderten und verhaltensauffälligen Kindern meist der Fall ist, geht es ohne eine tragfähige Beziehung zu einer Lehrperson nicht.

Beziehungspotpourri

Ein weiterer Punkt soll hier noch angesprochen werden. Eine Beeinträchtigung der Lehrer-Schüler-Beziehung in der heutigen Schullandschaft besteht auch darin, dass in einer Klasse jeweils mehrere Lehrpersonen tätig sind. Heute wird vermehrt Teilzeit gearbeitet und dazu kommt, dass pädagogisches Hilfspersonal, sonderpädagogisches Unterstützungspersonal, Personal für Deutsch für Ausländer in einer Klasse beschäftigt sind. Auch diese Vielzahl von Personen in einer Klasse erschwert natürlich dem lernschwächeren Kind, eine stabile Bindung zu einer Vertrauenslehrperson, wie ich sie hier nennen möchte, aufzubauen.

Beziehungsbehindernd oder beziehungsfeindlich?

Man könnte also sagen, dass dem lernschwächeren Kind heute eine Reihe von Steinen in den Weg gelegt wird, die das Lernen nicht leichter machen. In diesem Sinne beißen sich heute in der Schule Beziehung und Bildung, um auf unsere Ausgangsfrage zurückzukommen. In letzter Konsequenz muss man feststellen, dass die Organisation der heutigen modernen Schule beziehungsverhindernd ist, und ich gehe so weit zu sagen, dass das geradezu als behindertenfeindlich eingestuft werden kann. Die an vielen Orten durchgeführte, durchgeboxte Integration von lernschwächeren Schülern und Schülerinnen in die Regelschule erhöht ihre Lernschwierigkeiten ungemein. Hierzu fällt mir immer ein, dass das Gegenteil von ›gut‹ eben nicht schlecht, sondern ›gut gemeint‹ ist. Ein fataler Fehlschluss, den das moderne Schulsystem sich da leistet – trotz moderner Forschungsergebnisse zur Bedeutung von Beziehung.

Nicht lohnenswert – Aufwand »zahlt« sich nicht mehr aus

Daraus wiederum ergibt sich die Frage nach dem Warum. Ich denke, es könnte eine gesellschaftliche Absicht dahinterstehen. Lernbehinderte und verhaltensauffällige Kinder *sollen* gar nicht ihren Bedürfnissen gemäß gefördert werden. Denn man hat sie schon aufgegeben. Man rechnet in der Gesellschaft damit, dass diese Population zu den Verlierern gehört und zunehmend gehören wird. Ich bezeichne das als eine 2:1-Gesellschaft. Damit meine ich, dass zwei Drittel der Gesellschaft zu einer Ausbildung kommen; ein Drittel gibt man auf, weil der Aufwand als nicht lohnend erscheint. Ich vermute, dass die Mittel für die Ausbildung dieser Kinder im Laufe der kommenden Jahre immer weiter zurückgefahren werden. Anzeichen hierfür sind bereits sichtbar. So werden in der Regelschule lernbehinderte Kinder immer weniger von ausgebildeten Sonderpädagoginnen und -pädagogen »betreut«, sondern von Zivildienstleistenden, Senioren und Seniorinnen oder Quereinsteigern und Quereinsteigerinnen ohne irgendeine pädagogische Ausbildung. Dies sind Zustände, wie sie z. B. in Italien, dem Integrationswunderland, bereits in den neunziger Jahren des letzten Jahrhunderts üblich waren.

Kommentar Eliane Perret

Also, dein »Beißen« bezieht sich offenbar auf die aktuelle Schulsituation, in der die Bedeutung von Beziehung und Bildung vernachlässigt wird. Sie gilt nicht mehr als *conditio sine qua non* für einen qualitativ hochstehenden Unterricht, im Gegenteil werden die Schülerinnen und Schüler mit beziehungsfremden Konzepten selbstorganisierten Lernens sich selbst überlassen. Immer wieder kamen Kinder zu uns an die Schule, die entmutigt waren und aufgehört hatten zu lernen. Sie hatten sich zurückgezogen oder durch auffälliges, oft als psychiatrisch eingestuftes Verhalten die Klasse gestört und die Aufmerksamkeit der Lehrperson absorbiert. Es fehlte ihnen an Beziehung. Das zeigte sich stets daran, dass sie sich erholten und ihre Symptome verschwanden, wenn sie wieder in einem auf tragenden Beziehungen aufbauenden Unterricht lernen konnten.

Zwar sind wir beide nicht mehr jung, aber was wir gelernt haben, ist nicht »ewiggestrig«, sondern topaktuell. Immer mehr Forschungsergebnisse weisen auf die Bedeutung von Bindung für die Bildung eines Kindes hin. Wer das nicht zur Kenntnis nimmt, muss erklären, warum er beim Gestern oder Vorgestern stehen bleiben will! Darum sage ich: It's time to change!

Nicht ganz einig bin ich mit dir bezüglich des Lernerfolgs der guten Schülerinnen und Schüler. Natürlich kommen diese in jeder Unterrichtsform zurecht. Aber auch sie vermissen die zwischenmenschliche Beziehung, sind oft einsam, leben von oberflächlichen Kontakten. Ihre sozial-emotionale Entwicklung wird nicht gefördert, wie es Lehrpersonen tun würden, die ein Bewusstsein für ihre Bedeutung als Beziehungspersonen der Kinder haben. Müssten nicht gerade die guten Schülerinnen und Schüler – die möglicherweise später im Leben verantwortungsvolle Positionen einnehmen – lernen, wie man in einem Team fair zusammenarbeitet? Wie man Verantwortung übernimmt fürs soziale Miteinander? Dass gute Noten nicht gleichbedeutend sind mit Intelligenz und Lebenstüchtigkeit? Dass man sich nicht oben aufschwingen kann, weil der Schulrucksack eines anderen Menschen weniger schwer bepackt ist? Kann man das lernen, wenn man in der Lernlandschaft einfach vor sich hinarbeitet? Und wie, wenn sie einmal versagen? Klinik? Kriminalität? Suizid? Diese Reaktionen sind bekannt!

Was du mit der 2:1-Gesellschaft beschreibst, sehe ich hingegen auch so, eher noch ausgeprägter. Und – das obere Drittel weiß sich dafür mit Ellbogen durchzusetzen! Wo bleiben da die zwischenmenschlichen Beziehungen, welche die Substanz unseres Lebens ausmachen? Du siehst, viele Fragen bedürften ehrlicher Antworten.

4 Was verstehst du unter Erziehung?

Erziehungsnotwendigkeit – Erwachsene als moralische Akteure

Beitrag Riccardo Bonfranchi

Viele Denkerinnen und Denker haben ihr Erziehungsverständnis dargelegt. Es ist ohne Zweifel eine große Frage. Sehr viele haben sich dazu grundlegend geäußert. Mit Kant gehe ich davon aus, dass jeder Mensch erzogen werden muss, soll er als Mensch existieren. Um das gewichtige Thema einzuschränken, werde ich versuchen, mich der Frage der Erziehung mittels zweier Gedankengänge zu nähern.

Zum einen geht es bei Erziehung, in der Pädagogik, um ungleiche (asymmetrische) Kommunikationsverhältnisse. Darauf will ich zunächst mein Augenmerk lenken. Zum anderen geht es mir darum, die Inklusion, heute in aller Munde, im Zusammenhang der Erziehung als Heilpädagoge zu reflektieren.

Moralische Akteure

Betrachten wir im Folgenden, wie es sich verhält, wenn Menschen, aus welchen Gründen auch immer, nicht als vollwertige »moralische Akteure« betrachtet werden können, wie es die klassische Philosophie darstellt. Unter moralischen Akteuren sollen hier Menschen verstanden werden, die als vernunftbegabte Wesen einen vollgütigen moralischen Status haben. Sie sind – bei aller individuellen Unterschiedlichkeit – in vollem Umfang urteilsfähig und tragen deswegen auch für ihre Handlungen ohne Einschränkung die Verantwortung. Dies ist bei zu erziehenden Menschen so nicht der Fall. Sie sind erst auf dem Weg, die volle Urteilsfähigkeit zu erwerben.

Zwischenmenschliche Kommunikation: symmetrisch oder komplementär

Um diesen Unterschied mit dem Begriff der Kommunikation zu beschreiben: Zwischenmenschliche Kommunikationsabläufe sind entweder symmetrisch oder komplementär, je nachdem, ob die Beziehung zwischen den Partnern auf Gleichheit oder Unterschiedlichkeit beruht. Zu Erziehende, seien es Kinder oder Jugendliche, Menschen mit einer kognitiven Beeinträchtigung und andere, sind (noch) nicht zu symmetrischen Beziehungen fähig (oder mit dem philosophischen Begriff: Sie können damit auch nicht als moralische Akteure verstanden werden). Zwischen Kindern und ihren Lehrkräften besteht demnach ein komplementäres Erziehungs- und Bildungsverhältnis. Entscheidend für einen konstruktiven Kommunikationsablauf ist dabei, dass die jeweiligen Verhaltensweisen sich gegenseitig bedingen und ergänzen. Bei einer symmetrischen, spiegelbildlichen Interaktion oder Kommunikation befinden sich die Kommunizierenden auf derselben Ebene. Sie versuchen das Niveau von Unterschieden zwischen den Partnern zu minimieren oder ganz anzugleichen. In einer symmetrischen Beziehung sind die Kommunizierenden also ebenbürtig oder versuchen zumindest, nach Gleichheit zu streben. Dies kann sich etwa darin ausdrücken, dass alle z. B. gleich viel, laut, betont sprechen. Es geht in der symmetrischen Kommunikation um die Förderung der Interaktion. Voraussetzung ist, dass Adressat und Sender über vergleichbare Informationen und über vergleichbare Chancen verfügen, am Gespräch bzw. der Interaktion teilzunehmen. In der asymmetrischen Kommunikation sind Informationsstand und Initiativchancen zwischen den Akteuren ungleich verteilt. Die Beziehungsgrundlage besteht hierbei gerade im Unterschied der Partner. Es gibt einen »superioren« und einen »inferioren« Partner. Diese Unterschiedlichkeit kann bis hin zu einer Unterordnung gehen, wenn also der eine die Oberhand über den anderen hat. Bereits Hegel hat dies mit seinem Beispiel von Herr und Knecht eindrücklich beschrieben.

Prototypen von nichtmoralischen Akteuren

Wir halten fest, dass moralische Akteure nur in symmetrischen oder nichtkomplementären Beziehungsverhältnissen vorzufinden sind. Prototypen eines nichtmoralischen Akteurs sind z. B. Menschen mit einer geistigen Behinderung oder Kinder und (noch) Jugendliche. Die Bezeichnung des moralischen Akteurs ist fließend, die Grenzen sind nicht klar umrissen. Deswegen beziehe ich immer auch Jugendliche ein, weil diese schon im Übergang zum moralischen Akteur gesehen werden können, auch wenn sie noch nicht erwachsen sind. Juristisch betrachtet, werden erst über 18 Jahre alte Personen als vollumfänglich Erwachsene behandelt. (Die Besonderheiten des Heranwachsendenstrafrechts bis ca. 21 Jahre lasse ich hier weg.)

Was bedeutet dies nun für die Pädagogik, die Erziehungssituation zwischen Lehrkräften und Schülern wie Schülerinnen? Zunächst, dass der Pädagoge bzw. die Pädagogin sich des Vorsprungs bewusst sein muss. Es bedeutet für mich in der (heil-)pädagogischen Praxis aber auch, dass ich als Erwachsener eine Führungsrolle innehabe. Wenn nur noch in Lernateliers, in Lernwerkstätten sogenannt selbstverantwortlich gelernt werden soll, so kann das meines Erachtens nicht aufgehen. Kinder und auch (noch) Jugendliche benötigen eine Persönlichkeit, die ihnen vorangeht, sie für ein Thema begeistert und die volle Verantwortung für den Lernprozess übernimmt. Lernen findet statt, wenn die Lehrperson einen Wissens- und Erfahrungsvorsprung hat. Sind die Kommunikationspartner auf dem gleichen Wissensstand, können sie sich natürlich über ihre Erkenntnisse austauschen. Sie haben aber kein pädagogisches Verhältnis zueinander. Erziehung ist genuin durch ein komplementäres Verhältnis der Akteure gekennzeichnet. Dabei hat der moralische Akteur die Leitung, aber er ist auch für das Geschehen, die sich abspielende Interaktion, vollumfänglich verantwortlich.

Kommentar Eliane Perret

Deine Ausführungen sind interessant. Es ist für mich neu, Erziehung aus der Perspektive ungleicher Kommunikationsverhältnisse zu betrachten. Einmal mehr bringst du deinen Lieblingsphilosophen Kant ins Spiel und schenkst mir eine homöopathische Dosis Philosophie.

Die zwischenmenschliche Kommunikation in symmetrische und asymmetrische (komplementäre) aufzugliedern, finde ich eine ungewohnte, aber interessante Vorgehensweise. So sind wir uns aus verschiedener Perspektive über die Erziehungsbedürftigkeit von Kindern einig. Ebenso scheint uns beiden klar, dass die Erziehungssituation eine komplementäre Interaktion ist. Mit meinen Worten und Begriffen würde ich sagen, dass der Erwachsene und das Kind mit unterschiedlichen Voraussetzungen daran teilnehmen. Wobei ich nicht finde, dass es um die »Chancen« geht, die Interaktion »bestimmen« zu können oder auch um »Unterordnung«. Da sträuben sich bei mir einige Nackenhaare. Vielmehr sehe ich die Partner im Erziehungsprozess als gleichwertig, wenn auch ungleichen Alters und mit unterschiedlichem Wissen und unterschiedlicher Erfahrung ausgestattet. Daraus erwachsen für die Beteiligten verschiedene Aufgaben, aus der beide gestärkt und bereichert hervorgehen können. – Du sprichst auch das heute propagierte selbstorganisierte Lernen in den Schulen an. Hier übernimmt der Erwachsene bzw. die Lehrperson (ein unsäglicher Begriff) seine bzw. ihre Aufgabe nicht.

Schließlich überträgst du deine Argumente auf die Inklusion – eines deiner Lieblingsthemen –, wo das komplementäre Verhältnis aus meiner Sicht nochmals eine zusätzliche Facette einschließt, nämlich das Verhältnis des lern- oder geistig behinderten Kindes zu seinen »normalen« Altersgenossen. Wenn es zur »Aufgabe« wird, wie du andernorts beschreibst, die Pause mit dem behinderten Kind zu verbringen, so ist das nicht eine wertvolle Erfahrung für beide (wie es vielleicht wohlmeinend intendiert ist), sondern schließt die Gefahr des Sich-drüber-Stellens, des Sich-Distanzierens ein. Nur haben diese Kinder keinen Erziehungsauftrag!

Kommunikation und Interaktion – Erziehung zu Selbstwirksamkeit, Beziehungs- und Kooperationsfähigkeit

Beitrag Eliane Perret

Vielleicht müsste man an den Anfang stellen: Braucht ein Kind überhaupt eine Erziehung, und wenn ja, welche? In den Gesprächen mit den Eltern unserer Schülerinnen und Schüler kommt oft eine starke Verunsicherung zum Ausdruck, welche Aufgabe sie gegenüber ihrem Kind haben. Während meiner Ausbildung zur Lehrerin und auch danach diskutierten wir diese Fragen im Nachgang zur 68er-Bewegung intensiv. Geprägt von einem meist autoritären Erziehungsstil der Eltern, wollten wir es besser machen. Die Frage war nur: wie? Wir lasen Alexander Neills *Summerhill* und anderes. Schließlich wollten wir unsere Schülerinnen und Schüler nicht unterdrücken ... Heute beobachte ich bei vielen Eltern zwar nicht diese radikale Abkehr vom Erziehen-Wollen, wie sie damals zur Diskussion stand. Aber bei vielen stelle ich eine Verhaltenheit fest gegenüber der Aufgabe, ihre Kinder anzuleiten, ihnen voranzugehen, und das Ziel eines partnerschaftlichen Verhältnisses auf gleicher (nicht gleichwertiger) Ebene ist spürbar.

Für die soziale Interaktion präadaptiert

Seit jener Zeit habe ich mich intensiv mit diesen Fragen beschäftigt. Ich denke, dass sich unsere Aufgabe klärt, wenn wir die neuropsychische Ausstattung der Kinder in Betracht ziehen, mit der sie auf die Welt kommen. Neugeborene haben wenig Reflexe und keine Instinkte, aber einen Wahrnehmungsapparat, der speziell darauf ausgerichtet ist, menschliche Reize wahrzunehmen und darauf zu antworten. Sie sind in vielerlei Hinsicht für die menschliche Interaktion vorangepasst und zum Überleben auf die fürsorgliche Pflege ihrer ersten Bezugspersonen angewiesen (vgl. meinen Beitrag in Kap. 3).

Selbstverständlich sind die Kinder und Jugendlichen in unserer Schule an einem anderen Punkt in ihrer Entwicklung. Gleich geblieben ist die soziale Ausrichtung, wenn auch manchmal nicht so leicht erkennbar. Darin liegt auch ihre Erziehbarkeit begründet. Wir Erwachsenen sind gefordert, diese Aufgabe der Altersstufe angepasst wahrzunehmen. Denn nach wie vor sehe ich mich als Lehrerin und Heilpädagogin einer Erziehungsaufgabe verpflichtet (auch wenn meine übergeordnete Behörde von der Erziehungsdirektion zur Bildungsdirektion mutiert ist).

Überfachliche Konsequenzen

Ziel meiner täglichen heilpädagogischen Arbeit ist es deshalb, dass sich die Schülerinnen und Schüler jene »überfachlichen Kompetenzen« aneignen – wie es in heutigen Lehrplänen zu sagen üblich ist –, mit denen sie sich später konstruktiv ihren Lebensaufgaben zuwenden können.

Wenn ich mir nun vor Augen führe, wo »das Fehlende« (Paul Moor) bei unseren Kindern und Jugendlichen ist, so denke ich z. B. an das Gefühl von Selbstwirksamkeit und die Sicherheit, auf die eigenen Kräfte bauen zu können. Oft wissen unsere Schüler und Schülerinnen nicht, ob und wie sie sich abstützen können, wenn sie selber Hilfe nötig haben. Sie sollten aber auch den Wunsch entwickeln, anderen nach eigenen Möglichkeiten beizustehen.

Viele von ihnen verfügen noch über wenig Mitgefühl, Einfühlungsvermögen und Interesse für die Mitmenschen und reflektieren den eigenen Beitrag im Zusammenleben wenig. Sie müssen lernen, sich in die Perspektive ihres Gegenübers einzufühlen, weil sie das bis anhin im zwischenmenschlichen Wechselspiel nicht entwickeln konnten. Das wird heute oft unter dem Begriff der Teamfähigkeit gefasst: Verantwortung für sich und andere zu übernehmen, das eigene Wissen weiterzugeben, von anderen zu lernen, sich auf gemeinsame Ziele zu einigen und den eigenen Beitrag zu deren Realisierung zu übernehmen.

Ein weites Feld ist stets, bei Schwierigkeiten im Zusammenleben friedfertige Konfliktlösung zu suchen und zu finden. Voraussetzung dafür sind die Wertschätzung des menschlichen Lebens an sich und der Wille, »dem anderen nicht wehzutun, weder an seinem Körper noch in seinem Gefühl«, wie das einmal ein Schüler als Klassenregel vorgeschlagen hat. Vielleicht ist es ein zu hoch gegriffenes Ziel, aber letztlich geht es mir darum, dass alle lernen, Ungerechtigkeiten und Gewalt entgegenzutreten. Kinder und Jugendliche, die in der Anwendung von Gewalt eine Lösung von Problemen sehen, – so meine Erfahrung – möchten oft eigenes Lernen und Anstrengung vermeiden und sind es gewohnt, dass andere die eigenen Probleme lösen. Das wäre aber eine sehr dürftige Vorbereitung aufs Leben.

Bildung von Beziehungs- und Kooperationsfähigkeit

Für mich orientiert sich erzieherisches Handeln immer an der Sozialnatur des Menschen. Die Bildung von Beziehungs- und Kooperationsfähigkeit ist oberstes Erziehungsziel. Je mehr ein Mensch darüber verfügt, desto freier, ruhiger und angstfreier fühlt er sich und umso breiter ist sein Spektrum an Reaktionsmöglichkeiten auf die Anforderungen des Lebens. Gerade bei unseren Schülerinnen und Schülern ist oft eklatant, wie eingeschränkt ihr Blickwinkel ist und wie wenig Möglichkeiten sie haben, ihre Beziehungen zu gestalten und sich in ihrem sozialen Umfeld zu bewegen. In den Schulen haben wir dementsprechend die besten Bedingungen für diesen Prozess bereitzustellen. Soll unser Ziel sein, dass unsere Schülerinnen und Schüler mutige, über viele Kompetenzen verfügende Persönlichkeiten werden, die die eigenen Interessen, aber auch die ihrer Mitmenschen vertreten können und sich nicht unterdrücken lassen, dürfen wir das heute zur Genüge zur Verfügung stehende wissenschaftlich gesicherte Wissen nicht länger ignorieren. Ich denke dabei unter anderem an die Erziehungsstilforschung (Diana Baumrind et al.).

Selbstverständlich spielen – ob wir uns dessen bewusst sind oder nicht – stets eigene Wertvorstellungen und Erfahrungen in die Arbeit mit unseren Schülerinnen und Schülern hinein. Dessen muss sich jede Lehrperson bewusst sein.

Erziehung als zwischenmenschlicher Prozess

Der Erziehungsprozess ist immer ein Interaktionsgeschehen, denn »Erziehen bedeutet, dass Erzieher und das Kind auf dem gleichen Weg sind«, wie der Schweizer Heilpädagoge Paul Moor schrieb. Es ist eine anspruchsvolle Aufgabe, beim Kind positive Werte zu verankern, und die Erziehenden sind in ihrer ganzen Persönlichkeit gefordert. Gespräche in unserem Team kreisen deshalb auch oft um das Zusammenspiel in der Interaktion zwischen Lehrperson und Kind.

Um zurückzukommen auf meine eingangs erwähnten Diskussionen über den »richtigen Erziehungsstil«: Der zu damaliger Zeit noch recht verbreitete autoritäre Erziehungsstil führt leider dazu, dass das Kind das Vertrauen in seine Mitmenschen verliert und sich im Feindesland fühlt. Auch wenn es brav und angepasst ist, kann es kein Gefühl der Selbstwirksamkeit und echter Verbundenheit mit seinen Mitmenschen entwickeln. Wenn aber Erziehung – als antipädagogische Gegenreaktion – als »Verbrechen am Kind« verurteilt wird und man davon ausgeht, dass das Kind aus sich selber heraus wachsen muss, so ist das eine Verweigerung der erzieherischen Verantwortung und widerspricht, wie ich meine, jeglichem pädagogischen Ethos. Wissensvermittlung und Anleitung haben nichts mit Machtausübung zu tun. Sie sind im Gegenteil notwendig, damit ein Kind Selbstständigkeit erwirbt. Durch eigenes, geduldiges, kontinuierliches Lernen zu einem beständigen Erfolg zu kommen, ist ein wichtiger Schritt in der Persönlichkeitsentwicklung eines Kindes. Ohne das laufen sie Gefahr, der Fiktion des schnellen

Erfolgs nachzuhängen und dazu auch die Mitmenschen für eigene Ziele einzuspannen.

Weißt du nun, was ich unter Erziehung verstehe?

Kommentar Riccardo Bonfranchi

Interessant finde ich deine Aussage in der Klammer, dass deine für dich richtungsweisende Behörde von der Erziehungsdirektion zur Bildungsdirektion »mutiert« ist. Ich sehe das nicht nur negativ. Man wollte mit dieser Namensänderung vielleicht zum Ausdruck bringen, dass Erziehung im Grunde Sache der Eltern ist. Die Sache der Schule ist die Bildung. Das scheint mir prima vista nicht falsch zu sein. Das Problem liegt wohl darin, dass viele Eltern sich heute wesentlich stärker auf die Bildung und deren Erfolg bei ihren Kindern fokussieren und nicht selten mit den Erziehungsaufgaben überfordert sind. Dies sprichst du ja auch an.

Dass dieser Namenswechsel sich auf die Regelschule und nicht auf heilpädagogisch ausgerichtete Institutionen bezieht, muss ebenfalls berücksichtigt werden. Natürlich haben wir es in unseren »besonderen« Situationen, insbesondere bei lernbehinderten und verhaltensauffälligen Kindern, immer auch mit Erziehung zu tun.

Du erwähnst dann die Selbstwirksamkeit, die ich im Kapitel 27 über die Motivation als einen wesentlichen Faktor in der Erziehung darlege. Der Aufbau dieser Persönlichkeitseigenschaft stellt für mich einen zentralen Bestandteil heilpädagogischer Erziehungsarbeit dar. Ohne das Gefühl und das Wissen um die eigene Selbstwirksamkeit (und deren Grenzen) geht, so meine Erfahrung, gar nichts. Das ist meine Essenz aus 50 Jahren professioneller pädagogischer Arbeit mit kleinen und größeren Kindern, mit Jugendlichen, mit Erwachsenen und mit alten Menschen. Da können Lehr-Lern-Inhalte noch so raffiniert ausgewählt sein, da können die gewählten Methoden noch so ausgeklügelt sein: Ohne das Gefühl: »Ich habe eine Chance, das zu schaffen« geht gar nichts.

Diese Selbstwirksamkeit befähigt »unsere« Schüler und Schülerinnen auch dazu, Rollenübernahme (take the role of the others, G. H. Mead) zu leisten und ein empathisches Verhalten zu zeigen. So gesehen, und auch wenn man deine Schlussfolgerungen betrachtet, braucht es in der Erziehung den goldenen Mittelweg zwischen Fordern und Gewähren-Lassen.

Ich denke, dass ich – mehr oder weniger – verstanden habe, was du unter Erziehung verstehst.

5 Welche Werte und Normen sind in »Erziehung« drin?

Wertevermittlung als Erziehungsziel – Vorbereitung auf das Miteinander

Beitrag Eliane Perret

Nun, da würde sich ein philosophischer Exkurs anbieten, aber das überlasse ich dir. Dennoch, die Frage nach Werten und Normen durchzieht unseren Berufsalltag.

Lernen, wie man zwischenmenschliche Beziehungen gestaltet

Bei meiner Arbeit mit den Schülerinnen und Schülern verfolge ich immer ein entsprechendes (bewusstes oder unbewusstes) Ziel; speziell, weil ich es mit Kindern zu tun habe, die mit ihrem Verhalten überall anecken, sogar so stark, dass sie nicht in ihrem sonst üblichen Umfeld in die Schule gehen können und für die sie umgebenden Mitmenschen eine große Herausforderung darstellen. Man kann dieses Problem natürlich durch ihre Diagnosen erklären, aber dabei möchte ich nicht stehen bleiben. Auch ein Kind, das sich schlecht konzentrieren kann, hyperaktiv und impulsiv ist oder nur schwer in Kontakt mit seinen Mitmenschen kommt, in Sprache und Kommunikation beeinträchtigt ist und stereotype Verhaltensweisen und Interessen hat, muss später in der Welt bestehen können. Entsprechend gehört es zu meiner Aufgabe als Heilpädagogin, meine Schülerinnen und Schüler vor allem auch in ihren sozialen Kompetenzen zu fördern. Sie müssen lernen, wie man die Beziehungen zu den Mitmenschen gestaltet, damit ein einvernehmliches und bereicherndes Zusammenleben möglich wird. Und da sind wir bei den Werten und Normen, die unser pädagogisches, und damit meine ich auch erzieherisches Handeln leiten.

Einige Beispiele: Emil will beim Spielen immer gewinnen und ändert dazu, wenn »nötig«, spontan und hartnäckig die Regeln. Alina kann kaum länger an einer Arbeit bleiben und beginnt durch Herumlaufen und Geräusche den Unterricht zu stören. Ioannis kommt immer wieder zu spät zur Schule. Adriana versteht nicht, warum nicht alles ihr gehört, was sie »findet«. Ennos Arbeitsblätter sind oft unansehnlich oder auch gar nicht mehr auffindbar. Miguel plagt im Versteckten oft eine seiner Mitschülerinnen. Francine findet es schnell einmal mühsam beim Rechnen und wird wütend, wenn sie einen Fehler macht oder nicht unmittelbar Unterstützung erhält usw.

Erziehungsziele im Fokus

Denken wir diese Beispiele durch, so stoßen wir auf Werte wie Ehrlichkeit, Zuverlässigkeit, Pünktlichkeit, Mut, Durchhaltevermögen, Sorgfalt usw., die sich diese Kinder noch zu eigen machen sollten.

Ihnen diese Werte zu vermitteln, ist offenbar im Interesse vieler Eltern. Eine IPSOS-Umfrage aus dem Jahr 2018 mit 1000 Beteiligten ab 14 Jahren zeigte, dass die Befragten Ehrlichkeit, Respekt, Verlässlichkeit, Hilfsbereitschaft, Höflichkeit, Freundlichkeit, Selbstständigkeit, Selbstvertrauen sowie Benehmen und Anstand als sehr wichtige Erziehungsziele erachten. Das heißt, bei vielen Kindern ist eine gemeinsame Zielsetzung von Schule und Elternhaus gegeben. Ob allerdings die Vorstellung von den Wegen übereinstimmt, mit denen sie erreicht werden können, ist essenziell und müsste diskutiert werden.

Neue Gewichtung in der Werteerziehung

Interessant ist auch eine Studie des Instituts für Demoskopie IfD Allensbach aus dem Jahr 2006. Sie ermittelte mit 2000 Interviews bei Personen ab 16 Jahren deren Einstellungen im Bereich der Werteerziehung und verglich sie mit einer Umfrage im Jahr 1991. Es zeigte sich, dass sich besonders bei jungen Eltern (bis 44 Jahre) eine deutliche Veränderung der Einstellungen ergeben hatte. 1991 war das meistgenannte Erziehungsziel noch »sich durchsetzen, sich nicht so leicht unterkriegen lassen«. Jetzt waren es »Höflichkeit und gutes Benehmen«, die von damals 68 Prozent auf 89 Prozent hochschnellten. Es zeigte sich auch, dass die wirtschaftlich angespannte Situation vieler Familien sich in den Erziehungszielen niederschlug. So wurde von 69 Prozent der Eltern Sparsamkeit als Erziehungsziel genannt; 1991 waren es erst 44 Prozent. Interessanterweise war es nicht an »Sich-Durchsetzen-Können« gekoppelt, sondern man bevorzugte Toleranz, Hilfsbereitschaft und Sich-Einfügen als Erziehungsziele.

Aber genug der Zahlen, auch wenn ich solche Studien manchmal spannend finde. Zwar spiegeln sie nur Mittelwerte wider und nicht die individuelle Situation eines Kindes, die ja in unserem Berufsalltag entscheidend ist. Aber sie verweisen auf interessante gesellschaftliche Entwicklungen, die Normen und Werte bei den Erziehungszielen beeinflussen können (vgl. Kapitel 2).

Werte und Normen als Vorbereitung auf das Leben

Erziehung hat für mich den Sinn und das Ziel, ein Kind auf das Leben in der realen und konkreten Gesellschaft vorzubereiten, in der es lebt und die sich im Laufe der Geschichte ein eigenes Wissen zur Gestaltung ihres Zusammenlebens erworben hat. Dazu gehört die Vermittlung von Werten und Normen. Diese können je nach kulturellem Hintergrund sehr unterschiedlich sein, und damit haben wir es heute in den Schulklassen oft zu tun, weil viele Kinder aus unterschiedlichen Herkunftsländern zusammen lernen und leben sollen. Dennoch gibt es Verbindendes.

Beziehungsfähigkeit als Entwicklungsziel

Die soziale Natur ist dem Menschen eigen, unabhängig von dessen kulturellem Hintergrund. Er ist für ein Leben im Sozialverband präadaptiert. Entsprechend ist eine vertrauensvolle Beziehung zu einem Erwachsenen, die auf Vertrauen und gegenseitiger Achtung beruht, der beste Nährboden zur Entwicklung der kindlichen Persönlichkeit. Durch wohlwollende Anleitung, behutsame Führung und klare Orientierung kann das Kind die hierfür nötigen Normen und Werte erwerben. Dazu gehört auch die Bereitschaft, einen positiven und konstruktiven Beitrag zum Zusammenleben leisten zu wollen. Darum verstehe ich die weiter oben erwähnten Werte als *Entwicklung von Beziehungsfähigkeit* und lege damit den Schwerpunkt von *er-ziehen* auf *be-ziehen*. Ich meine damit die Fähigkeit, sein Gegenüber in seiner Eigenart wahr- und ernst zu nehmen, ihm gleichwertig zu begegnen und das auch an sich selbst zu erfahren. Sie ist Grundlage für das Gefühl von Selbstwirksamkeit und Voraussetzung dafür, sich das Wissen und die Erfahrung anzueignen, die es zur Reifung der Persönlichkeit braucht. Als Beziehungsperson brauche ich ein geschultes Einfühlungsvermögen, damit ich die Persönlichkeit des Kindes erfassen und angemessen darauf eingehen kann. Ich muss mich aber auch mit meiner eigenen Einstellung und meinen Werthaltungen auseinandersetzen, damit ich ein glaubwürdiges Vorbild bin.

Kommentar Riccardo Bonfranchi

Wieder greife ich nur einen Punkt aus deinem Beitrag auf. Nämlich:
»Eine IPSOS-Umfrage aus dem Jahr 2018 mit 1000 Beteiligten ab 14 Jahren zeigte, dass die Befragten Ehrlichkeit, Respekt, Verlässlichkeit, Hilfsbereitschaft, Höflichkeit, Freundlichkeit, Selbstständigkeit, Selbstvertrauen sowie Benehmen und Anstand als sehr wichtige Erziehungsziele erachten.«

1991 war das meistgenannte Erziehungsziel noch »sich durchsetzen, sich nicht so leicht unterkriegen lassen«.

Für mich stellt sich hier die Frage, wie dieser Wandel zu erklären ist. Du siehst das positiv, ich habe meine Zweifel an solchen Umfragen. Ich will meine Meinung begründen.

Wenn ich die heutige Zeit betrachte und mir Elterngespräche in Erinnerung rufe, dann verhält es sich genau umgekehrt. Dabei will ich nicht in Abrede stellen, dass viele Eltern auch heute solche positiven Werte wie Hilfsbereitschaft, Höflichkeit, Freundlichkeit, Benehmen, Anstand als wichtig erachten. Aber das bedeutet nicht, dass sie diese Tugenden ihren Kindern auch tatsächlich vorleben und sie dazu erziehen. Denn es ist nicht so einfach, den Erziehungsalltag so zu gestalten, dass diese Werte auch greifen. Das hier nur nebenbei.

Ich unterstelle vielmehr, dass zum einen Eltern heute häufig die Entwicklung dieser Tugenden an die Schule delegieren, weil sie diese selber nicht jeden Tag umsetzen können. Zum anderen kann es sich in der Umfrage um Äußerungen handeln, die im Rahmen der Untersuchung vielleicht im Sinne der sozialen Erwünschtheit gegeben wurden. Das wären zwei Gründe, die gegen die Aussagekraft der Umfragen sprechen könnten. Ein für mich noch viel gewichtigerer Grund besteht darin, dass viele Eltern verständlicherweise möchten, dass ihre Kinder die Aufnahmeprüfung zum Gymnasium bestehen und »sich nicht so leicht unterkriegen lassen«. Sollte es nicht reichen, werden die Kinder in Nachhilfekurse geschickt. Diese Kurse sind in den letzten Jahren wie Pilze aus dem förderpädagogischen Boden geschossen.

Ich kann mir deshalb vorstellen, dass die Eltern 1991 vielleicht ehrlicher waren als heute. Denn nach meiner Beobachtung ist der Wille, alles zu versuchen, damit das Kind zu einem besseren Abschluss gelangt, heute nicht geringer, sondern stärker geworden.

Wertevermittlung ohne Beziehungsaspekt – neoliberale Kosten-Nutzen-Rechnung

Beitrag Riccardo Bonfranchi

Von Werten und Normen ist im Zusammenhang mit Erziehung oft die Rede. Werte können sich wandeln und dies ist auch im Zusammenhang mit Erziehung und Schule der Fall. Nach meiner Beobachtung haben sich die Werte in der Schule heute immer mehr den Werten, wie sie in der Gesellschaft vorzufinden sind, angeglichen. Damit meine ich den Wert eines starken Wirtschaftsliberalismus. Ich gehe weiter unten darauf ein.

Veränderte Wertung und Wertepluralismus

Jede Gesellschaft hat eine Vorstellung von Werten. Wir leben heute in einer wertpluralistischen Gesellschaft und diese Feststellung bezieht auch die Erziehung in der Schule ein. Waren früher Gebote und Verbote – mehr oder weniger – einheitlich, finden wir heute eine Vielzahl zum Teil sich widersprechender Werte in unserer Gesellschaft vor und dies zeigt sich dann logischerweise auch in der Erziehung. Konnte man sich früher auf Werte berufen, die mehr oder weniger für alle galten, so ist dies heute nicht mehr der Fall. Wir verstehen das vielfach als einen Zugewinn an Freiheit. Dem würde ich nicht widersprechen wollen. Galt z. B. Tapferkeit früher als ein hoher Wert, so ist dieser heute eher in Verruf geraten; vielmehr gelten andere Werte und Verhaltensweisen als tapfer.

Regeln, Normen und Werte – was gilt heute?

Eine Norm wiederum ist eher ein Bezugswert für bestimmte Verhaltensweisen. Immer wenn sich Menschen auf dem Hintergrund für sie stimmiger Werte auf bestimmte Verhaltensweisen einigen, werden diese zu Normen – sei es explizit, in der Form von Regeln oder Gesetzen, oder sei es implizit, im Sinne von: Das tut man oder das tut man nicht. Normen sind demnach Handlungsregeln. Die Frage, die sich hier stellt, ist nun: Nach welchen Normen, Regeln und dahinterstehenden Werten richtet sich die heutige Pädagogik bzw. Heilpädagogik aus? Ist z. B. die Integration von behinderten Kindern ein Wert an sich – oder eher ein Unwert, wie ich meine – und muss demnach als Norm, als gängige Regel flächendeckend eingeführt werden? Oder sollte man dies lassen und die Kinder entsprechend der allgemeinen Erfahrung, über die in unserer Gesellschaft kein Dissens besteht, in speziell dafür vorgesehenen Klassen mit dem dafür ausgebildeten Lehrpersonal fördern und schulen? Daran zeigt sich, wie weit Werte, Normen und Regeln in unserer heutigen pluralistischen Gesellschaft auseinanderdriften können.

Vermittlung von Werten und Normen braucht Beziehung

Nach Horster/Oelkers (Pädagogik und Ethik. Wiesbaden 2005, S. 89 ff.) wird Erziehung auch als »moralische Kommunikation« verstanden. Es handelt sich dabei um eine asymmetrische Kommunikation. Das heißt, der eine Teil, der Erwachsene, gibt vor, was geboten und nicht geboten ist. Der andere Teil, der zu Erziehende, weiß es (noch) nicht (vgl. meine Ausführungen in Kap. 4). Die pädagogische Literatur ist voll von Hinweisen und Regeln, wie dieses Kommunikationsverhältnis zu gestalten ist. Tatsache ist, dass in Erziehung von jeher sehr viel an Werten und Normen vermittelt wird. Hier setzt die Kritik am heutigen Schulsystem, am heutigen Schule-Geben an. Wenn der Beziehungsaspekt, oben als Kommunikation beschrieben, eine immer geringere Rolle spielt, dann ist auch die Vermittlung dessen, was normativ sein soll und was nicht, immer weniger möglich. Damit tut sich zwangsläufig eine Dilemma-Situation auf. Wenn wir festhalten, dass die Schule Werte und Normen vermitteln muss, und wenn weiter davon ausgegangen werden kann, dass dies in vielen Elternhäusern nur noch rudimentär geschieht (aus welchen Gründen auch immer), dann öffnet sich hier ein Zwiespalt zwischen Auftrag und Realität, der nicht gut ist.

Lernsettings mit veränderten Werten und Normen

Erziehung kann ja immer auch als eine gegenseitige Erwartung verstanden werden. Der Schüler, die Schülerin erwartet etwas von der Lehrkraft und umgekehrt. Die Schüler und Schülerinnen erwarten vor allem, ernst genommen zu werden, als Person wertgeschätzt zu werden. Natürlich wollen sie etwas lernen (auch wenn es manchmal nicht so scheint), aber sie wollen vor allen Dingen emotional abgeholt, verstanden werden. Wie dies in Settings gelingen soll, die die Lehrkraft nur noch als Coach im Werkstattunterricht sehen oder als Vorarbeiter bzw. Vorarbeiterin in sogenannten Lernateliers, habe ich bis heute nicht verstanden. Gute Schüler und Schülerinnen überstehen am ehesten auch ungünstige Lernkonstellationen. Aber um die geht es mir als Heilpädagoge nicht. Gerade schwächere Schüler und Schülerinnen, die Anerkennung, Lob, Zuwendung und emotionale Wertschätzung dringend nötig haben, werden durch diese Lernsettings sträflich vernachlässigt. Hier haben sich Organisationsformen und damit indirekt Werte und Normen in den heutigen Schulalltag eingeschlichen, die nicht nur mir große Bedenken machen.

Kosten-Nutzen-Rechnung als Maßstab

Nun, um welche Werte und Normen handelt es sich, die sich in den letzten paar Jahrzehnten in den Schulen verbreitet haben und die moralische Kommunikation von innen her quasi ausgehöhlt haben? Meines Erachtens sind es Werte und Normen, wie sie in der heutigen Wirtschaftswelt gang und gäbe sind. Kosten-Nutzen-Rechnungen sind der entscheidende Faktor, der in dieser Welt bestimmend ist. Alles ist Ware und alles kann Ware werden und hat somit einen Preis. Was sich nicht verkaufen lässt, wird aus dem Sortiment genommen und ersetzt, oder die Firma verschwindet ganz vom Markt. Die Frage ist nun, kann Schule als Markt, wo man die geeignete Ware einkauft, verstanden werden? Wohl kaum.

Pädagogisches Handeln schließt Doppelspiel aus

Hier stelle ich eine Doppelmoral fest. Einerseits geht man auch heute davon aus, dass es sich bei Erziehung in der Institution Schule um ein emotional begleitetes fundiertes pädagogisches Tun handelt. Aber dahinter läuft ein anderes Programm ab, das durch andere Werte und Normen gelenkt wird. Eben dasjenige, das in der Wirtschaft ausschlaggebend ist. Um diesen Widerspruch handelt es sich in der heutigen Schule. Aber muss Erziehung nicht als ein pädagogisches Handeln verstanden werden, das jedes Doppelspiel ausschließt? Anders gefragt: Was lernen Kinder, wenn sie – mehr oder weniger bewusst – merken, dass die Kommunikation zwischen ihnen und den Lehrkräften eben doch nicht so ehrlich daherkommt, sondern dass es dahinter noch eine andere Wertung gibt? Wird den Kindern etwas vorgespielt, was in der Realität so nicht existiert? Deshalb erscheint es nicht verwunderlich, wenn das Verhältnis zwischen Eltern, Schülern und Schülerinnen sowie der Schule oft gestört ist. Wenn eine Doppelmoral besteht, kann kein Vertrauen aufgebaut werden.

Eine Lösung für dieses Dilemma habe ich als Einzelperson nicht.

Kommentar Eliane Perret

Du beziehst dich auf den Wandel von Werten und Normen im Laufe der Jahrhunderte. Ich gehe mit dir dahin einig, dass sich die Lebensumstände und die Lebenswelt der Kinder im Laufe der Zeit verändern haben. Entsprechend mussten und müssen Kinder auf jeweils veränderte Lebensaufgaben vorbereitet werden. Doch wie?

Gleich geblieben sind trotz gesellschaftlicher Veränderungen die anthropologischen Prämissen des Wesens »Mensch«. Das ist für mich der Orientierungspunkt. Auf diesen Grundlagen wurden, ausgehend von der Aufklärung, pädagogische Theorien entwickelt, später ergänzt durch psychologische Erkenntnisse, die die Erziehbarkeit des Menschen in den Mittelpunkt stellten und die Vermittlung von Werten und Normen als Erziehungsaufgabe sahen. Das war Grundlage und Inhalt meiner verschiedenen pädagogischen Ausbildungen und prägte mein Selbstverständnis als Lehrerin.

Heute sollen sich die Kinder in »Lernumgebungen«, begleitet durch Lerncoaches, ihre je eigene Bildung konstruieren. Das hat damit zu tun, dass die Pädagogik durch die Postmoderne entwertet wurde (Foucault, Lyotard, Derrida et al.). Ein Paradigmenwechsel also! Alle postmodernen Ansätze verneinen eine menschliche Natur mit bestimmten gemeinsamen Gegebenheiten. Alles seien Konstrukte, Narrative. Entsprechend gibt es keine Realität, keine Menschenrechte, keine universellen Werte; das Festhalten daran wird schnell einmal als »totalitär« disqualifiziert. Damit einher geht eine absolute Entwertung bisheriger wissenschaftlicher Grundlagen der Pädagogik. Traditionelle Werte und Normen werden zu abgehobenen metaphysischen Ideen erklärt, die willkürlich vorgegeben seien. Dadurch entfallen die anthropologischen Voraussetzungen für pädagogisches Wirken. Die heute zu beobachtende Beliebigkeit der Werte entspringt demnach dem postmodernen Relativismus der Werte.

Der von dir angesprochene Beziehungsaspekt ist in postmodernem Denken aus der Schule ausgeklammert, genauso wie die Allgemeingültigkeit pädagogischer Prinzipien (oder die Institution Schule wird grundsätzlich abgelehnt). Das rechtfertigt die heutigen beziehungslosen Lernarrangements und deren Begleitung durch Coaches. Dem Kind Wissen zu vermitteln, ist dann keine pädagogische Notwendigkeit mehr, sondern eine Machtdemonstration und ein ungerechtfertigter Eingriff in seinen selbstzusteuernden Lernprozess. Erziehung und die Vermittlung von Werten und Normen wird zum »Gewaltakt«. Diese Denkungsart fließt auch in die heutige Heilpädagogik ein.

Darum sind die Widersprüche nicht so viele, sondern sie lassen sich schlüssig in die entsprechenden bildungspolitischen Paradigmen einordnen.

Vielen Akteuren und Akteurinnen im pädagogischen Feld mögen diese Zusammenhänge nur ansatzweise bewusst sein und sie würden es in der von mir beschriebenen Form sicher nicht unterstützen wollen. Darum zu wissen, wäre aber der erste Schritt zu eigenem Denken.

6 Heißt es: »Fordern und Fördern« oder »Fördern und Fordern«?

Zur Dialektik der Begriffe und zu ihrer Bedeutung für die Heilpädagogik

Beitrag Riccardo Bonfranchi

Ob zuerst das Fordern kommt und dann das Fördern folgt, begreifen manche als Provokation. Der Unterschied ergibt sich ja lediglich durch die zwei ö-Pünktchen – dass nämlich aus einem einfachen Selbstlaut ein Umlaut wird.

Wie kann man sich nun aber diesen beiden Begriffen nähern? Nach längerem Überlegen kam mir der Gedanke, dass man die beiden Begriffe in einen engeren Zusammenhang bringen muss: Mein heilpädagogisches Selbstverständnis ist immer dadurch geprägt, dass ich die mir anvertrauten Schüler und Schülerinnen fördern möchte. Aber dies beinhaltet gleichzeitig, dass ich sie in einem bestimmten Bereich auch fordere. Natürlich darf dies nicht zu viel, aber auch nicht zu wenig sein. Nach meinem Dafürhalten geht Fördern nicht ohne Fordern und Fordern nicht ohne Fördern.

Fördern und Fordern als dialektischer Prozess

Ich begebe mich nun auf einen Ausflug in die klassische Philosophie der Aufklärung. Denn wir haben mit der Frage nach Fordern oder Fördern das klassische Modell eines dialektischen Sachverhaltes vor uns. Dialektik beschreibt den Gang des Wissens, der durch Widersprüche (These und Antithese) zur Synthese fortschreitet.

Nach diesem philosophischen Denkansatz würde es heißen, dass Fördern und Fordern Widersprüche sind. Widersprüche schließen sich gegenseitig aus. Eine solche Festlegung würde aber meinen Eingangsüberlegungen widersprechen. Also muss es sich mit dem Widersprüchlichen anders verhalten. Man könnte es so erklären, dass das eine sich jeweils aus dem anderen entwickelt. Fördern ergibt sich aus dem Fordern, und Fordern ergibt sich zwangsweise auch aus dem Fördern. Das eine ist die Negation des anderen und umgekehrt. Diese doppelte Negation kann dann als Positives verstanden werden. Man kann den gleichen philosophischen Sachverhalt auch so erläutern, dass sich der eine Begriff im anderen aufhebt. Dialektisch denken bedeutet in der Philosophie immer, dass man das Gegenteil des Bestehenden mitdenkt. Dieses Gegenteil ist jedoch nicht außerhalb des gewählten

Ausgangsbegriffes, sondern ist Teil von diesem. Es hebt sich quasi darin auf. (Diese Gedanken sind nicht von mir, sondern von Hegel.)

Unterschiedliche Lesarten

Dieses Sich-Aufheben kann nun wieder auf dreierlei Art und Weise betrachtet werden. Wenn wir zunächst davon ausgehen, dass Fordern immer auch in Fördern enthalten ist, so kann dieses Fordern dazu beitragen, dass das Fördern auf eine höhere Ebene gehoben wird. Es kann aber auch, dies eine zweite Sichtweise, so verstanden werden, dass das Fordern das Fördern zu bewahren, aufzubewahren hilft. Oder es kann auch, dies als die dritte Lesart, so sein, dass das Fordern das Fördern samt und sonders aufhebt, also annulliert. Diese Sicht wäre dann natürlich nicht im heilpädagogischen Sinne! Aber in der Philosophie der Aufklärung geht man von diesen drei denkbaren Aufhebungsmöglichkeiten des Gegenparts aus.

Fördern und Fordern bedingen sich gegenseitig

Die philosophische Sichtweise der Dialektik, die mir persönlich sehr zusagt, geht also immer von einer These aus. Ich betrachte hier einmal das Fördern als die von mir gewählte These. Da aber, wie oben erläutert, in der These bereits die Anti-These, nämlich eben das Fordern steckt, ergibt sich durch diese Zwei-Einheit eine Synthese. Wie viel darin von den beiden Elementen, Fördern oder Fordern, jeweils enthalten ist, zeigt die jeweilige Praxis. Wir können davon ausgehen, dass diese Synthese im Verlaufe weiterer Tätigkeiten, bedingt durch die Praxis, wiederum zu einer These wird, die, man errät es nun, die Anti-These in sich enthält, und so weiter ...

Fazit dieses Ausflugs: Wir sehen, dass Fördern zum einen der Antagonist des Forderns ist, dass der eine Part aber ohne den anderen nicht sein kann und dass sie in einer dialektischen Art und Weise miteinander verwoben sind. Deswegen kann es Fordern ohne Fördern und Fördern ohne Fordern auch in der Heilpädagogik nicht geben.

Kommentar Eliane Perret

Offenbar haben wir es bei diesem Thema mit Pünktchen zu tun, auf dem ö und auf dem i, die einen Unterschied ausmachen können und gleichzeitig verbindend sind. Du hast die beiden Begriffe »fördern« und »fordern« mit Hegel in einen dialektischen Zusammenhang gebracht – selbstverständlich bei deinem philosophischen Hintergrund. Ich spreche von zwei Seiten derselben Medaille und meine das Gleiche. In unserem Alltag beschäftigt uns oft das, was du der Einfachheit halber weggelassen hast: Welcher nächste Schritt ist bei diesem Kind angesagt? Genau das zu beschreiben, finde ich sehr schwierig. Fordern und Fördern ist immer eingebettet in Beziehungsabläufe. Das heißt, zuerst muss eine tragfähige Beziehung zu einem Kind aufgebaut werden. Aber das gestaltet sich bei jedem von ihnen unterschiedlich. Oft sind sie in ihrem Selbstwertgefühl geknickt, oft auch der Schule und den Lehrpersonen gegenüber misstrauisch. Sie haben aber auch einen Weg entwickelt, wie sie mit ihrer schulischen »Niederlage« umgehen. Manche sind scheu geworden und brauchen viel Ermutigung, dass sie sich wieder mehr einbringen; andere schwingen sich oben auf und wollen sich nichts mehr sagen lassen. Selbstverständlich spielt hier mit, wie die Eltern sich zum Problem des Kindes stellen. Auch das können die beiden Seiten der gleichen Medaille sein. Für den Heilpädagogen bedeutet es, feinfühlig zu erahnen, was es in einem nächsten Schritt an »Fördern« und »Fordern« braucht, und nicht aufzugeben. Oder um es mit Paul Moor zu sagen:

»Der Heilpädagoge bleibt nur so lange wirklich Pädagoge, als er vor unüberwindlichen Schwierigkeiten nicht sagt: Hier ist nichts zu machen – sondern sich immer wieder aufs Neue fragt: Was ist an meinem bisherigen Sinn und Ziel der Erziehung noch immer zu eng, dass es hier den Sinn nicht zu sehen und nicht zu finden vermag.« (Moor 1999, S. 45)

Fordern und Fördern gehören zusammen

Beitrag Eliane Perret

Die Formulierung »Fordern und Fördern« oder auch umgekehrt ist im pädagogischen Alltag so oft zu hören, dass man sich selten Gedanken macht, was es damit auf sich hat. Die beiden Begriffe sind sprachlich vieldeutig. Nimmt man sie für sich alleine, so wird »Fordern« eher mit der Vorstellung von Strenge verbunden, »Fördern« steht für eine verwöhnende, nachgiebige Haltung. Ich möchte nicht darum feilschen, wie die Reihenfolge der Begriffe sein muss, denn für mich sind es zwei Seiten derselben Medaille. Es gehört zum Alltag und zu den anspruchsvollsten Aufgaben von Heilpädagogen, bei einem Kind zu erfassen, was seine nächste Zone der Entwicklung (Wigotsky) sein wird. Eine Aufgabe, die viel Einfühlungsvermögen und pädagogisches Geschick braucht.

Individuelle Förderung ist in Sonderschulen längst üblich. Man hat es ja mit Kindern und Jugendlichen zu tun, die an sehr unterschiedlichen Punkten ihrer intellektuellen und sozial-emotionalen Entwicklung stehen. Ich denke da an Felix, ein oft sehr unruhiger Mittelstufenschüler, der sich kaum länger und vertiefter mit einem Arbeitsauftrag beschäftigen konnte. Seine

Schrift war flüchtig, er arbeitete in rekordverdächtigem Tempo. Er war sprachlich gewandt, in seinen Texten fehlten aber meist sämtliche i-Punkte, auch auf seinem eigenen Namen. Sicher wäre es gut, wenn er das ändern würde. Was heißt nun bei ihm »Fördern und Fordern«?

Lernprogramme heute

In der Heilpädagogik meint man heute mit »Fördern« meistens Lernprogramme für das Kind, verbunden mit Förderzielen und Förderplan, eingebunden in den Förderplanzyklus. Die Förderziele beinhalten die Forderungen ans Kind, was es sich aneignen sollte. Mit Kind und Eltern werden gemeinsame Ziele vereinbart und überlegt, mit welchen Maßnahmen sie erreicht werden könnten. Die Ziele müssen operationalisierbar sein, das heißt, man muss belegen, zählen usw. können, ob die Maßnahme richtig war und das Ziel erreicht wurde. Nach einer abgemachten Zeitspanne wird ausgewertet, ob das Ziel ganz, teilweise oder nicht erreicht ist – ein verhaltenstherapeutischer Ansatz. Felix erhielte bei diesem Konzept vielleicht das Förderziel, alle i-Punkte zu schreiben. Die Lehrperson würde mit ihm einen Modus entwickeln, wie er das angehen kann, und ihn je nachdem mit Smileys oder Ähnlichem belohnen. (Ich habe es nicht so gemacht!) Was für Felix in der Sonderschule heute üblich sein könnte, ist in den letzten Jahren zusehends in die Regelklassen eingeflossen. Fördern heißt heute auch dort, dass jedes Kind nach seinem eigenen Programm arbeitet. Das verlangt eine Umgestaltung des Unterrichts, um – wie es in den entsprechenden Schriften heißt – die je individuellen Potenziale aller Kinder ausschöpfen zu können, Leistungsexzellenz zu befördern und auch Lernschwierigkeiten zu überwinden.

Ein weiter Schritt zurück in die Geschichte

Jürgen Oelkers reiht diese Schulreform in eine geschichtliche Tradition ein (Oelkers 2011), beginnend um 1904 mit Frederic Lister Burk, dem ersten Präsidenten der San Francisco State Normal School. Zusammen mit seiner Mitarbeiterin Mary Ward entwickelte er die Methode der »individual instruction«. Sie teilten den Lernvorgang kleinschrittig in einzelne Schritte auf, sodass ihm jeder bzw. jede Lernende im Rahmen einer gemeinsamen Lernzeit im eigenen Tempo folgen konnte. Automatische Feedbacks sollten den individuellen Lernstand anzeigen. Burk stand damit im Gegensatz zu dem damals üblichen »lock-step schooling«, bei dem alle Kinder miteinander den Schulstoff erarbeiteten. In meiner Vorstellung scheinen da Fotos auf mit Schulklassen von 80 Kindern, die gedrängt auf engem Raum nach vorne blicken. Mehr als 100 Jahre, ein weiter Schritt zurück in die Geschichte! Aber wie sollte das umgesetzt werden? Mit 80 Kindern in der Schulklasse?

Welche Vergleichsgrößen gab es oder Standards, wie man heute sagt? Die Idee wurde wieder fallen gelassen.

Die Didaktik für das gemeinsame Lernen hingegen wurde unter Einbezug entwicklungspsychologischer und pädagogischer Erkenntnisse weiterentwickelt, sodass die Lehrpersonen ihren Unterricht kindgemäß und auf einem qualitativ hohen Niveau unter Einbezug neuer Erkenntnisse gestalten konnten.

Die »neue« Lernmechanik: Digitalisierung

Im Unterschied dazu tauchte die alte Idee des individuellen Förderns mit Blick auf gemeinsame Lernstandards erst in den letzten Jahrzehnten unter dem Begriff »Blended Learning« wieder auf. Zwar modern formuliert, war es in Wirklichkeit ein Rückgriff auf längst überholte Konzepte. Digitalisierung wurde zum Schlagwort für diesen Unterricht. Personelle, finanzielle und institutionelle Engpässe wollte man nun mit digitalen Hilfsmitteln lösen, das schulische Lernen auf den Umgang mit elektronischen Plattformen beschränken und statt der Lehrkräfte Lerncoaches einsetzen. So könnte jeder Schüler bzw. jede Schülerin nach seinem bzw, ihrem individuellen Tempo lernen und der Erfolg des Lernens würde durch automatisiertes Feedback angezeigt. Das hätte im Fall von Felix einen Vorteil, weil der Computer sein i-Punkt-Problem lösen würde – nicht aber seine innere Unruhe beim Lernen. »Fördern und Fordern« hieß nun nicht mehr, sich den Lernstoff in der Klasse durch »fragend-entwickelnden« Unterricht, erweitert durch andere didaktische Formen, zu erarbeiten.

Algorithmen als Förderplanung

Das »neue« Konzept basierte auf lerntheoretischen Modellen des Kompetenzerwerbs, mit technokratischem Vokabular beschrieben und in kybernetischen Modellen dargestellt. Das »Fordern« bedeutet dann personalisierte Lernprogramme, die durch Algorithmen geregelt werden können. Die Kinder sollten nun ihre Lernprozesse durch selbstreguliertes Lernen gestalten und steuern und sich so ihr Wissen auf der Basis ihrer eigenen Erfahrungen, ihres Vorwissens und ihrer intellektuellen Fähigkeiten konstruieren (vgl. auch Kapitel 17 und 28).

Was heißt das nun für Felix und seine fehlenden i-Punkte? Dafür würde es vermutlich kein Lernprogramm geben und es würde kaum erfolgreich sein, solange er seine innere Unruhe nicht ablegen kann. Er brauchte dazu die Beziehung zu seiner Lehrerin, die ihn förderte und forderte. Das war ein längerer Prozess, aber ich weiß: Heute vergisst der glückliche Felix die i-Punkte nicht mehr, wenn er seiner Sina schreibt: »Ich liebe dich.«

Kommentar Riccardo Bonfranchi

Deinem Beitrag, der ja teilweise weit in die Historie zurückgeht, kann ich inhaltlich nichts entgegensetzen. Also kann ich die für den Leser immer wieder notwendige Spannung leider nicht erhöhen. Aber ich kann auf die aktuelle Gegenwart eingehen, nämlich: Wie verläuft Schule in Zeiten, in denen das Covid-19-Virus aktuell verbreitet ist? Wie verhält es sich in diesen Zeiten mit dem Fördern und Fordern?

Da haben wir über mehrere Wochen die Schließung sämtlicher Schulen erlebt, damit das Virus in seiner hemmungslosen Verbreitung gestoppt oder zumindest verlangsamt werden kann. Dabei ist man auf die Idee des Homeschooling gekommen, um dem Prinzip des Förderns und Forderns, so weit wie möglich, treu zu bleiben. In dieser Zeit hat sich herausgestellt, dass intellektuell geübtere Schüler und Schülerinnen, z. B. diejenigen, die sich auf einem Gymnasium befinden, dieses Homeschooling relativ problemlos bewältigen konnten, sowohl technisch wie auch inhaltlich. Im mittleren Segment der Sekundarschulen war dies nur noch teilweise möglich. Es gab Schüler oder Schülerinnen, die sich der Anforderung des Homeschoolings entzogen und einfach nichts oder wenig machten. Die Lehrerschaft konnte nichts dagegen tun. Auch Appelle an die Eltern fruchteten oft nicht, weil diese nicht digital mit der Lehrkraft verkehrten, weil sie den Inhalt nicht überblickten oder weil sie kaum der deutschen Sprache mächtig waren, geschweige denn diese zu schreiben vermochten.

Dann gab es die geistig- und mehrfachbehinderten Kinder, bei denen ein Homeschooling von vornherein nicht möglich war. Hier fielen das Fordern und Fördern vollständig aus.

Für mich ergab sich einmal mehr eine Bestätigung der These, dass Fördern und Fordern durch die Schule und die Zusammenarbeit von Schule und Familie in den verschiedenen Bevölkerungsschichten entweder gut oder dann wieder kaum möglich sind. Das ist nicht neu, aber in Krisenzeiten zeigt und bewahrheitet sich das noch stärker: Kinder, die aus weniger privilegierten Elternhäusern stammen, können weniger gefördert und in schulischen Bereichen weniger gefordert werden. Umgekehrt sind die Chancen – logischerweise – bei Kindern, die aus materiell begüterten und intellektuell (bildungsmäßig betrachtet) besser ausgebildeten Schichten stammen. Diese Tendenz, über die ich bereits in den achtziger Jahren zum ersten Mal geschrieben habe, hat sich im Laufe der letzten Jahrzehnte noch verstärkt. Die Schere geht immer weiter auseinander. Die Zeit des Homeschoolings hat hiervon Zeugnis abgelegt.

7 Wodurch ist ein guter Theorie-Praxis-Bezug gekennzeichnet?

Beispiele missglückter Theorie-Praxis-Bezüge aus der Bildungslandschaft

Beitrag Eliane Perret

Für einen guten Theorie-Praxis-Bezug gehe ich davon aus, dass sich der Theorie unterlegte Thesen in der Praxis als richtig herausstellen und verallgemeinern lassen. Voraussetzung zur Überprüfung der Thesen sind allerdings unabhängige Studien.

Eigentlich wollte ich jetzt ein positives Beispiel schildern. Tue ich aber nicht! Weil die aktuelle Bildungslandschaft so viele gegenteilige anbietet, kann ich mich der Versuchung nicht entziehen, mich dort zu vertiefen.

Neue Fremdsprachendidaktik

Ich beginne mit der aktuellen Fremdsprachendidaktik. Da müssen sich doch unsere Schülerinnen und Schüler seit einigen Jahren im Sprachbad tummeln, damit ihnen die Fremdsprache quasi ohne größeren Aufwand durch die Poren ins Gedächtnis diffundiert. Kein strukturiert aufgebauter Unterricht, sondern die Sprache auf sich wirken lassen und nebenbei lernen. Das ist »State of the Art«, wie es von gewissen Bildungsfachleuten genannt wird. Entsprechend sind alle gängigen und propagierten Lehrmittel aufgebaut. Und der Lehrmittelmarkt ist groß und lukrativ. Auf einen systematischen, die sprachlichen Grundstrukturen aufbauenden Unterricht wird verzichtet. Statt eines Alltagswortschatzes geht es um zeitgeistige Themen oder Begriffe, die viele Kinder nicht einmal in ihrer Muttersprache kennen. Wer bisher anders unterrichtet hat, muss in sich gehen und darüber nachdenken, warum er die didaktischen Vorgaben des bisherigen Fremdsprachenunterrichtes durchaus sinnvoll, ja sogar besser findet. Die Suche nach neueren Lehrmitteln, die sich auf solche didaktischen Vorgaben stützen würden, gestaltet sich als schwierig.

Die These ist also: *Kinder lernen eine neue Sprache wie Babys und Kleinkinder von Mama und Papa.*

»Je früher, desto besser!«, ist deshalb das viel zitierte Argument für den Fremdsprachenunterricht. Entsprechend soll damit bereits in den untersten Klassenstufen begonnen werden. Nun ist aber ein Unterricht, der aus drei

Lektionen Englisch oder Französisch pro Woche besteht, kaum ein Sprachbad, höchstens ein Wasserspritzer in einem überraschten Gesicht. Die obige These wurde von vielen Seiten infrage gestellt. Schließlich wurde sie auch durch die international (!) sehr gewürdigte Studie von Simone Pfenninger – damals noch Professorin an der Universität Zürich – klar widerlegt. Ihre von Lehrmittelverlagen unabhängige Arbeit wies eindeutig nach, dass diese These nur zutreffe, wenn ein Kind in ein neues, anderssprachiges Land komme oder von den Eltern zweisprachig erzogen werde. Der Spracherwerb im natürlichen Umfeld sei nicht mit dem in der Schule zu vergleichen. Sie hob auch die Bedeutung der Muttersprache als Basis für den Fremdsprachenerwerb hervor. Die Studie und die Professorin wurden mit unhöflichen Mitteln ins Abseits gestellt. Es war nicht das erste Mal, dass eine nicht bestellte oder gesponserte Studie nicht toleriert wurde. Aber so konnte man den politisch korrekten »State of the Art« beibehalten. Z. B. im Rahmen von *Passepartout*, einem die Nordwestschweizer Kantone umfassenden Fremdsprachenkonzept. Mittlerweile wurden die vorausgesagten Lernziele überprüft und ausgewertet. Die Testergebnisse zu den Lehrmitteln sprechen eine deutliche Sprache. Die angestrebten Ziele (z. B. »sehr gutes Leseverständnis« und »sehr gute kommunikative Handlungsfähigkeit«) wurden deutlich verfehlt und auch die versprochenen »begeisterten und motivierten Schülerinnen und Schüler« blieben aus.

Hier meine Beurteilung: Die These wurde widerlegt. Die Theorie ist in der Praxis gescheitert. Konsequenz: Das didaktische Prinzip des in dieser Art konzipierten Fremdsprachenunterrichts ist gescheitert und müsste geändert werden.

Labeling durch Diagnosen

Ein zweites Beispiel, das mehr in unseren heilpädagogischen Alltag eingreift: das Labeling durch Diagnosen. Viele unserer Schülerinnen und Schüler haben eine durch eine Fachstelle erhobene Diagnose, in den meisten Fällen ein AD(H)S oder eine ASS (Autismus-Spektrum-Störung). Die Diagnosen werden durch Fragebogen, Tests und Beobachtungen erhoben. Eine biologische Ursache kann bisher nicht nachgewiesen werden. Das heißt, die Diagnosen werden recht subjektiv erbracht. Die schulischen Heilpädagogen werden dahingehend ausgebildet, ihren Unterricht, die Raumordnung usw. auf die vermuteten oder auch beobachteten Bedürfnisse dieser Kinder auszurichten.

Die These wäre also: *Diese Abklärungsverfahren machen gültige Diagnosen möglich.*

Nun kam vor einiger Zeit eine anerkannte Fachperson für ASS-Diagnosen zu uns in den Unterricht. Sie kannte die Diagnosen der einzelnen Kinder nicht, interessierte sich aber im Nachhinein dafür. Nun konnte sie kaum glauben, dass ein Mädchen, dass ihr im Unterricht überhaupt nicht aufgefallen war, eine ASS-Diagnose hatte. Es hatte sie mit Blickkontakt begrüßt wie alle anderen, sich interessiert und aktiv am Unterricht beteiligt, mit einem Klassenkollegen an einem Arbeitsauftrag gearbeitet und freute sich auf das gemeinsame Pingpong-Spiel in der Pause. Für uns hatte sich seit Längerem die Frage gestellt, wie weit die Diagnose auf das Mädchen überhaupt zutraf. Aber für unsere Arbeit mit ihr war das nicht ausschlaggebend. Offenbar jedoch für die erwähnte Fachperson. Für sie stellte sich aber die Frage anders. Sie regte nicht etwa eine Überprüfung der Diagnose an. Nein, es war ihr offensichtlich unangenehm, dass diese ihrem geschulten Blick entgangen war. So suchte sie nachträglich nach Zeichen, die bei ihr die Alarmglocken hätten läuten lassen müssen und die Diagnose bestätigt hätten.

Für mein Gefühl war auch bei dieser Thematik der Theorie-Praxis-Bezug nicht gelungen. Allerdings aus etwas anderen Gründen. Das der These zugrunde liegende Vorgehen, wie eine sichere Diagnose erbracht und ein Kind gelabelt werden konnte, schien mir fragwürdig zu sein, vielleicht auch die Diagnose an sich. Sie war aber eine Hypothek für das Kind und sein Umfeld.

Darum mein Schluss: Ein guter Theorie-Praxis-Bezug braucht unabhängiges Denken und intellektuelle Risikobereitschaft, die Innovation und Kreativität möglich machen. Freie Forschung muss unabhängig sein von finanzieller Unterstützung und Karrieremöglichkeiten. Ob das in diesen beiden Fällen zutrifft?

Kommentar Riccardo Bonfranchi

Beide sind wir wieder damit beschäftigt, die heutige Realität zu betrachten und uns mit einem gewissen Grausen davon abzuwenden.

Was den Fremdsprachenunterricht anbelangt, so hat es in der Vergangenheit diverse Proteste und Aktionen von Seiten der Lehrkräfte gegeben, weil diese Art von Unterricht bzw. Nicht-Unterricht so zu gar nichts oder eher zu Frustration auf Seiten der Schülerschaft führen wird. Der Misserfolg ist vorprogrammiert, wenn man Sprachenlernen so versteht, wie es diese von der Bildungsdirektion vorgeschlagenen Lehrmittel angehen wollen: Erst im Unterricht mit einer Sprache ein bisschen herumspielen, nur damit man am Ende der obligatorischen Schulzeit feststellen muss, dass man gar nichts kann! Gut, dass es 2019 in Basel-Landschaft sogar zu einer Volksabstimmung über ein Französisch-Lehrmittel kam. Es wurde abgelehnt! Wenn dann, wie in deinem zweiten Beispiel, auch noch persönliche Eitelkeiten dazu kommen, kann von einem sinnvollen Theorie-Praxis-Bezug gar nicht mehr gesprochen werden. Da wird dann die Theorie durch die eigene rosarot gefärbte Brille ad absurdum geführt. Unter welchem Druck, so frage ich mich, musste diese Fachperson stehen, dass sie nicht einfach ihren Irrtum zugeben konnte?

Dies führt mich dann wieder zu den Fragen: Warum ist das so? Wie konnte es so weit kommen? In wessen Interesse ist das? (vgl. z. B. Kapitel 22)

Gelungene Umsetzung theoretischer Ansprüche in der heilpädagogischen Praxis

Beitrag Riccardo Bonfranchi

In diesem Beitrag über Theorie und Praxis möchte ich dich auf einen fiktiven Rundgang in einer heilpädagogischen Schule für geistig behinderte Kinder und Jugendliche mitnehmen. Selbstverständlich sind die Beispiele aus Gründen des Datenschutzes anonymisiert. Eine vermeintliche Wiedererkennung kann höchstens aufgrund der Tatsache geschehen, dass die Problemstellungen und die Förderkonzepte bei unseren Schülerinnen und Schülern immer wieder ähnlich sein können. Auf dem Prüfstand ist, ob die theoretisch angestrebten Ziele auch in der Praxis erreicht werden.

Theoretischer Anspruch 1: Ressourcenorientiert arbeiten

Wir kommen an der Turnhalle vorbei, wo ein fröhliches Treiben herrscht. Einige Kinder der Unterstufengruppe werfen sich den Ball zu. Die Regeln des Spieles sind einfach, aber für alle verständlich. Der Ball sollte nicht zu Boden fallen, aber jedes Mal, wenn er das tut, amüsieren sich alle. In einer Ecke der Turnhalle steht Michael und beschäftigt sich intensiv mit farbigen Bändern. Als die Klasse mit einem einfachen Hindernislauf startet, nähert er sich der Gruppe. Wie alle anderen Kinder ist er geistig behindert, in seinem Falle wurden zudem autistische Züge festgestellt. Erstaunlicherweise ist er außerordentlich schnell und springt geschickt über die Hindernisse. Er wählt die Reihenfolge willkürlich, rennt kreuz und quer durch den Parcours, weil er offensichtlich die Regeln nicht verstanden hat und einfach seiner Freude an der Bewegung nachgibt. In einem zweiten Durchgang rennt der heilpädagogisch ausgebildete Sportlehrer mit ihm zusammen. Er kennt Michael und weiß um seine motorische Geschicklichkeit als Ressource für seine Förderung, kennt aber auch die Grenzen seines Verständnisses für Spielregeln. Darum hat er ein breites Spektrum an Möglichkeiten entwickelt, Michaels Teilhabe in seinem Umfeld möglich zu machen. Die kleine Gruppe von Kindern, die einen vergleichbaren Entwicklungsstand haben, ist dazu das adäquate Umfeld.

Theoretischer Anspruch 2: Die selbstständige Mobilität fördern

Bei der Physiotherapeutin finden wir Leon, der den heilpädagogischen Kindergarten besucht. Er hat eine cerebrale Lähmung (Cerebralparese CP) und ist leicht geistig behindert. Die tägliche Therapie ist wichtig für ihn, um seine Spasmen zu lösen und ihm so die Fortbewegung zu erleichtern. Auch therapeutisches Schwimmen in einem speziell geheizten Hallenbad gehört dazu. Später sehen wir Leon nochmals in seiner Kindergartengruppe. Er fällt dort nicht speziell auf, obwohl er sich ausschließlich kriechend fortbewegt. Das ermöglicht es ihm, sich ohne Hilfe zu bewegen und den Raum zu erkunden, eine wichtige Entwicklungserfahrung. Ansonsten ist er auf einen Rollstuhl angewiesen und damit auch auf eine barrierefreie Umgebung, wie es in heilpädagogischen Schulen längst Usus ist. So kann seine selbstständige Mobilität auf einem möglichst hohen Niveau realisiert werden.

Theoretischer Anspruch 3: Soziale Teilhabe fördern

Maria ist in der Mittelstufengruppe. Sie ist ein spontanes Mädchen, das durch ihre laute und oft etwas ungestüme Art auffällt. Als wir in den Raum kommen, rennt sie zu uns. Mittlerweile hat sie gelernt, dass sie nicht jeden, dem sie begegnet, umarmen und küssen kann. Die Heilpädagogin hat deshalb mit ihr einige Rituale eingeübt. Also stoppt Maria kurz vor uns und wirft uns eine Kusshand zu. Für sie ist es wichtig, solche Regeln zu lernen, auch zu ihrem eigenen Schutz. Sonst würde sie später Gefahr laufen, ein Opfer von Übergriffen zu werden. Das ermöglicht ihr auch die Teilhabe unter den Gleichaltrigen in ihrem Wohnquartier. Sie hat dort früher die Erfahrung gemacht, dass ihre ungestüme Art auf wenig Gegenliebe stoßen kann und speziell bei kleineren Kindern Angst auslöst. Sie wollten nicht mehr mit ihr spielen. Maria war untröstlich, weil sie sich zurückgewiesen und abgelehnt fühlte. Sie zu mehr Sorgfalt in ihrem sozialen Umfeld anzuleiten, wurde deshalb zu einem wichtigen Förderziel. Es war ein längerer Prozess, der von der Heilpädagogin viel Feinfühligkeit und Geduld verlangte.

Theoretischer Anspruch 4: Adäquate therapeutische und medizinische Versorgung gewährleisten

Tamara ist ein schwer geistig- und mehrfachbehindertes Mädchen im Jugendalter. Aufgrund ihrer Beeinträchtigung hat sie einen hohen Pflege- und Therapiebedarf. Dazu gehört das regelmäßige Wechseln ihrer Windeln. Die

Heilpädagogin macht ein Spiel daraus, in das sie die nur sehr eingeschränkt mögliche Kommunikation einbindet. Die Nahrungsaufnahme erfolgt über die Sonde. Neben Tamara steht der Rollstuhl, auf den sie zur Fortbewegung angewiesen ist. Um Tamara bestmöglich am Schulalltag teilhaben zu lassen, braucht sie fast durchgehend eine 1:1-Betreuung.

Tamara hatte als Mittelstufenschülerin einen schweren Verkehrsunfall, der ihre Beeinträchtigung nach sich zog. Nach dem anfänglich intensiven Bemühen, sie weiterhin in ihrem bisherigen sozialen Umfeld zu unterrichten, wird sie nun in der heilpädagogischen Schule gefördert. Hier stehen neben speziell ausgebildeten Fachkräften auch die notwendigen therapeutischen Angebote ohne größeren Aufwand zur Verfügung und die medizinische Versorgung ist gewährleistet, um Tamara ihren Bedürfnissen entsprechend zu fördern.

Theoretischer Anspruch 5: Den Lernstoff den Bedürfnissen anpassen

Miriam ist eine Jugendliche mit geistiger Behinderung, sie ist in der Werkgruppe. Zu ihrem Förderprogramm gehört deshalb die Vorbereitung auf die berufliche Ausbildung. Miriam sitzt vor ihrem Rechnungsheft. Auf dem Tisch hat sie Würfel, Platten, Stäbchen und kleine Würfelchen, mit denen sie die Zusammenzählaufgaben legen kann. Dann trägt sie die Lösung in ihrem Arbeitsblatt ein, das aus einem heilpädagogischen Lehrmittel stammt. Neben ihr sitzt Diego. Er ist stofflich auf gleichem Niveau. Sie arbeiten an denselben Aufgaben. Miriam ist dieses Mal schneller gewesen als er und freut sich. Die Heilpädagogin hat den Stoff sorgfältig eingeführt und kommt immer wieder vorbei, um die beiden zu unterstützen.

Um sie auf die baldige berufliche Eingliederung vorzubereiten, sind im Stundenplan der beiden auch praktische Tätigkeiten integriert. Miriam ist geschickt in der Küche. Daraus ergibt sich eine wichtige Fördermöglichkeit und eine mögliche berufliche Tätigkeit. Sie hilft täglich beim Vorbereiten des Essens mit und ist stolz, wenn es beim Mittagessen etwas gibt, wozu sie beigetragen hat. Nach dem Essen ist sie am Aufräumen der Küche beteiligt. Diego meldet sich am Nachmittag beim Hausdienst. Er wischt den Spielplatz und sammelt Abfälle ein. Dann hilft er in der Werkstatt bei Reparaturarbeiten. Die Tätigkeiten sind seinen Fähigkeiten entsprechend angepasst und er freut sich jedes Mal darauf.

Miriam und Diego gehören zu den ältesten Jugendlichen der Schule. Sie werden bald den Einstieg ins Berufsleben finden müssen. Das erfordert eine enge Zusammenarbeit von Familie und Schule mit den Fachstellen der IV und möglichen Lehrbetrieben, wie sie in einer heilpädagogischen Schule zum Alltag gehört.

Theoretischer Anspruch 6: Zugang zu den notwendigen Therapien garantieren

In einem gemütlich eingerichteten Raum arbeitet die Ergotherapeutin mit Daniela, einem geistig behinderten Mädchen mit Downsyndrom.

Mit Daniela zu arbeiten, braucht viel Gelassenheit. Sie ist schnell ungeduldig und aufgeregt. Bis vor Kurzem war sie in eine Regelklasse integriert. Verständlicherweise hatte die dort zuständige Heilpädagogin weder die Zeit noch die breite Erfahrung und spezifische Ausbildung unserer Fachleute, um Daniela intensiv zu fördern. Was mit viel Elan gestartet hatte, wurde offenbar mehr und mehr zu einer großen Belastung für die Schule *und* Daniela. Sie zeigte immer häufiger ein auffälliges Verhalten und störte damit den Unterricht. Bald kam die Anfrage an die Heilpädagogische Schule, Daniela für einen und bald zwei Nachmittage zu übernehmen, bis schließlich der Integrationsversuch abgebrochen wurde. Nun hat sie ein breites, auf ihre Bedürfnisse abgestimmtes Förderprogramm und die für sie wichtigen Therapien. Wie die Eltern berichten, kommt sie gerne zur Schule, und von den Verhaltensauffälligkeiten ist kaum mehr etwas zu merken.

Fazit

Die Beispiele zeigen, dass der Unterricht und die Betreuung von Menschen mit einer Behinderung ein spezifisches Fachwissen und ausgebildetes Personal brauchen. Das ist an einer Institution, wie ich sie jahrelang geleitet habe, in optimalem Maße vorhanden, weil wir darauf spezialisiert sind. Therapien sind in den Stundenplan der Kinder integriert und damit sind eine ganzheitliche und umfassende Betreuung und Förderung in allen Bereichen gewährleistet. Dazu gehören je nach speziellem Bedürfnis Physiotherapie, Ergotherapie und Logotherapie, welche von den Krankenkassen übernommen werden. Die Therapien sind vor Ort vorhanden und können von den Kindern und Jugendlichen ohne größeren organisatorischen Aufwand besucht werden. Die Therapeutinnen kennen sie zum Teil seit Jahren und sind sehr erfahren darin, nach Lösungen für neu auftauchende Probleme zu suchen. Die Lerngruppen sind vom Alter und dem geistigen Entwicklungsstand der Kinder her so gebildet, dass soziale Beziehungen und gleichwertige Freundschaften möglich sind und zu einer positiven Persönlichkeitsentwicklung beitragen.

NB: Außer Daniela und Tamara waren auch alle anderen hier vorgestellten Kinder und Jugendlichen mit einer geistigen Behinderung für eine gewisse Zeit in Regelklassen integriert. Alle Versuche mussten abgebrochen werden, weil sie eine umfassende Förderung und die angestrebte soziale Teilhabe trotz intensiven Bemühens nicht gewährleisten konnten.

Kommentar Eliane Perret

Nachdem ich deine eindrücklichen Beispiele aus der Praxis gelesen hatte, blieb ich an der letzten Bemerkung hängen, dass bei all diesen Kindern ein Integrationsversuch gemacht und abgebrochen werden musste. Darum nahm ich die Broschüre der Bildungsdirektion des Kantons Zürich »Integrierte Sonderschulung im Kanton Zürich. Grundlagen, Regelungen und Finanzierung« zur Hand. Darin fand ich zusammenfassend folgende Hypothesen:

- Integration dient der Beseitigung von Benachteiligungen von Menschen mit Behinderungen und gewährleistet die Chancengerechtigkeit für alle Schülerinnen und Schüler.
- Von einem integrativen Unterricht profitieren die Lernenden der Regelklasse und die Schülerinnen und Schüler mit besonderem Bildungsbedarf voneinander.
- Die integrative Gestaltung des Unterrichts in heterogen zusammengesetzten Lerngruppen unterstützt die Solidarität und erfordert kollegiale Kooperation, die Wahrnehmung und Berücksichtigung der Lebenswelt der Schülerinnen und Schüler sowie die Überwindung einer Defizit- zugunsten einer Fähigkeits- und Ressourcenorientierung.
- Alle Schülerinnen und Schüler werden entsprechend ihren individuellen Möglichkeiten und Bedürfnissen gefördert. Sie profitieren voneinander in Bezug auf ihre Selbst- und Sozialkompetenz im Rahmen einer heterogenen Klassengemeinschaft.
- Die soziale Integration aller Schülerinnen und Schüler, ob ohne oder mit besonderem Bildungsbedarf, in den Klassenverband der Regelschule sowie die Partizipation an möglichst allen Aktivitäten wird ermöglicht und unterstützt.
- Integrierte Sonderschülerinnen und -schüler haben die gleichen Rechte und Pflichten wie ihre Klassenkameradinnen und -kameraden der Regelklasse. Sie gelten im Schulalltag als reguläre Schülerinnen oder Schüler der Klasse.

Ich habe diese Hypothesen an den von dir dargelegten Praxisbeispielen zu überprüfen versucht. Sie gehen alle davon aus, dass Integration das eindeutig zu bevorzugende Förderkonzept ist. Die von dir dargelegten Beispiele zeugen vom Gegenteil. Sie zeigen auch nachdrücklich auf die spezifische Qualifikation der Lehrpersonen in den Heilpädagogischen Schulen.

Das kann in einer Regelschule schlicht nicht geleistet werden. Im besten Falle waren die Kinder eine Weile mit dabei, bevor sie wieder zurückgeschult wurden – Teilhabe nennt man das. Es handelt sich also höchstens um schulorganisatorische Maßnahmen und nicht um pädagogisch verantwortbare Konzepte (was übrigens auch in der erwähnten Broschüre als nicht wünschbar definiert wird).

Logische Folge: Die Hypothesen haben sich als falsch erwiesen, zurück auf Feld 1 oder – in vielen Fällen ist die Heilpädagogische Schule eindeutig die richtige Bildungsinstitution. Ich wage hier sogar den Vergleich zur Medizin: Statt eines Allgemeinpraktikers braucht es ein spezialisiertes Ärzteteam.

8 Meine Vorbilder – deine Vorbilder

Emil E. Kobi – bedeutsame Passagen aus »Grundfragen der Heilpädagogik«

Beitrag Riccardo Bonfranchi

Ob ich in der Sonderpädagogik Vorbilder hatte? Einzelne Persönlichkeiten habe ich nie vergessen. Als ich noch profimäßig Sport betrieb, hatte ich als Jugendlicher und junger Erwachsener Idole. Ob dies dasselbe ist wie ein Vorbild? Ich denke nicht.

Während meines Studiums in Köln fand ich einen Professor für Allgemeine Heilpädagogik bewundernswürdig. Heinrich Lenzen verstand es in eindrücklicher Art und Weise, Theorie und Praxis miteinander zu verbinden. So richtete er als einer der ersten in Deutschland eine Elternberatungsstelle für Eltern von Kindern mit Downsyndrom ein. In der Schweiz wurde dann der Heilpädagoge Emil E. Kobi für mich zu einem Vorbild. Beide, sowohl Prof. H. Lenzen wie auch PD E. Kobi, leben nicht mehr. Aber sie sind mir in bester Erinnerung geblieben.

Emil E. Kobi – ein wertgeleitetes Verständnis der Heilpädagogik

Ich möchte mich im Folgenden Emil Kobi zuwenden. Nicht seiner eindrücklichen Persönlichkeit, sondern einem seiner Bücher. Es handelt sich um das bekannte umfangreiche Werk *Grundfragen der Heilpädagogik. Eine Einführung in heilpädagogisches Denken* (Kobi 1993).

Nun lasse ich Kobi selbst zu Wort kommen, indem ich Passagen zitiere, die mir als besonders wichtig erscheinen. Meine Auswahl ist nicht systematisch, ich habe sie nach meinen persönlichen Interessen getroffen. Die Zitate sprechen für sich. Wichtige Begriffe habe ich kursiv hervorgehoben.

Ein weit gespannter Bogen der Heilpädagogik

Beginnen möchte ich mit den Kapitel-Überschriften der neun Hauptkapitel. Könnte man heute noch solche Themen wählen? Ich denke nicht, bedaure dies aber sehr, weil allein schon durch diese Überschriften ersichtlich wird, wie weit Kobi den Bogen der Heilpädagogik spannt und welche allgemeingültigen Fragen für ihn von Relevanz sind.

1. Die existenzielle Frage (wer)
2. Die phänomenologische Frage (was)
3. Die numerische Frage (wie viel)
4. Die topologische Frage (wo)
5. Die chronologische Frage (wann)
6. Die ätiologische Frage (warum)
7. Die teleologische Frage (wohin)
8. Die methodische Frage (wie)
9. Die dialogische Frage (wer). (S. 19)

Problematische Fokussierung auf den Defekt

»Die Faszination, welche von einem Defekt, einer Normabweichung auszugehen pflegt; die Reduktion des Kindes auf diesen Defekt und in der Folge die Neigung auch des Behinderten selbst, seine Identität in der Behinderung zu suchen; die Fokussierung, welche eine Behinderung durch die sachnotwendig spezifizierten pädagogisch-therapeutischen Vorkehrungen erfährt; die beherrschende Rolle, welche eine Behinderung für die Lebensgestaltung und im Zukunftsentwurf einnimmt; die ›Totale Institution‹ (sensu Goffman, E. 1973), in deren Sog ein behinderter Mensch – ›von der Wiege bis zur Bahre‹ – geraten kann, sowie die Betreuungs- und Besorgungszwänge, denen auch seine nähere Umgebung ausgesetzt ist –: All dies schafft eine Situation, in welcher Behinderte zum Behandlungsgut, zur Dienstleistungsware, zur depersonalisierten Ballastexistenz zu werden drohen, die in letzter utilitaristischer Konsequenz (Singer, P. 1984) der Entsorgung zugeführt werden kann.« (S. 39)

Behindert ist ...

»Behindert in einem heilpädagogisch bedeutsamen Sinne ist ein Mensch,
- der als auffällig gilt und sich als abgehoben erlebt,
- der als nonkonform gilt und sich als unpassend erlebt,
- dessen Entwicklungsgang als unzeitig gilt und der sich als unzeitgemäss erlebt,
- der als abhängig gilt und sich als ausgeliefert erlebt,
- der in einem als negativ erachteten Sinne als abnorm gilt und sich als minderwertig erlebt,
- dessen Gestaltbarkeit reduziert erscheint und der sich in seinen Handlungsmöglichkeiten als beschränkt erlebt,
- der im partnerschaftlichen Bezug Distanzphänomene auslöst und sich als isoliert erlebt.« (S. 68/69)

Daseinsgestaltung und Behinderung

»Dada-ismus und Data-ismus gedeihen auf dem Feld der Sprachlosigkeit.« (S. 149)

»Für Heilerziehung und Heilpädagogik werden vor allem solche Behinderungen zum Problem, die sich auf die gemeinsame Daseinsgestaltung in Form einer *Verlangsamung* auswirken.« (S. 243)

»In unserer Gegenwart hat sich die Fragestellung von der Vernichtung zur Verhinderung lebensunwert geltenden Lebens verschoben. An die Stelle der (nachträglichen) Säuberung trat die (vorsorgliche) Verhütung.« (S. 259)

»Wie kann die Daseinsgestaltung behinderter und mit behinderten Menschen sichergestellt werden?« (S. 341) (i. O. fett hervorgehoben)

Phänomenologische Arbeitsweise

»Diesen Umschreibungen gemäß geht es bei der *phänomenologischen* Arbeitsweise also um eine ›freischwebende‹ Bestandsaufnahme dessen, was ist, und zwar nach den Kriterien der

- Objektivität (im Sinne der Sachtreue und Überprüfbarkeit)
- Offenheit (im Sinne eines breiten Spektrums der Beobachtung)
- Genauigkeit (im Sinne eines präzisen Festhaltens der einzelnen Daten)
- Gleichwertigkeit (im Sinne eines noch nicht akzentuierten Nebeneinanders der einzelnen Fakten)
- Vollständigkeit (im Sinne einer möglichst umfassenden, reichhaltigen Sammlung von Beobachtungen).« (S. 361)

Das Einzelschicksal als Grundlage

»Die Vorzüge der *kasuistischen* Methode sind für die Heilpädagogik in folgenden Punkten zu sehen:

- Erzieher haben stets – auch wenn ihnen eine Gruppe anvertraut ist – mit Einzelschicksalen zu tun, welche eine Einzeldarstellung geradezu herausfordern. Individuelle Unterschiede sind – je weiter wir uns von der allgemeinen, gewohnten, durchschnittlichen Erziehungssituation entfernen – oft so groß, dass sich generalisierende Darstellungen aus Gründen der Subjekttreue verbieten
- Ein kasuistisches Vorgehen gestattet diesfalls eine vertiefte, detaillierte, Schattierungen berücksichtigende Darstellung. Sie verhindert, dass das Individuelle sich in der großen Zahl verflüchtigt.« (S. 387)

Zur angestrebten Integration

»Missgestalten sollen dadurch aufgelöst werden, dass eine neue, erweiterte, d. h. sie *mit*umfassende Sinnstiftung vorgenommen wird. – Dieser Zielsetzung entsprechen Bemühungen um eine grundsätzliche, apriorische Integration Behinderter.« (S. 402)

Deshalb ...

Die zitierten Passagen des Buches bekunden ein wertgeleitetes Verständnis der Heilpädagogik. Sie bezeugen die Einfühlung und das große mitmenschliche Interesse Kobis an jedem einzelnen Kind, das er in allen seinen Äußerungen als gleichwertig beschreibt. Eine solche menschliche, aber auch kritische Haltung konnte für mich zum Vorbild werden.

Kommentar Eliane Perret

Wie ich in meinem Beitrag geschrieben habe, gehören Vorbilder zur Persönlichkeitsentwicklung. Ob wir uns dessen bewusst sind oder nicht, es gehört zum Menschen als sozialem Wesen. Du hast sie im Sport gesucht, später waren es akademische Größen, die dir entscheidende Impulse gegeben haben, Professoren.

Ich greife einen Aspekt aus deiner Kobi-Auslese heraus, natürlich ebenso tendenziell und durch meine persönliche Sicht geleitet, wie du ihn zu Wort kommen lässt. Es kann also gut sein, dass ich seine Kernaussagen verpasse, denn ich habe mich nie intensiv mit ihm befasst. Das einzige Buch, das ich von ihm besitze, trägt den Titel *Personale Heilpädagogik. Kulturanthropologische Perspektiven.* Schon der Titel steht in wohltuendem Gegensatz zu den heutigen meist biologistisch ausgerichteten Positionen unseres Fachbereichs.

Von einer anderen Seite her, als ich es gewohnt bin, und ganz schön wortgewaltig, beschreibt er, was meines Erachtens in der (heil-)pädagogischen Arbeit essenziell ist: Wir haben es immer mit Einzelschicksalen zu tun, denen sich anzunähern ein herausfordernder Prozess, aber die *conditio sine qua non* für eine sorgfältige und nachhaltige heilpädagogische Arbeit ist. Selbstverständlich gehört ein theoretischer Rahmen dazu. Ich darf auch nicht beim Beobachten, Zählen und Auflisten von Symptomen stehen bleiben. Ob ich nun induktiv oder deduktiv vorgehe, letztlich geht es immer um ein möglichst genaues Erfassen der Problemstellung, damit sich (heil-)pädagogische Arbeit nicht im Oberflächlichen, Zufälligen erschöpft. Wenn er für dich ein Vorbild war, hast du gut getan.

Die Bedeutung von Vorbildern für die Persönlichkeitsentwicklung und die (eigene) Lebensgestaltung

Beitrag Eliane Perret

Ich könnte natürlich einfach auflisten, welche »Größen« der heilpädagogischen Fachwelt mit ihren Theorien meine tägliche Arbeit in den letzten Jahrzehnten geprägt haben. Aber ich erweitere den Begriff und beginne schon wesentlich früher, weil ich Vorbildern eine wichtige Rolle in der Persönlichkeitsentwicklung eines Menschen zuschreibe – positiv und negativ.

Lange ist es her

Einer meiner ersten Aufsätze, die ich in der Mittelschule schreiben musste, war zum Thema »Idol und Vorbild«. Es ging darum, den Unterschied dieser beiden Begriffe herauszuarbeiten. Mein Idol war damals, als *Europe-Nr.-1*-Hörerin, Edith Piaf. Ihre Schallplatten – und selbstverständlich die verschiedener anderer französischer Chansonniers – drehten endlos auf meinem Lenco-Plattenspieler. Ihre Stimme und die Intensität ihres Gesangs gingen mir nahe. Als neugierige Pubertierende suchte ich (ohne Google) Informationen über sie und war ernüchtert: Drogen, Alkohol, gescheiterte Beziehungen – im Grunde genommen ein tragisches Schicksal. Ihr wohl bekanntestes Lied »Je ne regrette rien« entsprach mir nicht, und ich glaubte es auch nicht. So war sie sicherlich kein Vorbild, wie ich mein Leben gestalten wollte, aber sie blieb weiterhin ein Idol für mich. Im Weiteren beschreibe ich in diesem Aufsatz meine Mittelstufenlehrerin, die tatsächlich ein Vorbild für mich geworden war. Sie begann in unserem Dorf zu unterrichten, als ich in die vierte Klasse kam, und löste die Generation der autoritär ausgebildeten Lehrer ab, die mit Blamieren, demütigenden Strafen und Schlägen unterrichteten und vor denen wir Angst hatten. Fräulein W. hatte ein großes Einfühlungsvermögen und unterrichtete uns mit viel pädagogischer Sachkenntnis, engagiert und kreativ. Wir spürten, dass sie uns mochte und gerne unterrichtete. Als ich später als Lehrerin zu unterrichten begann, hatte ich sie vor meinen Augen, in den Ohren und im Herzen.

Mitmenschliches Engagement

Bereits in meiner Kindheit gehörten Bücher zu meinen besten »Freundinnen« und ich lese heute noch viel und gerne. Auch da fand ich immer wieder Vorbilder. Z. B. Hiltgunt Zassenhaus mit ihrem Buch »Ein Baum blüht im November«. Dank ihres mutigen Engagements im nationalsozialistischen Deutschland half sie, Hunderten von skandinavischen KZ-Häftlingen das

Leben zu retten. Oder die Neopsychoanalytikerin Frieda Fromm-Reichmann, deren therapeutische Arbeit mit schizophrenen Menschen zur Inspiration für den Roman »Ich habe dir nie einen Rosengarten versprochen« wurde. Torey Hayden und Virginia Axline, die in ihren Schriften darlegten, was Therapie bei Kindern zu bewirken vermag. Sie alle beeindruckten mich tief. Einen nachhaltigen Eindruck hinterließen bei mir auch Albert Schweitzer und sein Engagement in seinem »Urwaldspital«.

Wegweisende Heilpädagogen

In meiner Ausbildung zur Lehrerin belegte ich dann das Wahlfach »Heilpädagogik« und hörte zum ersten Mal etwas von den beiden großen Schweizer Heilpädagogen Heinrich Hanselmann und Paul Moor. Wir diskutierten deren theoretische Ansätze und ethische Fragestellungen, die das Berufsfeld von Heilpädagogen tangieren. Während meines Studiums stieß ich bei Prof. Heese wiederum auf die beiden und vertiefte mich nochmals in deren Grundlagen. Mittlerweile hatte ich mich schon seit längerer Zeit mit der Individualpsychologie Alfred Adlers befasst und mich weitergebildet. Ich konnte die grundlegenden Thesen von Paul Moor sehr gut mit der Individualpsychologie verbinden. Als wir später für unsere Schule ein Leitbild erstellen mussten, gehörten sie zu den Grundlagen unserer Schule: »Erst verstehen – dann erziehen.« »Nicht gegen den Fehler, sondern für das Fehlende.« »Nicht nur das Kind, sondern auch seine Umgebung ist zu erziehen.« So wurde auch Paul Moor ein wichtiges Vorbild für mich, speziell natürlich für meine berufliche Tätigkeit.

Weit mehr als fachliche Unterstützung

Viele der bisher erwähnten Vorbilder lernte ich nicht persönlich kennen, sondern ich nahm ihre Schriften als stilles Gesprächsangebot wahr, mit dem ich mich auseinandersetzen konnte und wollte.

Anders war es mit meiner langjährigen Ausbildnerin und Supervisorin Annemarie Buchholz-Kaiser, die für mich in vielen Belangen zum Vorbild wurde. Ich besuchte Weiterbildungsangebote unter ihrer fachlichen Leitung und befasste mich vertieft mit der Individualpsychologie und anderen personalen Ansätzen der Psychologie, den grundlegenden Erkenntnissen der Entwicklungspsychologie und Pädagogik und begann den Blick auch für die größeren historischen und politischen Zusammenhänge zu weiten. Das machte es mir möglich, die individuellen Entwicklungsgeschichten und Probleme unserer Schülerinnen und Schüler besser zu verstehen und sie auf ihrem Weg anleitend und fördernd zu begleiten. Ich lernte aber auch, gesellschaftliche Entwicklungen im Bereich der (Heil-)Pädagogik zu durchdenken, zu beurteilen und mir eine eigene Meinung dazu zu bilden. Ich erlebte bei ihr, was es für die eigene Entwicklung und Lebensgestaltung bedeutet, ein Vorbild zu haben, das mitmenschlich denkt, fühlt und handelt und sich für die Belange der Welt interessiert und engagiert.

So wurden viele Menschen, einige, ohne es zu wissen, kürzere oder längere Zeit zu meinen Wegbegleitern in verschiedenen Lebensphasen. Wenn ich deren »Ahnenreihe« aufliste, so beginnt sie schon sehr früh und ist nicht vollständig. Was sie vereinte, war ihr Interesse an den Mitmenschen, denen sie weitergeben wollten, was sie vermutlich selbst als wohltuend, bereichernd und bedeutsam erlebt hatten.

»Das schönste Denkmal ...«

Die Frage nach den Vorbildern ist heute für mich auch in meiner täglichen Arbeit wichtig. Wo orientieren sich meine Schülerinnen und Schüler? Haben sie positive Vorbilder in ihrem familiären Umfeld oder sind es Medienhelden und -heldinnen, denen sie nacheifern? Können sie dank ihnen reifen oder lassen sie sich in eine negative Richtung ziehen? Und wie könnte ich dazu beitragen, dass sie ihren inneren Kompass auf die Menschlichkeit ausrichten? Ein Zitat von Albert Schweitzer drückt das für mich sehr gut aus: »Das schönste Denkmal, das ein Mensch bekommen kann, steht in den Herzen seiner Mitmenschen.«

Kommentar Riccardo Bonfranchi

Da hast du eine Reihe bekannter Größen benannt. Es ist eine beeindruckende Liste, für mich sofort gut nachvollziehbar. Ich greife hier nur ein Detail heraus, das mich beeindruckt hat. Du benennst als Motto eines unter vielen aus der Heilpädagogik: »Nicht gegen den Fehler, sondern für das Fehlende.«

Dieser Satz stammt, wie du schreibst, vom Schweizer Heilpädagogen Paul Moor, selbst nicht Individualpsychologe. Er spiegelt jedoch die pädagogische Grundhaltung der Individualpsychologie sehr präzis.

Dieses Motto hat mich nachhaltig beeindruckt und ist mir im Gedächtnis geblieben. Es gefällt mir auch deshalb so gut, weil es einen Gegenpol bildet zu dem heute immer wieder zu hörenden und zu lesenden Credo, dass man von den Ressourcen des Kindes ausgehen soll, ja: muss. Diesen Satz habe ich nie verstanden. Wir diagnostizieren »unsere« Kinder teilweise sinnvoll, sehr oft unsinnig und sollen dann von dem ausgehen, was sie eh schon können? Man getraut sich heute kaum noch zu sagen, dass das Kind in dem und jenem Bereich, sei es nun in Mathe oder der Fähigkeit, selbstständig zu essen oder fünf Meter zu gehen, ohne hinzufallen usw., Defizite hat.

Dabei wissen wir alle, dass es für jeden darum geht – und dies hat im Grunde mit Heilpädagogik nichts zu tun, sondern ist ein allgemeingültiges Bestreben jedes Menschen – dass man das zu erforschen sucht und sich aneignen will, was man noch nicht kennt, was man noch nicht kann, was man noch nicht begriffen hat. Es besteht immer eine Spannung zwischen dem bisher Erreichten und einem nächsten Schritt, einer Zielvorstellung. Ob das Ziel dann immer sinnvoll erscheint, ist eine andere Frage.

Wenn ich also nach dem Fehlenden frage, dann sind die Ressourcen – das, was das Kind bereits kann – selbstverständlich auch im Blickfeld des Pädagogen, der Pädagogin. Anders geht es gar nicht.

Man muss meines Erachtens die schematische Suche nach den Ressourcen durch diesen Leitsatz austauschen. Er macht Sinn und kann als Vorbild für uns Pädagogen und Pädagoginnen dienen.

9 Ist die Heilpädagogik eine Profession?

Heilpädagogik – eine pädagogische Wissenschaft mit Erziehungs- und Fürsorgeauftrag

Beitrag Eliane Perret

Ob Heilpädagogik eine Profession und wie sie auszufüllen ist, hängt für mich davon ab, worin wir die Ursachen dafür sehen, dass Kinder und Jugendlichen dem Unterricht in der Regelschule nicht folgen können. Wie immer gehe ich im Folgenden von Kindern und Jugendlichen aus, die in ihrem Lernen und Verhalten beeinträchtigt sind.

Was Diagnosen mit sich bringen

Wenn eine Schülerin oder ein Schüler neu zu uns an die Schule kommt, hören wir von den verschiedenen involvierten Personen sehr Unterschiedliches. Ein (fiktives) Beispiel: Ein Junge von zehn Jahren ist bis anhin in die Regelklasse integriert. Er verbreitet dort (zu) viel Unruhe und stört den Unterricht in der Klasse derart, dass er als ISR-Schüler von einer Heilpädagogin betreut werden muss. Das sind einige Stunden pro Woche, in den übrigen Lektionen ist meistens eine Klassenassistenz an seiner Seite – entweder in oder außerhalb des Klassenzimmers. Die Abklärung im KJPD hat ein ADHS ergeben, es wurde eine medikamentöse Therapie, verbunden mit Psychotherapie, eingeleitet. Außerdem geht der Bub in die Psychomotorik und die Ergotherapie.

Im Erstgespräch beklagt sich die Mutter über das mangelnde Verständnis der Lehrerin für ihren Sohn, gesteht aber ein, dass sie das lange auch nicht gehabt habe. Jetzt wüsste sie jedoch, dass er für sein Verhalten nichts könne, es hänge eben mit seinem Frontalkortex zusammen, der noch nicht altersgemäß ausgereift sei. Der geschiedene Vater hingegen findet, dass seine Ex-Frau den Buben nicht richtig erziehen würde; sie gebe ihm keine Führung, er dürfe machen, was er wolle. Und – was wäre nun meine Aufgabe als Heilpädagogin?

Heilpädagogik als vertiefte Pädagogik

Ich schätze bei solchen Fragestellungen den »stillen Dialog« mit Menschen, die sich bereits früher mit diesem Problemkreis befasst und ihre Gedanken in Büchern dargelegt haben. Diesen Blick in die Geschichte möchte ich den oben erwähnten Perspektiven hinzufügen. Z. B. definierte Heinrich Hanselmann, Mitbegründer und erster Leiter des Heilpädagogischen Seminars in Zürich, ab 1931 Professor für Heilpädagogik an der Universität Zürich und damit erster Inhaber eines entsprechenden Lehrstuhls in Europa, den Arbeitsbereich der Heilpädagogik als »*Lehre vom Unterricht, der Erziehung und Fürsorge all jener Kinder, deren körperlich-seelische Entwicklung dauernd durch individuale und soziale Faktoren gehemmt ist.*«

Paul Moor übernahm einige Zeit später die gleichen Arbeitsfelder wie Hanselmann. Er sah Heilpädagogik als »*diejenige Pädagogik, welche vor die Gesamtheit der über das Durchschnittsmaß hinausgehenden Erziehungsschwierigkeiten gestellt ist. Es muss also gefragt werden nach einer vertieften Pädagogik, welche der heilpädagogischen Situation gerecht zu werden vermag.*«

Heilpädagogik als vertiefte Pädagogik? Die »Vertiefung« wäre für mich unter anderem der Einbezug der personalen Psychologie, um den Jungen erst »zu verstehen und dann zu erziehen«, wie es Paul Moor formuliert hat. Das heißt, das »Erziehen« gehört zu meinem Arbeitsauftrag, und wie ich aus langer Erfahrung weiß, ist es der anspruchsvollste Teil. Und heute?

Paradigmenwechsel: Biologistisches Menschenbild

Heute spricht man von bio-psycho-sozialen Modellen, mit denen die Problematik eines Kindes erklärt wird (vgl. Kap. 11). Das hat interessanterweise auch schon zu politischen Vorstößen geführt. Z. B. 2006 im Zürcher Kantonsrat: »Die Kinder- und Jugendlichenpsychiatrie im Kanton Zürich befindet sich in einem Paradigmenwechsel. Ein biologistisches Menschenbild löst das humanistische und sozialwissenschaftliche ab, und mit diesem verändern sich die Behandlungsweisen von Entwicklungsstörungen, Krankheiten und Verhaltensauffälligkeiten. Psychische Störungen werden vermehrt als biochemische Störungen im Hirn verstanden, und die Behandlung erfolgt zunehmend mit der Gabe von chemischen Substanzen, welche die neurobiologischen Hirnfunktionen so beeinflussen, dass das unerwünschte Verhalten verschwindet. Nach psychosozialen Ursachen und Umweltbedingungen, welche das Auftreten bestimmter Verhaltensauffälligkeiten und psychischer Störungen begünstigen, wird immer weniger gefragt.« Damit sollte seitens des Kantonsrates geprüft werden, ob der massive Anstieg der verschriebenen Psychopharmaka zu Lasten anderer therapeutischer Maßnahmen erfolgt sei und wenn ja, warum.

Heilpädagogik als Hilfswissenschaft der Medizin?

Aha! Diese Anfrage spiegelt die Veränderungen im Berufsbild des Heilpädagogen. Heilpädagogik nun als Hilfswissenschaft der Medizin? Auch das nichts Neues. Bereits Paul Moor machte auf die unterschiedlichen Arbeitsgebiete der Erziehung, des ärztlichen Heilens und der therapeutischen Einflussnahme aufmerksam, die sich zu einem Ganzen vereinen sollten, ohne dabei die Unterschiede zu verwischen. Jedem in diesen Aufgabenfeldern Tätigen müsse klar sein, mit welchem Ziel er arbeite, und er müsse in der Zusammenarbeit in jeder Situation das jetzt Notwendige mit den anderen gemeinsam suchen. Denn: »Es ist der werdende Mensch; und das gleiche Ganze, um das es allen gehen muss, ist sein Menschwerden.« (Moor 1999, S. 51)

Im Falle des eingangs erwähnten Jungen, der möglicherweise an unsere Schule kommen soll, müssten die beteiligten Fachleute trotz unterschiedlicher Perspektiven und möglicherweise auch Erklärungsansätzen in gegenseitigem Respekt einen gemeinsamen Weg entwickeln – was nicht immer einfach ist. Bei solchen Gesprächen steht auch immer die Forderung nach einer gemeinsamen Sprache im Raum. Gemeinsame Begrifflichkeiten können aber auch Prioritäten vorgeben; eine Disziplin kann sich als Leitwissenschaft aufschwingen, der sich die anderen als Hilfswissenschaften zur Verfügung zu stellen haben. Auch schon gehabt! »Wir dürfen nicht weiterhin unsere wissenschaftlichen Begriffe von einer anderen Wissenschaft übernehmen, bloß weil diese schon klare und exakte Begriffe besitzt. Sie hat diese Begriffe für ihre eigenen und nicht für unsere Zwecke gebildet« (Moor 1999, S. 51).

Heilpädagogik und neue Forschungsergebnisse

Und jetzt? Heilpädagogik ist für mich nach wie vor eine *pädagogische* Wissenschaft vom Lernen unter anspruchsvollen Bedingungen. Manchen geneigten Lesern oder Leserinnen wird nun das Wort »ewiggestrig« durch den Kopf schwirren, wie es heute üblich geworden ist, wenn die Argumente ausgehen. Ja, die Sprache ist anders geworden, neue Erkenntnisse sind dazu gekommen. Dennoch finde ich in meinen »stillen Dialogen« immer wieder erstaunlich Aktuelles. Das ist auch in diesem Falle so. Was Hanselmann, Moor, Kobi und andere zur Heilpädagogik gesagt haben, gewinnt heute durch Forschungsergebnisse der Bindungs- und Resilienzforschung wieder an Aktualität. Heilpädagogik tut gut daran, sich auf das zu besinnen, will sie sich als Profession nicht selber abschaffen.

Kommentar Riccardo Bonfranchi

Interessant, da berufen wir uns in unseren Beiträgen auf jeweils andere aus der Reihe der großen Vertreter der Heilpädagogik. Du auf Hanselmann und Moor, und ich auf Lenzen und Mead. Kein Zufall, stehen sie doch in Zusammenhang mit unserer unterschiedlichen Ausbildung. Auch interessant finde ich die Bezeichnung »stiller Dialog« mit einem Autor, den kannte ich bis anhin noch nicht. Ich kenne stilles Wasser, eher etwas langweilig, aber das meinen wir ja beide in keiner Weise.

Du sprichst die anspruchsvolle Aufgabe an, dass wir in der Pädagogik wie Heilpädagogik auch einen Erziehungs- und Fürsorgeauftrag haben. Wichtig für unsere Arbeit als Heilpädagogen, die bei kognitiv beeinträchtigten und verhaltensauffälligen Kindern, Jugendlichen und Erwachsenen »zu Hause« sind.

Wie ich dich verstanden habe, geht es dir dabei darum, dass die Heilpädagogik als komplexes eigenständiges Forschungsgebiet nicht wieder zu einer Hilfswissenschaft der Medizin degradiert wird. Daher kommt sie meines Wissens. Denn im 19. Jahrhundert gehörte sie noch zur Medizin und deshalb hat sie auch den Namen Heil-Pädagogik. Wir »heilen« die behinderten Kinder. Das stimmt natürlich so nicht, und deshalb heißt das Studium in Köln, wo ich studiert habe, auch nicht Heil-, sondern Sonder-Pädagogik. Begrifflichkeiten sagen ja auch etwas aus über die Sichtweise einer Profession.

Es ist schon so eine Sache mit der Frage nach der Sichtweise – was denn eigentlich unsere Profession ausmacht und welcher Stellenwert ihr von der Gesellschaft eingeräumt wird. Als Beispiel füge ich hier die Entwicklung der Sonderpädagogik an der Universität Zürich an. Du verweist ja auf den ersten Lehrstuhl für Heilpädagogik in Europa, den Hanselmann in Zürich innehatte. In den modernen Zeiten konnte man Heilpädagogik (die Begrifflichkeiten purzeln hier munter durcheinander; kein gutes Zeichen für eine Profession) an der Uni Zürich nur im Nebenfach studieren. Man studierte also ein Hauptfach wie Psychologie oder Pädagogik und im Nebenfach dann eben Heil- oder Sonderpädagogik. Mitte oder Ende der achtziger Jahre setzte man sich dafür ein, – du weißt das wohl besser aus deinem Studium – dass Heilpädagogik auch im Hauptfach studiert werden konnte. Es war die Zeit der wieder einmal international anerkannten Profession der Heilpädagogik an der Universität Zürich. Insbesondere durch deren Vertreter, die Professoren Heese, Grissemann oder Bächtold. Einige Jahre später verlor die Sonderpädagogik an der Uni Zürich ihre Bedeutung und heute hat sie wieder den Rang eines Nebenfaches. Diese Entwicklung spricht für sich, wie ich meine. Natürlich ist dies eine Abqualifizierung des Faches, dem man so nicht die volle Wissenschaftlichkeit zuerkennt. Das kann einen als Heilpädagogen schon etwas traurig machen. Aber dabei bleibe ich nicht stehen.

Wir als Heilpädagogen setzen uns mit unserer ganzen Ausbildung, unserer Erfahrung dafür ein, dass gerade heute die Besinnung auf das Fachwissen der Heilpädagogik vielen Kindern den Weg bahnen kann – und dass es deshalb nicht infrage kommt, gerade neuere wissenschaftliche Erkenntnisse zu Entwicklung, Erleben und Lernen des Kindes für unser Fachgebiet heute nicht im angemessenen Rahmen zur Kenntnis zu nehmen (vgl. z. B. Kap. 7 oder 32).

Gibt es messbare Kriterien für eine gute Heilpädagogik?

Beitrag Riccardo Bonfranchi

Man könnte auch fragen: Kann man Heilpädagogik erlernen? Die Frage ist nicht neu, man kennt sie in Bezug auf den Lehrerberuf. Hier ist die Antwort heute eindeutig. Ja, im Zuge der zu erlernenden Kompetenzen, der Lern-Ateliers, der Lehrer und Lehrerinnen, die gar nicht mehr Lehrer und Lehrerinnen, sondern Coach sein sollen, ist diese Frage obsolet geworden. Aber wir in der Heilpädagogik sehen dies – nach wie vor – anders. Wir haben es ja mit speziellen Menschen, zumeist Kindern, zu tun. Diese haben eine Behinderung. Wie erfasst man sie als Heilpädagoge oder Heilpädagogin adäquat?

Sind Objektivität, Reliabilität und Validität ausschließliche Gütekriterien?

Wenn wir die oben erwähnte Fragestellung nach der Bedeutung von Profession aufgreifen, müssen wir eine engere und eine weitere Fassung dieses Begriffs durchdenken. Die engere Fassung bedeutet, dass der Umgang mit behinderten Kindern eine institutionell abgesicherte Ausbildung erfordert. Man durchläuft diese, erwirbt Credits und hat dann einen Bachelor- oder Master-Abschluss in »Special Education«. Er ist durch das sogenannte Bologna-System anerkannt. Diese Form der Professionalisierung hat sich in den letzten Jahrzehnten etabliert und ist heute Voraussetzung beruflichen Handelns in der Heil- und Sonderpädagogik. Gegenüber einer solchen Ausbildung ist aber kritisch festzustellen, dass sie sich im Laufe der Jahrzehnte in einem immer stärkeren Grade technologisiert hat. Was meine ich damit? Aufgrund der Tatsache, dass man immer stärker bemüht ist, Kinder mit einer Behinderung empirisch zu erfassen, hat sich auch das Bild von Heilpädagogik gewandelt. Die Forschungsergebnisse aus der modernen Heilpädagogik müssen den heute üblichen naturwissenschaftlich orientierten Gütekriterien von Wissenschaft genügen. Als da wären: Objektivität, Reliabilität und Validität. Nicht nur meiner Ansicht nach taugen solche Kriterien für die Erforschung dessen, worum es in der Heilpädagogik geht, aber nicht. Für ein schwer- und mehrfachbehindertes Kind gibt es keine Kontrollgruppe. Verhaltensauffällige Kinder, die in sich völlig heterogen sind, können nicht mit nicht verhaltensauffälligen Kindern, die ebenfalls in sich keinesfalls homogen sind, verglichen werden. Die »Fliegenbeinzählerei«, wie ich ein solches Vorgehen charakterisiere, hat für das heilpädagogisch orientierte Geschehen keine Relevanz. Die Anwendung der naturwissenschaftlich geprägten Gütekriterien stellt eine Anpassung an solche Konzepte und das Bemühen dar, im Konzert der großen Wissenschaften mitzuspielen.

In seiner Persönlichkeit gereift sein

Kehren wir zu unserer Ausgangsfrage zurück. Der enge Begriff der Profession lässt so ausgebildete Heilpädagoginnen und Heilpädagogen in der Praxis ratlos zurück. Wenn man sich in der Ausbildung vor allem mit empirischen Studien auseinandergesetzt hat und keine Gelegenheit hatte, in seiner Persönlichkeit zu reifen, wird man, so meine Überzeugung, keine gute heilpädagogische Arbeit leisten können.

Damit man mich hier nicht falsch versteht: Ich denke, dass es sinnvoll ist, wenn die Ausbildung in Heilpädagogik organisiert wird, wenn zur Betreuung und Bildung von behinderten Menschen Institutionen zur Verfügung stehen, die professionell geführt und verwaltet werden. Das erachte ich als ein demokratisches Grundrecht. Wenn dem nicht so wäre, könnten nur Familien, die über viel Geld verfügen, sich die Betreuung ihres behinderten Kindes leisten. Das kann und darf nicht sein. Diese Zeiten sind – hoffentlich endgültig – Vergangenheit. Aber die Personen, die mit den behinderten Kindern arbeiten, müssen von ihrer Persönlichkeit her dazu auch in der Lage sein.

»Quasi-identisch und innig-gemeinsam«

Damit komme ich zu dem weiter gefassten Verständnis von heilpädagogischer Profession, wobei es um die Fähigkeit geht, mit diesen Kindern eine enge Beziehung eingehen zu können. Ich beziehe mich auf den verstorbenen Heilpädagogik-Professor Heinrich Lenzen von der Universität Köln, der den Begriff der Konviktion geprägt hat. Er meinte damit, dass der Heilpädagoge, die Heilpädagogin »quasi-identisch und innig-gemeinsam« sich mit dem Kind in eine zeitlich begrenzte Begegnung einlassen kann. Diese

Haltung, so mein persönlicher Eindruck, wird an den heilpädagogischen Ausbildungsinstitutionen heute nicht oder kaum mehr berücksichtigt. Eine solche Haltung müsste vermittelt und vorgelebt werden. Sie müsste als Grundlage des Berufs in den Mittelpunkt gestellt werden. Sie ist aber, wie gesagt, sehr stark von der jeweiligen Lehrerpersönlichkeit abhängig. Ich denke deshalb, dass es eben weniger darauf ankommt, wie viele Studien eine angehende Heilpädagogin, ein Heilpädagoge gelesen hat, sondern wie stark sie/er mit der emotionalen Qualität der Empathie, des Sich-Einfühlens in andere, ausgestattet ist. Hierfür ziehe ich die Theorie von G. H. Mead heran, die besagt, dass man von sich selber abstrahieren können muss, zur eigenen Rolle Distanz einnehmen können muss. Erst auf dieser Basis sei man in der Lage, Empathie zu entwickeln, um sich in das Gegenüber einfühlen zu können. Das ermögliche es auch, widersprüchliche Verhaltensweisen des Gegenübers, wie man sie z. B. bei verhaltensauffälligen Kindern tagtäglich erlebt, auszuhalten. Mead spricht hier von der Rollenambiguität. Die Fähigkeit zu Rollendistanz und Empathie und die Reflexion über den Beziehungsablauf sollten also Merkmale der heilpädagogischen Profession sein.

Es geht nicht um Wissen und Credits

Man sieht, es geht weniger um Wissen und Credits als vielmehr um das Erarbeiten eigener charakterlicher Stärken. Darum bin ich sehr wohl der Meinung, dass Heilpädagogik eine Profession ist. Sie hat aber wesentlich mehr mit der eigenen, persönlichen Entwicklung als mit einer falsch verstandenen technologisch orientierten, pseudo-naturwissenschaftlich organisierten Ausbildung zu tun. Diese befähigt angehende Heilpädagoginnen und Heilpädagogen nicht, ihren Beruf in guter Qualität, als Profession auszuüben.

Kommentar Eliane Perret

Ich würde gerne eine Gegenposition einnehmen, schon um unsere Leser und Leserinnen nicht zu langweilen. Aber deine Überlegungen greifen aus anderer für mich interessanter Perspektive auf, was ich auch in meinem Beitrag dargestellt habe. Ich meine z. B. den Paradigmenwechsel zum biologistischen Menschenbild, der sich auch in einer zunehmend technologischen Ausbildung zur Heilpädagogin, zum Heilpädagogen widerspiegelt und aus der eine eng gefasste Definition von Heilpädagogik resultiert. Eine parallele Entwicklung findet sich auch in der Medizin und der Ausbildung der Ärzte und Ärztinnen. Vielleicht kennst du die Bücher des Medizinethikers Giovanni Maio? Es geht in unseren Berufen immer um den einzelnen Menschen. Selbstverständlich sind wissenschaftliche Untersuchungen wichtig und hilfreich; sie sollen objektiv, valide und reliabel sein, klar und vor allem auch unabhängig (was leider nicht immer so ist). Auch sie sind mit einer bestimmten Auffassung des Untersuchungsgegenstandes verbunden und geben lediglich eine große Linie vor, allgemeine Befunde, die in jedem einzelnen Fall überprüft werden müssen und auch völlig anders sein können. Es gibt z. B. nicht »das ADHS-Kind« (wenn es das überhaupt gibt), sondern es gibt ähnliche beobachtbare Kriterien, die im einzelnen Fall vielleicht ganz unterschiedlich bedingt sind. Sie sind nur aus der Gesamtpersönlichkeit des Kindes erklärbar und kein Mensch ist gleich wie der andere; wir sind keine seriell gefertigten Autos (auch wenn man da manchmal von »Montagsautos« spricht, wenn man dauernd Probleme mit ihnen hat).

Und da braucht es das von dir weiter gefasste Verständnis von heilpädagogischer Profession, welches die Beziehungsfähigkeit einschließt. Man geht ein Stück Weg gemeinsam und ist täglich gefordert, mit der nötigen inneren Distanz, das heißt ohne Gegenübertragung und trotzdem empathisch, die jeweilige Situation zu erfassen und adäquat zu handeln. Dann ist Heilpädagogik eine Profession!

10 Gibt es in der Heilpädagogik ethische Fragestellungen?

Entscheidungsprozesse werden durch Ethik geleitet

Beitrag Riccardo Bonfranchi

Ja, es gibt ethische Fragen, ich werde sie an einem Beispiel darstellen.

Maria ist ein 13-jähriges Mädchen mit einer Epilepsie und schwerer geistiger Behinderung. Seit längerer Zeit trägt sie zum Schutz vor Stürzen eine Haltevorrichtung aus Ledergurten, an der sie geführt werden kann. Die Frage ist nun, ob das beibehalten werden sollte.

Maria hat einen starken Bewegungsdrang und ist gerne unterwegs. Sie steht ab und zu unvermittelt auf und läuft herum. Ein bestimmtes Ziel ihrer Aktivitäten ist für Außenstehende nicht auszumachen. Man beurteilt sie eher als eine Form von Funktionslust, auf die Maria, da sind sich alle einig, ein Recht hat. Als Epileptikerin läuft sie aber Gefahr, unvermittelt zu stürzen, weil epileptische Anfälle nicht vorhersehbar sind. Wenn sie mit anderen Personen und Gegenständen zusammenzustößt, kann sie sich schwerwiegende Verletzungen zuziehen. Die Vorrichtung mit den Ledergurten (Dialekt: G'stältli) soll Maria davor schützen, allerdings muss dazu die Leinenführung straff genug sein. Dazu ist eine 1:1-Begleitung notwendig. Das heißt, jemand aus dem betreuenden Team muss ausschließlich für diese Aufgabe zur Verfügung stehen. Und nun wie weiter? Es gibt verschiedene Aspekte einzubeziehen, um eine Lösung zu finden. Das Team der betreuenden Personen setzt sich gemeinsam mit den Eltern zusammen.

Das Beispiel von Maria zeigt, dass es bei der Arbeit mit geistig behinderten Menschen oft um ethische Themen geht. Je nach Aufgabenbereich erachten die betreuenden Bezugspersonen andere Schwerpunkte als richtig und es ist nicht so leicht, eine Lösung zu finden, die von allen mitgetragen wird und auch tatsächlich der Förderung des betroffenen Menschen dient. Oft ist es nicht einfach, die richtige Gewichtung zu finden. Aus meiner Sicht haben sich die Prinzipien von Beauchamp und Childress, 1979 erstmals erschienen und mittlerweile in der 7. Auflage erhältlich, bewährt. Sie helfen, ein Gespräch zu strukturieren. Die Beteiligten können ihren Standpunkt sorgfältig begründen und erfahren die Überlegungen der anderen und können sie einbeziehen. Daraus ergibt sich erfahrungsgemäß eine ruhigere und sachlichere Diskussion, aus der sich Lösungsansätze entwickeln lassen. Im Falle von Maria gab es vieles abzuwägen.

Allen war es wichtig, dass Maria über möglichst viel Autonomie verfügen und sich frei bewegen konnte. Da war man sich einig. Gleichzeitig war es klar, dass Maria nicht zu Schaden kommen und vor Verletzungen geschützt werden sollte, was auch zur Fürsorgepflicht eines Heilpädagogen gehört. Dazu wäre eine enge Begleitung mit straff gehaltener Leine dienlich. Doch würde sie sich nicht an das gewöhnen und zu wenig Möglichkeiten haben, ein Gefühl der Selbstwirksamkeit und Autonomie aufzubauen? Also wäre es besser, Maria mehr Verantwortung zu übergeben, indem sie möglichst frei herumgehen konnte. Aber ... Schließlich brachte uns eine Erfahrung von einer der Heilpädagoginnen der Lösung näher. Sie hatte nämlich schon oft die Leine recht locker gehalten und es war zu keinen Zwischenfällen gekommen. Das heißt, Maria konnte einiges zugemutet werden. Auf diesem Weg würde man schrittweise die Leine ganz weglassen können. Daraus entwickelte das Team nun die Lösung, Maria bei ihren ›Rundgängen‹ jeweils durch eine Person begleiten zu lassen. Der Vorschlag, anstelle der Haltevorrichtung einen leichten, stützenden Körperkontakt zu setzen, wurde verworfen, weil Bedenken bezüglich eines Abhängigkeitsverhältnisses aufkamen.

Schließlich kreiste die Diskussion auch darum, ob es gerecht sei, für Maria eine 1:1-Betreuung einzurichten und eine Bezugsperson für sie freizustellen, waren doch noch drei andere Kinder in der Gruppe. Eine Frage, die erfahrungsgemäß immer etwas heikel ist, vom Thema wegführt und letztlich durch die Schulleitung entschieden werden muss. Ein Lösungsvorschlag war nun, Marias Betreuung doppelt zu zählen, was mehr Stellenprozenten für diese Gruppe gleichkommen würde. Dieser Vorschlag wurde von allen mitgetragen. Er musste allerdings mit der Schulleitung geklärt werden, weil sie eine Pensenerhöhung für Marias Gruppe bewilligen müsste – was sie im Übrigen auch tat.

Das Beispiel spiegelt die menschliche Sorgfalt und das spezielle fachliche Know-how wider, die es im Umgang mit geistig behinderten Menschen braucht. Auch sind der zeitliche und personelle Aufwand oft hoch. Darüber hinaus sind es oft anspruchsvolle ethische Fragen, die diskutiert und gelöst werden müssen. Das geht weit über einen (sicher auch notwendigen) barrierefreien Zugang zu den Gebäulichkeiten hinaus.

Es ist deshalb sicher kein Zufall, dass die Integration von schwer geistig behinderten Kindern oft stillschweigend nach kurzer Zeit abgebrochen oder schon gar nicht ins Auge gefasst wird.

Die Förderung von Menschen mit einer geistigen Behinderung schließt anspruchsvolle ethische Fragen mit ein, denen in einem integrierten Modell bei allem Bemühen kaum Genüge getan werden kann.

Kommentar Eliane Perret

Die von dir am Beispiel von Maria dargestellten ethischen Fragestellungen stimmen nachdenklich. Ich habe spontan an andere Entscheidungen gedacht, die man im Schulalltag treffen muss. Z. B., wenn es darum geht, ob ein Schulplatz für ein Kind (noch) richtig ist. Ob je nachdem die Reintegration der richtige nächste Schritt wäre oder gar eine interne Platzierung nötig ist. Das sind immer schwierige Momente, auch wenn man viel Erfahrung hat. Außer dem Kind selber ist stets auch sein Umfeld in der Schule und der Familie involviert. Dann haben die verschiedenen Lehr- und Fachpersonen oft ganz unterschiedliche Schwerpunkte und Beziehungen zum Kind. Nehmen wir den Fall eines Kindes in einer Sonderschule, bei dem eine interne Platzierung zur Diskussion steht. Es hat schwierige Familienverhältnisse, wenig Halt und ist zunehmend aggressiv. Es droht, in die Kriminalität oder Drogennutzung abzugleiten, sucht sich seine Freunde und verbringt seine Freizeit neuerdings in diesem Milieu. Ich kann mir lebhaft vorstellen, welche unterschiedlichen Überlegungen von den verschiedenen Beziehungspersonen eingebracht werden:

- Eine Heimeinweisung ist für dieses Kind eine große Kränkung, es wird noch schlimmer werden.
- Die anderen Kinder leiden unter diesem Kind und es zieht einige mit auf dem negativen Weg. Die anderen Eltern beklagen sich.
- Das Kind hat verschiedene Seiten. Bei mir in der Zweierbeziehung ist es kooperativ und hilfsbereit.
- Erfahrungen in ähnlichen Fällen haben gezeigt, dass eine interne Platzierung genau richtig war. Die Eltern waren im Nachhinein sehr dankbar.
- Es gibt nur wenige Plätze in Schulinternaten, die kosten auch sehr viel.

Solche Besprechungen sind oft nicht einfach, auch weil die Beteiligten bewusst oder unbewusst immer ihre Gefühlslage gegenüber dem Kind hineintragen. Da kann eine Versachlichung anhand des Konzepts von Beauchamp & Childress möglicherweise unterstützend sein.

Heilpädagogisches Handeln ist ethisches Handeln – immer

Beitrag Eliane Perret

Selbstverständlich berühren wir in der Heilpädagogik ethische Aspekte, würde ich sagen. Sie sind je nach Arbeitsfeld ein bisschen anders. Aber ethische Fragen und Herausforderungen durchziehen unser ganzes Leben. Oft realisieren wir das erst, wenn wir mit unserer Meinung im Gegenwind stehen. Ich gehe davon aus, dass wir Menschen dank unserer Vernunft und unseres Mitgefühls fähig sind, zu erkennen und zu empfinden, welcher ethischen Grundorientierung es bedarf, um mitmenschlich zu denken, zu fühlen und zu handeln. Unsere soziale Natur – davon war in anderen Beiträgen schon die Rede (vgl. z. B. Kapitel 3 und 5) – strebt im Zusammenleben nach Gleichwertigkeit und Respekt vor der Würde des einzelnen Menschen. Ein Idealzustand, dem es sich anzunähern gilt. Es hat immer wieder Anstrengungen gegeben, sich weltweit darauf zu einigen, welche Leitlinien im zwischenmenschlichen und zwischenstaatlichen Umgang mit den Menschen bindend sein sollten. Besonders dringend wurde das nach großen Kriegen. Ich denke da an die Erklärung der Menschenrechte, die 1948 nach den Gräueln des Zweiten Weltkrieges durch die UNO verfasst wurde. Darin ist z. B. in § 26 das Recht auf Bildung festgehalten. Als Heilpädagogin fühle ich mich natürlich diesem Paragrafen speziell verpflichtet. Er ist Basis meines heilpädagogischen Berufsalltags und damit verbinden sich auch ethische Fragestellungen.

Lernzielbefreiung: Ethisch vertretbar?

Nehmen wir ein Beispiel: Die zehnjährige Elisa kommt zu uns an die Schule. Sie hat einen denkbar schlechten schulischen Stand, kann kaum lesen und braucht die Finger, um 5 + 3 zusammenzuzählen. Die Tests haben einen entsprechend tiefen IQ festgestellt – ein Grenzfall zu leichter geistiger Behinderung. Bis anhin war Elisa integrativ beschult worden, zuerst mit Integrierter Förderung, dann als Sonderschülerin in der Regelschule. Sie war »lernzielbefreit«. Nun stellte sich für uns die Frage, wie wir mit Elisa arbeiten sollten und ob unsere Schule überhaupt ihren Bedürfnissen entsprach. Wir stellten bei der Arbeit mit ihr schnell fest, dass sie immer wieder Gedankengänge zeigte, die auf eine gute Intelligenz verwiesen. Wir beobachteten aber auch, dass sie bei einem Fehler zusammenzuckte und »ausstieg«. Sie hörte in gewissem Sinne auf zu denken und konnte kaum noch 1 + 1 zusammenzählen. Hier stellte sich für mich eine ethische Frage: War es richtig, sie von den Lernzielen zu befreien? Wovon wurde sie frei? Sollten wir bei uns nun versuchen, dass sie wieder an den gleichen Lernzielen arbeitete wie die anderen Kinder, die in den Tests als geistig reger eingestuft wurden? Oder würde sie sich zu stark unter Druck fühlen? Wie war es mit ihrem Recht auf Bildung? Wir beobachteten Elisa weiterhin und sammelten erste Erfahrungen, wenn wir sie mit den anderen Kindern zusammen unterrichteten. Lernzielbefreiung kam nicht infrage, auch wenn wir wussten, dass eine anspruchsvolle Arbeit mit offenem Ausgang vor uns stand. Alles andere wäre für uns ethisch nicht vertretbar und eine Kapitulation von uns als Heilpädagogen gewesen. Wir sind im Übrigen oft mit ähnlichen Problemen konfrontiert, sie fordern uns zu einer Stellungnahme heraus. Oft muss man sich dazu mit dem aktuellen Forschungsstand auseinandersetzen. Meines Erachtens eine ethische Frage, verbunden mit der Forderung, sich als Heilpädagogin so weit wie möglich mit neuen Erkenntnissen und Forschungsfragen zu befassen.

Medikamentöse Therapie: Ethisch unbedenklich?

Auch dazu ein Beispiel: Mit Beginn dieses Millenniums tauchte im Umgang mit unruhigen Kindern die Möglichkeit auf, sie medikamentös mit Methylphenidat zu behandeln. Diese Kinder hatten neu oft die Diagnose *Attention Deficit Hyperactivity Disorder (ADHD)*, die 1980 von der *American Association of Psychiatry* eingeführt worden war. Beim ersten Kind, bei dem die zuständige Kinderärztin die Einnahme dieses Medikaments vorgeschlagen hatte, war der Vater zufälligerweise in der Drogenfahndung tätig. Sein lakonischer Kommentar: »Ich gebe meinem Kind sicher nicht etwas, was auf der Betäubungsmittelliste steht.« Diese neue medikamentöse Therapie wurde in den folgenden Jahren immer mehr üblich. Was war angesagt? Ich wollte mich kundig machen. In diesem Fall waren wir dazu aufgerufen durch die rasant ansteigende Abgabe von Methylphenidat an Kinder (in der Schweiz von 2000 bis 2014 um 810 Prozent). Auch wenn grundsätzlich die Ärzte bzw. Ärztinnen dafür zuständig waren, so sahen auch wir uns vermehrt mit Fragen der Eltern konfrontiert. Es gab viele Studien und Publikationen. Auf der Webseite der Nationalen Ethikkommission fand ich eine Stellungnahme (NEK-CNE 2011). Sie warnte vor dem mit der Abgabe von Methylphenidat verbundenen Eingriff, der die Freiheit und die Persönlichkeitsrechte des Kindes empfindlich einschränke und es in seiner Persönlichkeitsentwicklung hemme.

Dann publizierte das Cochrane-Institute eine unabhängige Untersuchung zur Medikamentenabgabe an Kinder mit einem ADHS (Storebo et al. 2015). Die in dieser Arbeitsgruppe zusammengeschlossenen Wissenschaftler bzw.

Wissenschaftlerinnen und Ärzte bzw. Ärztinnen hatten nach aufwendigen Studien ihre Bedenken bezüglich der Abgabe von Methylphenidat publiziert (vgl. Kapitel 14).

So ergab sich für mich allmählich Klarheit, wie ich mich zur medikamentösen Behandlung von ADHS stellen könnte und welche ethischen Fragen sich stellten.

Das sind nur zwei Beispiele aus meinem Berufsfeld, die viele ethische Fragestellungen einschließen und von uns Heilpädagogen eine Entscheidung einfordern. Sie erfordern ein Nachdenken, für das ich mir Grundlagen schaffen muss. Man könnte sie nun Schritt für Schritt durchdenken nach dem Konzept von Beauchamp & Childress. Das überlasse ich dir!

Kommentar Riccardo Bonfranchi

Es ist klar, das ist eine rhetorische Frage. Uns ist dazu manches eingefallen und beide haben wir versucht, die Ethik mit der Praxis des heilpädagogischen Alltags zu verbinden.

Beim Lesen deines Beitrages ist mir die moralische Empörung, wie die Ethiker sagen, gegenüber dem Begriff der Lernzielbefreiung aufgefallen. Ich kenne diesen Begriff aus meiner langjährigen Berufspraxis nur zu gut. Aber erst durch deine Ausführungen ist mir dessen negative Bedeutung im vollen Ausmaß bewusst geworden. »Lernzielbefreit« heißt nämlich: Was dieses Kind tut oder leistet, spielt im Grund keine Rolle mehr. Es fällt sowieso durch das Raster des Lehrplans.

Die Frage stellt sich nun: Ist das Kind das Problem oder taugt der Lehrplan nichts? Auch diese Frage ist natürlich wieder rhetorisch gemeint. Kann denn ein Mensch, solange er lebt, und sei er schwerst- und mehrfachbehindert, lernzielbefreit sein? Nein – das weise ich zurück. Das würde heißen, dass wir diesen Menschen bereits aufgegeben haben. Oder: Wir wissen nicht, was wir mit diesem Menschen bildungsmäßig anfangen sollen. Das ist aber, ethisch betrachtet, eine unhaltbare Position. Folglich muss der Lehrplan geändert werden.

Für jeden Menschen muss es Bildungsziele und damit zu vereinbarende Bildungsinhalte geben. Dabei darf es keine Rolle spielen, ob ein Kind in der Regelschule oder einer Sonderschule beschult wird. Eine ihm angemessene Förderung kann und muss, egal in welchem Setting, immer stattfinden. Geschieht dies nicht, wie das in deinem Beispiel im integrierten Setting der – nicht so seltene – Fall ist, kann das aus ethischer Sicht nicht hingenommen werden. Jeder Mensch hat Anspruch auf Schulung und Förderung und deshalb muss es auch für jeden Menschen einen auf ihn zugeschnittenen Lehrplan geben, »in the State of the Art«.

11 Was sagt uns Fachleuten der Heilpädagogik die Neurowissenschaft?

Einflüsse der Hirnforschung auf die Heilpädagogik

Beitrag Eliane Perret

Die Heilpädagogik hat sich im Laufe der Zeit immer wieder mit der Zusammenarbeit mit oder Abgrenzung von neu auftauchenden Wissenschaftszweigen befassen müssen. Darin spiegelten sich stets auch zeitgeschichtliche Veränderungen. Heute beruft man sich (nicht nur in der Heilpädagogik) gerne auf neueste Erkenntnisse der Hirnforschung. Das hat das Verständnis und Aufgabenfeld der Heilpädagogik nachhaltig verändert und letztlich auch zu dieser Fragestellung geführt. Forschungsgelder werden vornehmlich zugesprochen, wenn im Projektbeschrieb ein Zusammenhang zu neurowissenschaftlicher Forschung hergestellt wird. Nach wie vor wird hier sehr viel Geld investiert, auch wenn die Erwartungen zurückgegangen sind – genauso wie zuvor in die Erforschung des menschlichen Genoms.

Dekade des Gehirns

Als in den neunziger Jahren des letzten Jahrhunderts die Dekade des Gehirns ausgerufen wurde, schossen neue Wissenschaftszweige aus dem Boden, die vornehmlich »Neuro« vor ihren Namen gestellt hatten. Einige davon verschwanden weniger laut, als sie aufgetaucht waren, andere wiederum halten sich beharrlich aufrecht. Auch vor Pädagogik und Psychologie machte die Neurowissenschaft nicht Halt. Vorgänge im Gehirn wurden neu als identitätsstiftend für den Menschen erklärt. Die Tiefenpsychologie mit ihren Erklärungsmodellen zur seelischen Befindlichkeit der Menschen wurde an den Rand gedrängt, obwohl sie zuvor fest im Alltag und als Grundlage pädagogischer Berufsfelder verankert gewesen war.

Es ist tatsächlich verblüffend, auf den bunten Bildern, die durch *funktionelle* Magnetresonanz-Tomografie (fMRT) entstehen, ins Gehirn zu schauen. Leider nur vermeintlich, denn in Wirklichkeit sind es mittels Computer aufbereitete Kontrastkarten, die nach komplexen statistischen Berechnungen entstanden sind. Die dazu notwendige Vielzahl von Entscheidungsprozessen lässt jedoch so viel Beliebigkeit zu, dass je nachdem ganz unterschiedliche Resultate herauskommen können (Hasler 2012). Die farbigen Bildchen sind also keine Abbilder der Hirnaktivitäten, wie man vermuten könnte, lassen sich aber irrtümlicherweise gerne als solche interpretieren.

Neue Erklärungsmodelle

Die Neurowissenschaften läuteten eine neue Ära zur Erklärung von Störungsbildern ein, auch in der Heilpädagogik. In den Ausbildungsstätten für Heilpädagogen und Heilpädagoginnen sind die Neurowissenschaften mittlerweile fester Bestandteil des Studienganges. Man verzichtete aber glücklicherweise darauf, der Heilpädagogik ebenfalls ein »Neuro« voranzustellen. Bisher durch die individuelle Entwicklungsgeschichte erklärte Erscheinungsbilder werden seither vorwiegend als Neuro-Transmitter-Ungleichgewichte definiert und Biologie hat im bio-psycho-sozialen Erklärungsmodell psychischer Störungen eindeutig am meisten Gewicht. Kinder mit Verhaltensauffälligkeiten oder Kinder, die sich sonst schwertun in der menschlichen Gemeinschaft, werden nun anders kategorisiert, in den psychiatrischen Manuals aufgeführt und sind nun ein AD(H)S oder eine Autismus-Spektrum-Störung (ASS). Damit werden beispielsweise Unruhe, ein überschießender Bewegungsdrang oder auch eine ausgeprägte Schüchternheit zu einem medizinisch-neurologischen Problem, das pharmakologisch zu korrigieren sei. Die Heilpädagogik stellt entsprechende Fördermodelle bereit, mit denen der Unterricht für diese Kinder gestaltet werden soll. Bis heute gibt es jedoch keine wirklich harten Daten zur Neurobiologie von Störungen, die bisher als psychisch bedingt vermutet und behandelt wurden.

Was heißt Lernen?

Daneben ist beinahe verloren gegangen, was uns die Neurowissenschaften für unser Tätigkeitsfeld Wichtiges zu sagen haben. Selbstverständlich bildet sich das Lernen auch im Gehirn ab. Seine etwa 100 Milliarden Nervenzellen können miteinander in Verbindung gehen und Informationen weitergeben. Wenn wir lernen, sind die Neuronen in unterschiedlichen Hirnregionen aktiv und knüpfen untereinander Verbindungen. Je öfter und vielfältiger wir diese Verbindungen herstellen, umso stärker werden sie. Das gebe ich auch gerne meinen Schülerinnen und Schülern weiter, z. B. als Thema im Fach Natur-Mensch-Gesellschaft. Wie kommt man von einer mühsamen Spur auf dem frisch verschneiten Weg zu einer rasanten Schlittelbahn?

Für meine Unterrichtsgestaltung bedeuten diese Erkenntnisse der Hirnforschung, den Stoff sorgfältig zu gliedern, damit die Schülerinnen und Schüler die Teilschritte verstehen und zu einem Ganzen zusammenfügen können. Basisfertigkeiten müssen wir, auch das ist klar, so intensiv üben, bis sie automatisiert zur Verfügung stehen und flexibles und kreatives Denken überhaupt möglich machen. Und so macht Lernen auch Freude und führt zu Erfolg. Denn wer denkt, dass damit freudloses, stures Büffeln gemeint ist, liegt falsch. Es gibt viele didaktische und methodische Möglichkeiten, sich Fertigkeiten spielerisch anzueignen und dabei unterschiedliche Kanäle zu nutzen, auditiv, visuell und haptisch. Dann ist Lernen nachhaltig und verbindet sich mit positiven Emotionen.

Nur wusste ich das eigentlich schon vor dem Boom der Neurowissenschaften.

Kommentar Riccardo Bonfranchi

In die Auseinandersetzung mit den Fragen steigen wir meist ganz unterschiedlich ein, kommen aber immer wieder zu überraschend ähnlichen Ergebnissen. Das macht den Dialog spannend.

Zurück zur Frage, warum die Heilpädagogik sich immer wieder von anderen Fachgebieten beeindrucken und vereinnahmen lässt. Ich mache hierfür vor allem zwei Ursachen verantwortlich. Da ist zum einen die ewige Frage der Heilpädagogik nach dem, was eigentlich ihr genuiner Gegenstand ist. Was ist ihr Forschungsgebiet? Und mit welchen Methoden ist es zu erforschen?

In unserem Fachgebiet müssen selbstverständlich häufig *medizinische Fragen* geklärt, Auskünfte eingeholt werden. Es geht ja um Menschen, die bereits mit einer Schädigung geboren wurden, eine solche im Laufe ihres Lebens erfuhren oder ihr durch Krankheit oder Unfall ausgesetzt sind. Diese Schädigung kann oft nicht vollständig behoben werden. Daraus ergibt sich eine Beeinträchtigung im Alltag, im Beruf, in der Partizipation im Allgemeinen sowie, je nach Schädigung, auch im Speziellen. Diese Schädigung wird somit ein Teil des Lebens des betroffenen Menschen und man spricht dann von einer Behinderung.

Hierzu fallen regelmäßig auch medizinische Fragen an. – Im Laufe der Zeit hat die Heilpädagogik den Fokus verstärkt auf die Umwelt gerichtet und so gelangte man neu zu dem Fachgebiet ›*Soziologie der Behinderung*‹. – Dass die *Psychologie* ebenfalls eine nicht unwichtige Rolle spielt, ist selbstverständlich. Aber die berühmte Aussage, dass Sonderpädagogik nichts anderes sei als *Pädagogik* mit etwas anderen Voraussetzungen, hat mir immer Mühe bereitet. Denn die spezifischen Anforderungen des Berufs sind sehr hoch. Nun haben sich auch noch die *Neurowissenschaften* dazugesellt. Erstaunlich, dass sich die *Philosophie* wenig um das Phänomen der Behinderung gekümmert hat. Das bedaure ich.

Einen weiteren Grund dafür, dass sich die Heilpädagogik immer gern von den Methoden anderer Fachgebiete beeindrucken lässt, sehe ich darin, dass die Heilpädagogik ein sehr weites, nicht klar umgrenztes Fachgebiet ist. Da gibt es die schulleistungsschwachen Kinder und Jugendlichen, die Verhaltensauffälligen und die geistig Behinderten, aber auch Menschen mit einer Sinnes- oder Körperbehinderung werden dazugezählt – ein breites Arbeitsfeld. Da liegen Welten dazwischen, gerade aus wissenschaftlicher Sicht betrachtet, und viele Fachgebiete sind mitinvolviert. In der Zusammenarbeit stellt sich dann immer die Frage nach der Gewichtung der einzelnen Gebiete und der Deutungshoheit.

Ein Exkurs in die Neurologie – isolierte Fachkenntnis statt sinnvolle Ergänzung

Beitrag Riccardo Bonfranchi

Ich sehe keinen fruchtbaren Einfluss der Hirnforschung auf die Heilpädagogik. Da ist nichts zu finden!

Zugegeben, das ist keine Begründung. Ich muss auch anfügen, dass ich mir erlaubt habe, die Frage etwas zu variieren, und den ersten Teil des Begriffes zusammenfügte mit *logie*: *Neurologie*, ein wichtiges medizinisches Fachgebiet – und trotzdem nichts? Das bedarf tatsächlich einer Erklärung. Sie hat mit dem Arbeitsfeld zu tun, auf dem ich mich schon seit Langem bewege. Bei geistig behinderten Kindern geht es um die Abklärung von medizinisch feststellbaren Schäden im Gehirn. Damit werden die diesbezüglichen Voraussetzungen für unsere heilpädagogische Arbeit geklärt, mehr nicht. Das ist das Gebiet der medizinischen Disziplin der Neurologie. Der Begriff der Neurowissenschaft ist umfassender und wird sicher von dir genauer beleuchtet.

Ich beschränke mich auf die Neurologie. In der *Enzyklopädie der Sonderpädagogik, der Heilpädagogik und ihrer Nachbargebiete* (1992) finde ich unter dem Stichwort »Neurologie« Folgendes:

»Neurologie. Medizinische Disziplin, die sich mit den Krankheiten des zentralen und peripheren Nervensystems, Krankheiten im Zusammenhang mit der Innervation der quergestreiften Muskeln und Anfallsleiden (Epilepsie) sowie mit entsprechenden anatomischen, physiologischen und pathologischen Grundlagen befasst« (S. 449).

Meine eingangs doch etwas dezidiert vorgebrachte Behauptung möchte ich mit Beispielen aus der Praxis erläutern. Deshalb berichte ich nun von Erfahrungen, die ich im Lauf meiner Tätigkeit als Heilpädagoge gesammelt habe.

Erstes Beispiel Abklärung

Im Folgenden skizziere ich eine Gesprächsrunde, an der ich als Schulleiter einer Sonderschule für geistig- und mehrfachbehinderte Kinder teilnahm. Es ging um die weitere Abklärung eines unserer Schüler. Dieser war schwerst geistig- und körperbehindert. Anwesend waren die Eltern, die Heilpädagogin, die Physiotherapeutin, die Ergotherapeutin sowie die Logopädin. Letztere deshalb, weil es bei dem Jungen, aufgrund der Schwere seiner Behinderung, auch um die Funktionen von Essen, Kauen und Schlucken ging. Nicht zu vergessen natürlich auch die Neurologen/Neurologinnen des Kinderspitals. Diese hatten die Leitung dieser Besprechung und führten aus zu ihren Untersuchungen der anormal entwickelten Hirnstrukturen. Nach einiger Zeit meldete ich mich zu Wort mit der Frage, welche Konsequenzen diese Untersuchungsergebnisse, die ich natürlich in keiner Art und Weise anzweifelte, nun für unsere alltägliche heilpädagogische Arbeit hätten, ob es von ihrer Seite her auch konkrete Vorschläge zur Förderung des Jungen gebe. Das hatten wir vom Gespräch erwartet. Die Frage stieß auf Unverständnis. Im Verlauf der Besprechung, als alle ihren Beitrag geleistet hatten, folgte dann die Bestätigung, dass sie von medizinischer Seite zur Förderung nichts beitragen könnten und dass dies eben Aufgabe unserer Wissenschaft, der Heil- und Sonderpädagogik, sei. Das war das Ergebnis der Sitzung. Für die Eltern war es, wie ich in einem späteren Gespräch in der Schule erfuhr, eine sehr schwierige Erfahrung.

Ein zweites Beispiel Schulisches Standortgespräch

Es ging wieder um ein Standortgespräch für ein Mädchen mit einer starken geistigen Behinderung, als deren Ursache man ihre mehrmals täglich auftretenden epileptischen Anfälle annahm. Hier lief der Klärungsprozess umgekehrt ab. Wir von der Sonderschule steuerten das Material, unsere Erfahrungen und Beobachtungen in der Arbeit mit dem Mädchen, bei. Wir wurden dezidiert zu dessen Verhaltensweisen befragt und es wurde notiert, wann, wo, wie lange die Anfälle stattfanden. Das Ergebnis des Gesprächs war, dass die Eltern Bescheid erhalten würden, wie die Fachärzte bzw. -ärztinnen mit der Medikation fortfahren wollten. Diese wurde daraufhin umgestellt, was jeweils ein längerer, sich über Monate hinziehender Prozess ist (Die alte Medikation müsse sich erst »ausschleichen«.) Dann kam die neue Medikation zum Zuge, und diese konnte wieder erst nach einigen Monaten daraufhin überprüft werden, ob die Schwere des Anfallsleidens abgenommen habe. Dies alles wurde so durchgeführt. Die Anzahl und die Schwere der Anfälle blieben gleich. Unsere Erwartung, durch einen umfassenden

Austausch aller Beteiligten neue Perspektiven bei der Arbeit mit dem Mädchen zu erhalten, blieb unerfüllt.

Ein drittes Beispiel Gutachten

Hier ging es um einen Jungen mit einer starken Autismus-Spektrum-Störung. Dieses Gespräch fand beim Kinder- und Jugendpsychiatrischen Dienst (KJPD) statt. Es wurden Spezialisten bzw. Spezialistinnen für Autismus hinzugezogen. Wiederum wurden lange Beobachtungsbögen ausgefüllt. Interviews wurden mit allen Personen durchgeführt, die mit dem Jungen zu tun hatten. Schließlich erhielten wir ein Gutachten, in dem wir diverse Passagen unserer Aussagen während der Interviews wiederfanden. Beigefügt war eine Rechnung über Fr. 400.–. Mehr erfreut waren wir darüber, dass die von uns angegebenen heilpädagogischen Förderinhalte und deren methodische Umsetzung als »sehr gut« bezeichnet wurden. Wir hätten auch in diesem Fall einen gleichwertigen Austausch erwartet, der sich auf unsere Arbeit befruchtend auswirken würde.

Fazit: Deshalb ist mein ernüchterndes Fazit zur eingangs gestellten Frage: Nichts.

Kommentar Eliane Perret

Nun ja, du hast die Fragestellung klammheimlich verändert, sodass sie sich mit zwei doch sehr unterschiedlichen Begrifflichkeiten befasst. Letztlich geht es aber um eine ähnliche Problematik: Was macht eine gute Zusammenarbeit aus? Professionelles Arbeiten zeichnet sich meines Erachtens dadurch aus, dass die Fachleute, und dazu zähle ich in diesem Falle auch die Eltern, sich in gegenseitigem Respekt begegnen und miteinander unterstützend zusammenarbeiten sollten. Einerseits geht es darum, sich des eigenen Fachgebiets und dessen Grenzen bewusst zu sein, andererseits aber auch mitzudenken, Brücken zu bauen und gemeinsame Perspektiven zu entwickeln. Bei all dem darf das Kind nicht zum »Fall«, hier sogar zum »geschädigten Gehirn« werden, sondern es muss ihm als Mensch begegnet werden. Das stellt nicht nur fachliche Ansprüche, sondern alle Beteiligten sind auch in ihrer Persönlichkeit gefordert, damit eine Zusammenarbeit auf gleicher Augenhöhe möglich wird. Das hast du, so verstehe ich es, vermisst.

12 Die ICF – eine Modeerscheinung oder Hilfe im heilpädagogischen Alltag?

Strukturierungshilfe im beruflichen Alltag

Beitrag Riccardo Bonfranchi

Als die ICF (Internationale Klassifikation der Funktionsfähigkeit, Behinderung und Gesundheit) Einzug in die Sozial- und Heilpädagogik fand, war bei den einen die Begeisterung groß. Insbesondere im Erwachsenenbereich, wo bis anhin weniger strukturiert gearbeitet wurde, nahm man die ICF dankbar auf. In den Heilpädagogischen Schulen, deren schulisches Anliegen einen methodischen Aufbau nahelegt, fand die ICF nicht diesen Nachhall. Mir scheinen die Überlegungen und Strukturierungshilfen, die die ICF zur Verfügung stellt, dennoch hilfreich zu sein, ohne dass ich sie überbewerten will.

Im Folgenden soll anhand eines fiktiven Beispiels eines behinderten jungen Erwachsenen dargestellt werden, wie mithilfe der ICF eine Person diagnostisch erfasst werden kann. Für mich stellen die folgenden additiv zusammengetragenen Inhalte eine Orientierung für weiterführende sozialpädagogisch-heilpädagogische Überlegungen dar. Nicht mehr – aber auch nicht weniger.

Bestandsaufnahme: Geistige Behinderung (unbekannte Ursache)

Körperfunktion und Strukturen:
- Sprache/Kommunikation: Einwortsätze, gut verständlich.
- Sprachverständnis: vorhanden.
- Kognition: Einschränkungen.
- Affektkontrolle, situationsangemessene Emotionen: Bei neuen Situationen schlägt er sich ins Gesicht, zerrt an Haaren.
- Verständnis für einfache Zusammenhänge.
- Einschränkungen in: taktiler Wahrnehmung, Temperatur, Schmerz, Selektion von Reizen.
- Fixiertsein auf visuelle Reize.
- Erregungszustände (Schaukeln des Oberkörpers).

Aktivitäten:
Ressourcen und Entwicklungsbedarf:
- Teilt sich mit, wenn es um Dinge geht, die ihn interessieren.

- Schreibt seinen Namen und Adresse von Hand.
- Wiederholt Sätze immer wieder.
- Körperpflege inkl. Intimkörperpflege mit Unterstützung, Temperatur des Wassers muss eingestellt werden.
- Kennt Zahlen.
- Wippt mit den Füßen.
- Isst nur weiche Sachen wie: Reis, Kartoffelstock, Joghurt.
- Bei Verletzungen reagiert er kaum.
- Schaut Fotos intensiv an.
- Bewegt seine Finger vor sich und hält sie gegen das Licht.

Partizipation:

- Gute Orientierung innerhalb der Institution.
- Kann sich nicht alleine in der Umgebung orientierten, braucht Begleitung.
- Nimmt wenig Kontakt mit anderen Menschen auf.
- Restaurantbesuche sind nicht möglich (der Grund ist noch nicht eindeutig klar, weitere Abklärungen).

Wechselwirkungen:

- Wenn Herr X nun als Erwachsener in eine neue Wohnsituation (UF) platziert würde, könnte es sein, dass er mit selbstverletzendem Verhalten (Emotionaler Umgang) reagieren würde.
- Wenn neue Mitarbeiterinnen (UF) seine Vorlieben beim Essen nicht berücksichtigen, könnte es sein, dass er vermehrt mit Unruhe (Bewältigungsstrategie) reagieren würde.
- Wenn in einer neuen Wohn- und Arbeitssituation nicht mit den bisherigen unterstützenden Therapiemethoden (UF) gearbeitet wird, könnte seine Teilhabe gefährdet werden (Sozialkontakte) und das Befinden von Herrn X würde sich verschlechtern. Usw.

Umweltfaktoren (UF)
Förderfaktoren und Barrieren:

- Nachbarn haben teilweise Verständnis für sein Verhalten.
- Negative Reaktionen in Form von »keinen Kontakt haben«.
- Eltern unterstützen und fördern intensiv seit der Diagnose.
- Fachleute/stellen unterstützen gut.
- Kontakt zu Gleichaltrigen: ist in der Schule möglich, sonst nicht.
- Sozialversicherungen: übernehmen die Eingliederung in eine geschützte Werkstatt/Beschäftigung.
- Spezielle Therapien müssen die Eltern nun (ab dem 18. Altersjahr) selber bezahlen (Erwachsenenalter).

Personenbezogene Faktoren:
- 18 Jahre alt
- männlich, 175 cm, vollschlank, braunhaarig
- Diagnose: geistige Behinderung unbekannter Ursache
- Große Krise (SVV) mit neun Jahren, vorübergehend Psychopharmaka, heute etwas stabiler
- Wohnt daheim, Eltern Mittelstand, zwei Schwestern 23 J., Agglo einer mittelgroßen Stadt, Mietshaus
- Ungeduldig, ruhelos, zufrieden bei seinen Lieblingstätigkeiten (Fotos betrachten)

Folgerungen für Veränderungen/Ziele: Fokus Person *oder* Fokus Umwelt
Eine Veränderung für Herrn X muss genau geplant werden in der Art der Wohn-/Arbeitssituation, in der Vorbereitung von Herrn X auf die neue Situation und auch der Ablösung von den Eltern ... usw.

Kommentar Eliane Perret

Dass du die von der ICF vorgegebenen Raster als Strukturierungshilfen in Anspruch nimmst, kann ich auf dem Hintergrund deiner Erklärungen und Erfahrungen verstehen. Entscheidend ist ja dann: Und jetzt? Was macht man mit diesen Angaben? Wo sind positive Ansatzpunkte? Was bedeuten sie für die Arbeit, für die Beziehungsgestaltung mit dem Menschen, dessen Bestandsaufnahme ich jetzt gemacht habe? Wo sehe ich Möglichkeiten für eine Veränderung?

Wie du meinem Beitrag entnehmen kannst, habe ich mich mit der plötzlich mit Vehemenz eingeforderten Einführung der ICF in der Arbeit mit Kindern mit besonderen Bedürfnissen eingehend befasst. Dabei wurde mir klar, dass der damit verbundene Paradigmenwechsel doch einen wichtigen Einfluss auf unsere Arbeit als Heilpädagogen hat.

Einmal mehr ist es vielleicht bedeutsam, dass ich es mit Kindern und Jugendlichen zu tun habe, deren Problematik nicht durch eine körperliche oder geistige Behinderung bedingt ist. Sie kommen aus der Regelklasse zu uns wegen Verhaltens- und Lernproblemen. Der Paradigmenwechsel brachte es mit sich, dass die Ausbildung in Schulischer Heilpädagogik nahezu ausschließlich auf dem mit der ICF verbundenen biologistischen Wissenschaftsbegriff aufbaut. Die Neurowissenschaften sind wichtiger geworden als die Psychologie und Pädagogik. Die Symptome sind wichtiger als die Ursachen. Ist bei einer Verhaltensauffälligkeit nun das Gehirn das Wesentliche, das man verstehen muss, um die Problematik zu erfassen und zu behandeln? Spielt die individuelle Lebensgeschichte allenfalls noch eine nebensächliche Rolle oder ist gerade dort nach wie vor der Ansatzpunkt zur heilpädagogischen Arbeit? Zuversichtlich stimmt mich, dass in letzter Zeit vermehrt Ergebnisse aus der Bindungsforschung Eingang in die Ausbildung finden, wenn auch nur sachte, aber immerhin.

Wandel von einer psychiatrischen Klassifikation (ICD) zu einer deskriptiven Diagnostik (ICF)

Beitrag Eliane Perret

Für uns Heilpädagogen geht es mit der ICF um eine Grundsatzfrage. Ich habe eine Zeit gebraucht, bis ich das Thema so »kaltblütig« abhandeln konnte, wie ich es jetzt tue. Hier mein Überblick:

ICD/ DSM – Psychiatrische Manuals

Viele Kinder, die zu uns an die Schule kommen, haben Abklärungsverfahren durchlaufen, aus denen eine kinderpsychiatrische Diagnose resultierte. Oft ist es eine *AD(H)S (Aufmerksamkeitsdefizit(hyperaktivitäts)störung* oder eine *ASS (Autismus-Spektrum-Störung)*. Sie gehören zur Klassifizierung in der ICD-10. In Europa ist die von der WHO herausgegebene ICD das Pendant zum in den USA üblichen DSM. Diese Manuals werden immer wieder neu überarbeitet. Aktuell sind die ICD-10 (bis 2022) und die DSM V verbindlich. Diese Manuals entspringen ursprünglich dem Anliegen, psychiatrische Störungsbilder in einen theoretischen Rahmen einzuordnen, zu klassifizieren und eine gemeinsame Sprache für den fachlichen Austausch zu haben. Es ist deshalb nicht unerheblich, wie der wissenschaftstheoretische Hintergrund eines solchen Manuals ist.

Angloamerikanischer Wissenschaftsbegriff

Mit der Ausgabe des DSM III von 1980 gab es einen Paradigmenwechsel, der eine Abwendung von der bisherigen psychiatrischen Tradition bedeutete. Bis dahin wurden die Störungsbilder systematisch beschrieben, mit dem Ziel, die individuelle Persönlichkeit nosologisch und ätiologisch unter Einbezug ursächlicher und auslösender Faktoren aus dem biografischen und kulturellen Kontext zu erfassen. Diese sich an den Geisteswissenschaften orientierenden idiografischen Methoden wurden als unwissenschaftlich kritisiert. Sie sollten ersetzt werden durch ein theoriefreies, auf rein deskriptiv-empirischer Grundlage beruhendes Konzept, wie es der vorherrschenden angloamerikanischen Wissenschaftsauffassung eigen war. *Daraus entstand ein rein empirisch konstruiertes Diagnosesystem psychischer Störungen*, das bis heute gültig ist. Listen beobachtbarer Symptome ergeben in ihren jeweiligen Kombinationen die unterschiedlichen standardisierten Diagnosen. Eine wichtige Rolle spielen heute neurowissenschaftliche Verfahren, mit denen die hirnorganischen Aktivitäten erfasst werden sollen. Das Kind wird auf seine neurobiologischen Korrelate reduziert und als neurochemisch gesteuertes Reflexwesen gesehen. Es fehlt der lebensgeschichtliche Kontext, aus dem möglicherweise Kriterien für die Ursachen und Erscheinungsformen der Problematik und deren Behandlung abgeleitet werden könnten.

In den psychiatrischen Diagnosemanuals spiegelt sich also die jeweilig vorherrschende Wissenschaftsauffassung wider. Sie beeinflusst die Einschätzung der Störung durch das familiäre Umfeld, das betroffene Kind und die Gesellschaft ebenso wie durch die Fachleute bezüglich der Sicht und der Behandlung der im Fokus stehenden Problematik. Sie hat auch einen entscheidenden Einfluss darauf, welche Forschungsprojekte verfolgt und finanziell unterstützt werden, z. B. mit der Entwicklung von Psychopharmaka.

ICF – von der Pädagogik zur Psychiatrie

In der Heilpädagogik ist die ICF (»Internationale Klassifikation der Funktionsfähigkeit, Behinderung und Gesundheit«) die Entsprechung zum ICD-10. Weil die Diagnose im DSM bzw. ICD allein die individuelle Symptomatik und Diagnose definiert, hingegen die Folgen für die Funktionsfähigkeit nicht berücksichtigt, wurde die ICF um diese Aspekte ergänzt. Sie teilt die Menschen auf in einzelne Bereiche (Körperfunktionen, Aktivitäten, Teilnahme, Umweltfaktoren und personenbezogene Faktoren), die mithilfe von Fragebögen beobachtet, überprüft und durch entsprechende Förderplanungen angegangen werden sollen.

Damit wurde die Heilpädagogik von der Pädagogik in den medizinisch-psychiatrischen Fachbereich überführt.

Die ICF wurde im Jahr 2001 von der Generalversammlung der Weltgesundheitsorganisation WHO verabschiedet. Mit der Ratifizierung haben sich alle Mitgliedländer (auch die Schweiz) verpflichtet, die Einführung und Anwendung der ICF in ihren Ländern voranzutreiben.

Bereits während der Erarbeitung und Revision der neuen Klassifikation setzte die WHO von 1998 bis 2001 eine Arbeitsgruppe ein, die dafür zu sorgen hatte, dass auch die Kinder mit diesem System erfasst werden konnten. Danach wurde eine *Kinderversion des ICF* ausgearbeitet, die heute an den Ausbildungsstätten gelehrt und in der Praxis angewendet wird.

Die ICF ist also eng mit der ICD-10 verbunden. Genauso wie diese orientiert sie sich nur an beobachtbaren Kriterien. Sie werden durch standardisierte, testtheoretische Messverfahren erfasst und ausgewertet. Dadurch entsteht eine scheinbare Objektivität. Das einzelne Individuum ist durch seine Abweichung von Mittelwerten definiert. Die sozialen Bezüge sind auf das formale Funktionieren im gesellschaftlichen Kontext reduziert. Damit hat sich auch das Verständnis heilpädagogischer Problemstellungen und Arbeitsweisen verändert.

Wie ein Heizungsthermostat?

Die für das Kind zuständigen Heilpädagoginnen und Heilpädagogen und weitere Fachleute erfassen ihre Beobachtungen durch einheitliche Kriterien in einer einheitlichen Sprache und listen sie in den Rastern der vorgegebenen Bereiche auf. Daraus werden Förderziele abgeleitet und Förderpläne erstellt, nach denen Eltern, Lehrer und Lehrerinnen sowie Therapeuten und Therapeutinnen arbeiten. Die Qualität der Förderpläne wird danach beurteilt, ob die Ziele klar beobachtbar und überprüfbar sind (wenn möglich in Übereinstimmung mit den Kompetenzen aus dem Lehrplan 21). Der Förderplanungszyklus integriert und beschreibt die verschiedenen Teile der Arbeit mit dem Kind. Diese Darstellung entstammt den Ingenieurwissenschaften und beschreibt dort z. B. das Funktionieren eines Heizungsthermostaten.

Diese Arbeitsweise mag zwar ihren Sinn haben und eine gewisse Systematik in der Zusammenarbeit fördern. Sie mag auch das Ziel einer einheitlichen diagnostischen Fachsprache erfüllen und die Kommunikation erleichtern. Die Aufgabe des Heilpädagogen droht damit jedoch zur Verwaltung der Schwierigkeiten des Kindes zu werden.

Als Heilpädagogin ist es für mich wichtig zu wissen, auf welche Basis ich meine Arbeit stellen will. Die ICF basiert auf einem Wissenschaftsbegriff, der im Gegensatz zur Heilpädagogik steht, wie sie von Hanselmann, Moor, Kobi und anderen konzipiert wurde. Diese ist in einem personalen Menschenbild verankert und stellt die individuelle seelische Befindlichkeit und die lebensgeschichtliche Entwicklung in den Mittelpunkt. Die mitmenschliche Beziehung wird zum Ausgangspunkt einer komplexen erzieherischen Arbeit – für mich nach wie vor entscheidend.

Kommentar Riccardo Bonfranchi

Ein gewichtiges Thema für einen Beitrag in der hier gebotenen Kürze! Wie unschwer zu erkennen ist, hast du dir seit Langem Gedanken zur Herkunft der ICF gemacht. Du arbeitest kurz gefasst und präzise die Entwicklung auf, wie aus einer psychiatrischen (ICD) eine sonderpädagogische Diagnostik (ICF) wurde, die nun plötzlich nur noch streng empirisch arbeiten will. Die Herleitung hat mich beeindruckt. Du führst diese Entwicklung auf einen grundlegend gewandelten Wissenschaftsbegriff zurück.

Du hast hier einen theoriekritischen Standpunkt eingenommen. Ich bin diesmal praxisbezogen, aus meiner Erfahrung in meinem Arbeitsbereich, an meinen Beitrag zur ICF herangegangen. Warum ich die ICF in diesem Bereich als ein brauchbares Arbeitsinstrument ansehe, will ich hier begründen.

Für mich ist das entscheidende Argument, dass insbesondere im Erwachsenenbereich, in dem Menschen mit einer geistigen Behinderung leben und arbeiten, über viele Jahre nahezu kaum eine Form von Diagnostik vorhanden war. Dies hing wohl auch damit zusammen, dass in diesem sozialpädagogischen Bereich sehr viele Menschen arbeiteten und auch heute noch arbeiten, die über keine fachspezifische Ausbildung verfügen, sondern aus anderen Berufen in die Heilpädagogik gewechselt sind. Auch die Ausbildungsinstitute, die sich dieses Personenkreises der Quereinsteiger und -einsteigerinnen angenommen haben, konnten in deren Kurzausbildung lediglich ein kleines Spektrum an Kenntnissen und Kompetenzen vermitteln, und da gehört die Diagnostik nur am Rand dazu. Diesen Ausbildungsstand habe ich immer schon als recht unbefriedigend empfunden. Denn die Einschätzung einzelner Klienten bzw. Klientinnen hängt unter solchen Bedingungen sehr stark von der persönlichen Beurteilung der Mitarbeitenden ab und diese fällt nicht immer zugunsten der Klienten bzw. Klientinnen aus. Die Meinungen gehen dann oft sehr, sehr weit auseinander und eine im Sinne der Heil- und Sozialpädagogik förderliche Arbeit ist dadurch immer wieder kaum möglich. Dies hat mir eine Reihe von Supervisionen gezeigt, die ich im heilpädagogischen Erwachsenenbereich in den letzten Jahren durchführte.

Von daher stehe ich einer ICF-geleiteten Arbeitsweise nicht entgegen. Denn sie gibt den nicht spezifisch ausgebildeten Mitarbeitenden, insbesondere wenn sie mit geistig behinderten Erwachsenen arbeiten, ein Rüstzeug an die Hand, an dem sie sich fürs Erste orientieren können. Ich habe versucht, dies in meinem Beitrag an einem Beispiel konkret aufzuzeigen.

13 Worauf richtet die Diagnose ihren Blick?

»Diagnosen« im heilpädagogischen Arbeitsprozess und ihre Auswirkungen

Beitrag Eliane Perret

Diagnose ist eigentlich ein Begriff aus der Medizin. Ich werde deshalb im Folgenden den Begriff »Diagnose« bewusst in Anführungszeichen setzen, um damit dessen Problematik im pädagogischen Kontext sichtbar zu machen. Wenn es um die »Diagnose« eines Kindes geht, sind verschiedene Akteure und Akteurinnen im Spiel: Eltern, Lehrpersonen, Heilpädagogen, Abklärungsstellen wie der Kinder- und Jugendpsychiatrische Dienst (KJPD) und der Schulpsychologische Dienst (SPD) und natürlich das Kind. Sie richten ihren Blick aus unterschiedlichen Perspektiven aufs Kind und dessen »Diagnose« und gehen unterschiedlich damit um. Das möchte ich etwas näher beleuchten.

Die Sicht der Eltern

Wenn ein Kind zu uns in die Schule kommen soll, erfahren wir von verschiedenen Seiten deren Sicht der Problematik. Bei der Anfrage wegen eines Schulplatzes schildern uns die Schulpsychologen oder -psychologinnen in anonymisierter Form die anstehende Problematik, meist verbunden mit der Diagnose AD(H)S (Aufmerksamkeitsdefizit(hyperaktivitäts)syndrom), ASS (Autismus-Spektrum-Störung) oder Depression.

Wenn die Eltern zusammen mit ihrem Kind zu einem ersten Gespräch mit uns kommen, schildern sie die Problematik aus ihrer Sicht. Je nachdem sind sie enttäuscht oder verärgert über die bisherige Schullaufbahn des Kindes. Sie kennen das Kind aus dem familiären Umfeld und verstehen oft nicht, warum es sich in der Schule so auffällig benimmt, nicht mehr hingehen will, den Schulstoff nicht bewältigt usw. Sie haben ein natürliches Bedürfnis, das Kind zu schützen und ihm nicht zu schaden. Sie suchen Gründe für das Problem und stellen aus ihrer Sicht eine »Diagnose«. Selbstverständlich ist sie gefärbt durch die eigene Geschichte und Beziehung mit dem Kind. Oft sehen sie die Gründe außerhalb des familiären Kontextes. Manchmal schwingt auch eine Unsicherheit mit, ob man in der Erziehung dem kindlichen Bedürfnis für eine gedeihliche Entwicklung allenfalls nicht gerecht geworden sei.

Wir als heilpädagogische Institution versuchen im Gespräch abzuschätzen, ob die Eltern mit unseren Überlegungen bezüglich unserer künftigen Zusammenarbeit übereinstimmen. Das deshalb, weil wir wissen, dass das Kind, wenn es zu uns kommt, einen Weg vor sich hat und einiges neu lernen muss. Das geht nur in einer vertrauensvollen Zusammenarbeit aller Beteiligten. Auch hier machen wir eine »Diagnose«.

Beobachtungen in der Schule

Beim »Schnuppern« möchten wir das Kind möglichst unvoreingenommen kennenlernen. Wir beobachten es und erahnen die »Diagnose« des Kindes, auch wenn es sich – in den meisten Fällen – Mühe gibt, sich von der »besten Seite« zu zeigen. Selbstverständlich spielen unsere Berufserfahrung und unser fachliches Wissen mit hinein. Wir möchten die auf uns zukommende Aufgabe erfassen und abschätzen, ob wir sie im Rahmen unserer Schule erfüllen können. Dabei spielt natürlich auch die Zusammensetzung der künftigen Klasse eine Rolle. Unsere »Diagnose« baut deshalb auf anderen Vorgaben auf als die der Eltern.

Wenn uns bisherige Lehrpersonen die Situation schildern, lassen sie deutlich ihre Verantwortung für die ganze Klasse erkennen. Ebenso die eigene Befindlichkeit gegenüber dem Kind. Viele spüren auch, dass ein Kind nicht erhält, was es braucht, fühlen sich manchmal auch angegriffen durch Vorwürfe der Eltern. Auch in ihrer »Diagnose« schwingt vieles mit, was nur indirekt mit dem Kind zu tun hat.

Die Beurteilung durch die abklärenden Stellen

Die abklärenden Stellen versuchen Objektivität zu dokumentieren. Mit unterschiedlichen Testmethoden wollen sie das Problem des Kindes erfassen. Die Schulpsychologischen Dienste sind seit einiger Zeit verpflichtet, ein Standardisiertes Abklärungsverfahren (SAV) durchzuführen, um Objektivität und Gerechtigkeit bei der Beurteilung zu gewährleisten. Eine möglicherweise auf jahrelanger Erfahrung und viel Fachwissen beruhende Einschätzung gilt offenbar als zu subjektiv und unwissenschaftlich.

Viele Eltern haben ihr Kind durch den KJPD abklären lassen. Die dort tätigen Fachleute arbeiten mit Blick auf die Kriterien aus den Diagnosehandbüchern. Seit einiger Zeit beziehen sie neurowissenschaftliche Erklärungsmodelle mit ein. Es gibt jedoch nach wie vor keinen klinischen Test, kein medizinisches Messverfahren, um ein ADHS oder eine ASS festzustellen, das einer wissenschaftlichen Überprüfung standhält. Deshalb bemüht man sich, mittels Fragebögen eine objektive »Diagnose« zu stellen. Dabei fließen die aktuell üblichen Diagnosekriterien der medizinischen Psychiatrie ein, wie sie vor einigen Jahren im (heil-)pädagogischen Kontext üblich wurden.

Für viele Eltern sind die so erstellten »Diagnosen« eine Erleichterung. Sie wissen nun, »warum ihr Kind so ist«.

Die Blickwinkel des Kindes

Letztendlich soll es noch um das Kind gehen, das im Zentrum der Abklärungen steht und dessen »Diagnose« erstellt werden soll. Es wird befragt und getestet. Daraus entstehen Aktenberge, aus denen jedes Kind den Schluss ziehen kann/muss: »Mit mir stimmt etwas nicht. Alle wollen herausfinden, warum ich so bin, wie ich bin.« Für viele Kinder ist das eine Kränkung, auf die sie je nachdem mit Groll, Wut oder auch Mutlosigkeit und Resignation reagieren. Sie kennen ihre Aktenberge und verwünschen die ewigen Gespräche über sich und ihr Verhalten. Es kann nun durchaus sein – wie ich es auch schon erlebt habe –, dass sie ihren Bezugspersonen sagen: »Ich habe ein ADHS, ich kann nicht anders und muss mich so benehmen.«

Der Blick aufs Defizit

Im Umgang mit dem »schwierigen« Kind hat heute eine durch die Kinder- und Jugendpsychiatrischen Dienste gestellte »Diagnose« vermutlich die größte Bedeutung und wird vielseits als objektiv anerkannt. Sie ist deshalb für das weitere Vorgehen in der Arbeit wegweisend. Genauso wie eine medizinische Diagnose richtet sie ihren Blick vorrangig auf das Negative, auf das, was nicht sein soll und mit entsprechender Therapie möglicherweise behoben werden kann. Übernimmt die Pädagogik und speziell die Heilpädagogik diesen Blick aufs Kind, ist er fast zwangsläufig auf die Defizite gerichtet. Die daraus resultierenden Förderpläne bergen deshalb die Gefahr in sich, den Blick auf das Defizit zu verfestigen, auf das, was nicht mehr sein soll. Es wird als Input in den Förderplanzyklus eingegeben, in der Hoffnung, dass es im zu überprüfenden Output verschwunden ist – sodass man sich einem neuen Problem zuwenden kann. Damit entfernt sich meines Erachtens heilpädagogische Arbeit von ihren eigentlichen Anliegen!

Kommentar Riccardo Bonfranchi

Du setzt die Bezeichnung »Diagnose« in Anführungs- und Schlusszeichen. Dies mit der Begründung, dass der Begriff aus der Medizin kommt. Warum diese Hervorhebung oder Etikettierung? Ich würde den Begriff stehen lassen. Denn wie möchtest du das nennen, was wir beide unter Diagnostik verstehen und du dann auch ausführlich beschreibst? Dies nur als Vorbemerkung.

Deine Ausführungen haben mich wirklich betroffen gemacht. Warum? Da beschreibst du nämlich die Diagnostik, in Abgrenzung zu den Fragestellungen der Neurowissenschaft, aus der Sicht der heilpädagogischen Wissenschaft. Die kritischen Schlüsse, die du hier mehr implizit nebenbei ziehst, haben es aber in sich. Diese von mir geteilte Kritik geht fast etwas verloren bei der Beschreibung der Notlage der Eltern und des Kindes, das zu euch in die Schule kommt, zu euch findet. Fast bin ich geneigt zu sagen: schade. Aber ich kann diese Kritik ja hier aufgreifen und mit meinen Worten ausführen.

Da ist zum einen deine Kritik, dass Diagnostik zwar nach genormten Standards die kindlichen Fähigkeiten und Verhaltensweisen objektiv einordnen will, den Blick aber auf das Nicht-Können des Kindes richtet. Dabei entlarvst du diese nach einem quasi allgemeingültigen geeichten Schema vorgenommene Prozedur als eine Schein-Verobjektivierung. Diese führt dann in der Folge zu einer indirekten (oder ist es eine direkte?) Stigmatisierung des Kindes. Die von fachfremden Berufsgruppen nach ihren Kriterien vorgenommene Charakterisierung des Kindes stört dich ganz grundsätzlich und eigentlich lehnst du sie ab. Sie verstößt gegen dein Menschenbild, gegen dein Verständnis von Heilpädagogik schlechthin. Und so ist zu fragen: Wo bleibt die eigenständige, für sich sprechende Heilpädagogik – die Heilpädagogik als eine pädagogische Wissenschaft vom Lernen unter erschwerten Bedingungen? Schulpsychologen und -psychologinnen, die nie den ganzen Tag in der Schule standen, leiten Gespräche und fällen Urteile. Dann kommt noch die Neurowissenschaft daher, die ebenso meilenweit von Erziehung und Bildung entfernt ihre Forschungen betreibt. Letzteres würde für sich genommen kein Problem darstellen. Aber die Grenzverletzungen und Übergriffe in Bereiche, die doch »uns« gehören, tun weh. Und das spürt man aus und zwischen deinen Zeilen.

Die Heilpädagogik, das heißt die heutige Heilpädagogik, entwertet sich somit selber. Deine Ausführungen sind für mich von evidenter Bedeutung. Es geht um die Heilpädagogik als eigene Wissenschaft und unter Einbezug, aber nicht als Anhängsel der Psychologie, der Neurowissenschaft usw. Da waren wir schon mal weiter. Warum entwickelt sich unser Selbstverständnis als Heilpädagogen rückwärts? So betrachtet, könnte es sein, dass es die Heilpädagogik als wertgeleitete Wissenschaft bald einmal gar nicht mehr gibt. Dies wäre wohl eine eigene Betrachtung, ein eigenes Buch wert.

Diagnosen in der heilpädagogischen Arbeit. Ein Start-, jedoch nie ein Endpunkt

Beitrag Riccardo Bonfranchi

Der Begriff der Diagnose ist aus dem Altgriechischen abgeleitet und bedeutet Unterscheidung, aber auch Entscheidung. Die zweite Bedeutung ist im heutigen Sprachgebrauch kaum mehr enthalten, gewinnt aber hintergründig doch wieder diesen Sinn, wie ich darstellen möchte. Eine Diagnose bedeutet nach heutiger Definition, dass man eine möglichst umfassende Gesamtschau eines Phänomens zu erstellen versucht, um dann zu einer Beurteilung zu gelangen. In dieser Fassung des Begriffs ist von Entscheidung keine Rede mehr.

Unterscheidung oder Entscheidung?

Als Heilpädagoge hatte ich vielfach mit der für meinen Berufsbereich relevanten Diagnostik zu tun. Es gibt zahlreiche Tests, die in der Psychologie wie der Sonderpädagogik angewandt werden. Sie sollen stets als Grundlage für Unterscheidungen dienen – oder doch für Entscheidungen über das weitere Vorgehen als Heilpädagoge?

Historisch betrachtet sind die Ursprünge der Heilpädagogik bei der Medizin zu suchen. In der Medizin als eine Naturwissenschaft gilt die Diagnostik als das A und O einer seriösen Therapie. Keine Therapie ohne vorherige sorgfältige Abklärung der Ursachen eines Krankheitsbildes. Und diese sind eben nur mittels einer Diagnostik zu erforschen. Mir scheint, dass dieses Bild auch die Heilpädagogik geprägt hat. Nun ist aber die Heilpädagogik keine Naturwissenschaft, sondern (nach Häberlin) eine wertgeleitete Wissenschaft. Das bedeutet, dass die Heilpädagogik andere Arbeitsinstrumente hat, und auch, dass eindeutige Befunde oft nicht zu haben sind, insbesondere nicht bei Kindern, die man als lernbehindert, verhaltensauffällig oder als geistig behindert diagnostiziert.

Nun bin ich keineswegs grundsätzlich ein Gegner der Diagnostik. Auch mich würde es beruhigen, wenn ich bei diesem oder jenem Kind wüsste, warum es sich so verhält oder warum bestimmte Lerninhalte nicht »ankommen« bzw. nur sehr mühsam und beschwerlich erlernt werden können. Wie oft habe ich es in der Praxis erlebt, dass wir an pädagogischen Fallbesprechungen, die ja im Grunde keinen anderen Sinn als den einer Diagnosesuche haben, derart unterschiedliche Thesen, Vermutungen, auch Beobachtungen ins Feld geführt haben, dass wir uns schließlich fragten, ob wir noch vom gleichen Kind sprechen. Dieses nicht an den Haaren herbeigezogene Beispiel zeigt, wie schwierig es ist, in der Heilpädagogik zu klaren, eindeutigen Aussagen zu kommen, was sich hinter den Verhaltensweisen eines Kindes verbirgt. Auch Tests helfen da oft nicht weiter. Sie können lediglich eine Bestandsaufnahme absichern helfen, die wir meist schon vorher aufgrund unserer Berufserfahrung durch eigene Hypothesen und Beobachtungen gemacht oder zumindest angedacht hatten.

Hier ist dann oft guter Rat sehr teuer und die Entscheidung, wie wir mit dem Kind weiter verfahren wollen bzw. was wir als die beste Vorgehensweise für seine Entwicklung betrachten, erscheint immer wieder als sehr schwierig.

Ein Beispiel

Ein Beispiel zum Schluss dieses Beitrags: Wir hatten an unserer Schule einen Jungen, den wir als schwerst- und mehrfachbehindert eingestuft hatten. Er war uns auch so vom Schulpsychologischen Dienst anvisiert worden. Er sprach nicht, er verfügte nach unserer Meinung über keinerlei Kompetenzen in den Kulturfächern Lesen, Schreiben, Rechnen. Oft schrie er »einfach« nur herum, verschmierte die Wände mit seinem Kot und dergleichen mehr. Eines Tages machte eine Heilpädagogin die Beobachtung, dass der Junge das Sprachausgabegerät eines Mitschülers immer wieder fixierte. Es handelte sich um ein Gerät aus dem Bereich der Unterstützten Kommunikation, in das die Heilpädagogin für den anderen Schüler jeweils kleine Sätze eingab, die dieser durch Druck auf eine Taste abrufen konnte. Die Heilpädagogin gab diesem schwerstbehinderten Jungen das Gerät und er tippte nahezu fehlerfrei eigene sinnvolle Sätze hinein. Ein Wunder? Nein, es hatte nur bis anhin niemand bemerkt (auch nicht die Eltern), dass dieser Junge sich selber das Lesen und Schreiben beigebracht hatte. Er verstand also nicht nur sprachliche Inhalte, er konnte sich auch sprachlich äußern, sogar schriftlich! Als ich 2011 mein Buch ›Ethische Handlungsfelder der Heilpädagogik‹ im Peter Lang Verlag (Bern) veröffentlichte, bat ich diesen Jungen, für mein Buch ein Vorwort zu schreiben. Man kann es dort ab Seite 27 lesen.

An diesem Beispiel zeigen sich eindrücklich die Grenzen der Diagnostik, die dann zu nicht sinnvollen Entscheidungen im Vorgehen führen können. Deren Ergebnisse müssen also stets durch Verhaltensbeobachtungen ergänzt und verifiziert werden, auch Entwicklungen müssen einbezogen werden. Keine Diagnose gilt 1:1 über Jahre hin. Als Heilpädagoge muss ich stets neugierig bleiben, ein offenes Auge für Veränderungen haben. Ohne die genaue Beobachtung der geschulten erfahrenen Heilpädagogin wäre es nicht zu der Entdeckung der Fähigkeiten dieses Jungen gekommen.

Kommentar Eliane Perret

Dein Beispiel ist sehr eindrücklich und stimmt nachdenklich. Ja, man muss als Heilpädagogin die Augen, Ohren und das Herz stets offen haben, sonst verpasst man wichtige Möglichkeiten der Förderung. Deshalb muss auch Diagnostik stets umfassend und vorläufig sein, nicht nur die Symptomatik beschreibend, sondern auch die Ursachen differenziert und aus verschiedenen Blickwinkeln betrachtend. Dann kann sie zu einer echten Entscheidungsgrundlage werden. Oft werden dafür Tests eingesetzt. Bei deren Anwendung muss man aus meiner Sicht jedoch dabeihaben, dass sie immer eine Momentaufnahme sind, die von vielen Faktoren abhängt: Wie ist die Tagesverfassung der zu Testenden? Wie viel Bedeutung misst die Testperson selbst den Verfahren bei? Wie gelingt es der Testperson, mit dem Kind oder Jugendlichen in Beziehung zu kommen? Im Gutachterseminar – Teil des Sonderpädagogikstudiums an der Uni Zürich – haben wir die entsprechenden Tests kennen- und anwenden gelernt.

Bei der Diagnostik von Beeinträchtigungen im Verhalten und beim Lernen nehmen Tests einen wichtigen Raum ein und versuchen, Objektivität zu erzeugen. Ergänzend dazu werden immer häufiger Untersuchungsmethoden eingesetzt, die aus medizinischen Fachgebieten stammen. Ob damit der Blick auf das Wichtige gerichtet wird und eine umfassende Beurteilung der Situation möglich ist, müsste diskutiert werden.

Ich wage trotz der unterschiedlichen Problemfelder, eine Parallele von deinem Arbeitsfeld zu meinem zu ziehen: Die rasante medizinisch-technologische Entwicklung hat stark in die Sonderpädagogik eingegriffen und den Begriff der »Behinderung« und die Methoden der Behandlung verändert. Das müsste endlich in seinen positiven und negativen Auswirkungen offen und sachlich diskutiert werden!

14 ADHS, POS, MCD – was ist es nun?

Abkürzungsverzeichnis rein deskriptiver Diagnosen

Beitrag Riccardo Bonfranchi

So lässt sich Verhalten auch beschreiben und deuten

Der heutige Heilpädagoge, die moderne Heilpädagogin muss über eine ganze Reihe von Abkürzungen Bescheid wissen. Hinter diesen Buchstaben stehen aber immer auch menschliche Schicksale und nur zu leicht gerät man dabei in Gefahr, dass diese Buchstaben plötzlich wichtiger erscheinen, als der betreffende Mensch. Dies soll in der hier gebotenen Kürze aufgezeigt werden.

POS = Psychoorganisches Syndrom
MCD = Minimale cerebrale Dysfunktion
ADS = Aufmerksamkeitsdefizitsyndrom
ADD = attention deficit disorder
ADHS = Aufmerksamkeitsdefizitsyndrom mit Hyperaktivität
Hypoaktivität = zu wenig Aktivität
HKS = Hyperkinetisches Syndrom
Hyperaktivität = alte Bezeichnung für ADHS (s. o.), auch: motorische Unruhe
Hyperkinetisch = übermäßige bzw. zu viel Bewegung

Fragebogen für Eltern (nach DSM IV) zum ADHS

Das Kind oder der bzw. die Jugendliche
a) zappelt häufig mit Händen und Füßen und rutscht auf dem Stuhl herum,
b) steht in der Klasse oder in Situationen, in denen Sitzenbleiben erwartet wird, häufig auf,
c) läuft häufig herum und klettert in Situationen, in denen das unpassend ist,
d) hat Schwierigkeiten, ruhig zu spielen oder sich ruhig mit Freizeitaktivitäten zu beschäftigen,
e) ist häufig auf Achse oder handelt, als wäre er/sie getrieben,
f) redet übermäßig viel,
g) platzt häufig mit den Antworten heraus, bevor die Frage zu Ende gestellt ist,

h) kann nur schwer warten, bis er/sie an der Reihe ist,
i) unterbricht und stört andere häufig.

Mehr gibt es dazu meines Erachtens nicht zu sagen.

Kommentar Eliane Perret

Deine Aufzählung aller verwendeten Abkürzungen zeigt eindrücklich, wie man sich dem unten beschriebenen auffälligen Verhalten eines Kindes anzunähern versucht, wenn man es als psychiatrisch relevant einstuft. Die im unteren Teil aufgeführten Verhaltensweisen werden in den diagnostischen Fragebogen erhoben. Für mich ist es keine Frage, dass solchen Kindern geholfen werden muss, damit sie ihr Leben ruhiger gestalten können. Oft verwehren jedoch diese Diagnosen einen heilpädagogischen Zugang, der eine echte Perspektive für das Kind und seine Familie eröffnen würde.

Diagnosen im Wandel der Zeit – wo bleiben die wissenschaftlichen Nachweise und Belege?

Beitrag Eliane Perret

Während meines Sonderpädagogikstudiums verteilte uns der Professor in einem Seminar einen Fragebogen. Wir sollten Aussagen ankreuzen, die als Kind auf uns zugetroffen hätten. Bei der Auswertung erfuhren wir, dass es sich um einen Diagnosebogen für ein mögliches Psychoorganisches Syndrom (POS) handelte. Wer wie ich die Anzahl noch tolerierter Kreuzchen überschritten hatte, schaute verdutzt drein. Als Kind hätte man bei mir demnach ein POS festgestellt. Der Professor »tröstete« uns, indem er sagte, dass wir dank der Überschreitung des Grenzwertes wenigstens das Recht auf eine von der IV bezahlte Therapie gehabt hätten und sich das POS mittlerweile ausgewachsen habe ... Glück gehabt!

Vom POS zum ADHS

In den folgenden Jahren hatte ich es in meinem Beruf täglich mit solchen Kindern zu tun. Sie hatten ein POS diagnostiziert, das sich als Diagnose in den siebziger und achtziger Jahren in der Schweiz verbreitete. Ich arbeitete gerne mit ihnen. Es waren Kinder, die herumzappelten, sich schlecht konzentrieren konnten und ständig in Streitereien mit anderen Kindern verwickelt waren. In Deutschland und Österreich nannte man das MCD (minimale cerebrale Dysfunktion) und im englischen Sprachraum MBD (minimal brain dysfunction). Die Kinder sollten also einen Hirnschaden haben, wenn auch einen kleinen. Man konnte ihn auch nicht feststellen, sondern schloss aus dem Verhalten darauf. Das wurde natürlich nicht kritiklos hingenommen, eine neue Bezeichnung folgte. Man sprach nun von *Hyperaktivität, hyperkinetischer Verhaltensstörung, hyperkinetischem Syndrom* oder *Aufmerksamkeitsdefizitstörung.* 1980 wurde die Verhaltensauffälligkeit dann im DSM III als Aufmerksamkeitsstörung mit oder ohne Hyperaktivität aufgenommen. In der überarbeiteten Form von 1987 hieß sie ADHS.

Als Heilpädagogin erlebte ich Mitte der 1980er-Jahre, wie die Ursachen für das ADHS (nun gekennzeichnet durch mangelnde Aufmerksamkeit, Impulsivität und hyperaktives Verhalten) plötzlich zum medizinisch-neurologischen Problem wurden. Es wurden hirnphysiologische Untersuchungen gemacht und zur Behandlung oft Psychopharmaka eingesetzt. Man untersuchte die Dopaminkonzentration und behandelte das Problem der Kinder quasi am synaptischen Spalt! Unterschiedliche Hypothesen zu den Ursachen konnten alle nicht verifiziert werden. Es gibt bis heute nach wie vor keinen klinischen Test; ein medizinisches Messverfahren, um ein ADHS festzustellen, ist nicht in Sicht. Heute spricht man deshalb von einem dimensionalen Syndrom.

Ethische Fragen

Ich verfolgte die Diskussion über die Jahre möglichst genau. Einige Eckpunkte waren für mich aufschlussreich:

Im Laufe der folgenden Jahre stiegen die Zahl der Diagnosen und die Verschreibung psychoaktiver Substanzen. Das löste nicht nur bei den Familien betroffener Kinder, sondern auch in der breiten Bevölkerung ein Unbehagen aus.

Die Nationale Ethikkommission NEK zeigte sich 2011 in einem Bericht besorgt über die steigende Abgabe von Psychopharmaka an Kinder und wertete sie als Eingriff in deren Persönlichkeitsrechte (vgl. Kapitel 10). Sie gab zu bedenken, dass die Diagnose eines ADHS in Abgrenzung zu einem oppositionellen Trotzverhalten oder einer Angststörung eine fachliche Herausforderung darstelle. Ebenso sei die Grenze zwischen normalen und krankhaften kindlichen Verhaltensweisen schwierig zu ziehen. Die NEK forderte, die Ursachen des höheren Verbrauchs zu klären und die Kinder vor übermäßigem Gebrauch zu schützen.

Im Februar 2015 wurde ein Bericht des zuständigen Ausschusses der UNO-Kinderrechtskonvention (KRK) publiziert. Die Schweiz wurde darauf hingewiesen, dass hierzulande die Kinder zu häufig die Diagnose ADHS oder ADS erhalten würden. Des Weiteren sei man besorgt über die damit verbundene steigende Verschreibung von Methylphenidat. Man empfahl der Schweiz, bis zum nächsten Monitoring 2020 Studien zu nicht medikamentösen Diagnose- und Therapieansätzen durchzuführen, die Diagnostik von psychischen Gesundheitsproblemen bei Kindern zu verbessern und sicherzustellen, dass Kinder, Eltern, Lehrkräfte und andere zuständige Berufsgruppen angemessene Informationen zu ADHS und ADS erhalten würden.

Unabhängigkeit der Forschung?

Im November des gleichen Jahres berichteten die Medien über eine Untersuchung des Cochrane-Institutes zur Medikamentenabgabe an Kinder mit einem ADHS (vgl. Beitrag 10). Die Cochrane Collaboration ist ein weltweites Netz von Wissenschaftlern und Wissenschaftlerinnen sowie Ärzten und Ärztinnen, die systematische Übersichtsarbeiten zur Bewertung von medizinischen Therapien erstellen, aktuell halten und bewerten. Die wichtigste Vorbedingung ist der Verzicht der Forschergruppe auf industrielles oder pharmazeutisches Sponsoring. Damit ist die Unabhängigkeit der Forschung gewährleistet. Die Wissenschaftler und Wissenschaftlerinnen untersuchten die Qualität bisheriger Studien zur Wirkung von Methylphenidat bei Kindern und Jugendlichen mit ADHS. Sie nahmen 185 Studien unter die Lupe, an denen 12.245 Kinder oder Jugendliche mit einer ADHS-Diagnose teilgenommen hatten. Die Forscher und Forscherinnen kamen zum Schluss, dass die meisten Studien klein und von niedriger Qualität waren. Sie erbrachten auch keine genauen Aussagen zum tatsächlichen Nutzen der Medikamente. Weiter hielt die Studie fest, dass keine genauen Aussagen gemacht werden konnten, wie stark der Nutzen von Methylphenidat tatsächlich ist. Ebenso fehlten Langzeitstudien bezüglich der Auswirkungen auf die körperliche und seelische Entwicklung eines Kindes. Bezüglich der Unabhängigkeit der Forschenden hielt die Cochrane-Gruppe zudem fest, dass 72 (=40 Prozent) der 185 eingeschlossenen Studien von der Industrie finanziert waren.

Fazit: Ein Unbehagen bleibt über Studien, die von produzierenden Firmen gesponsert wurden und von niedriger Qualität waren und trotzdem als Beweis für den Nutzen von Medikamenten für Kinder gewertet wurden!

Offene Diskussion

Auch Politiker und Politikerinnen beunruhigte die stetig zunehmende Zahl von Diagnosestellungen und die Abgabe von Psychopharmaka an Kinder. Allein der Zürcher Kantonsrat befasste sich zwischen 2004 und 2015 mit sieben Postulaten und einer Interpellation, welche die Abgabe von Ritalin an Kinder und Jugendliche thematisierten. Dabei wurde auch auf den Paradigmenwechsel von einem humanistischen und sozialwissenschaftlichen zu einem biologistischen Menschenbild in der Kinderpsychiatrie hingewiesen. Auch wenn schließlich eine bei der ZHAW in Auftrag gegebene Studie zum Schluss kam, dass das Medikament sorgfältig verschrieben werde, die Schweiz im Vergleich mit anderen Industriestaaten gut dastehe und auf Bundesebene die nötigen Maßnahmen getroffen worden seien, ist die Diskussion zum Thema bis heute nicht abgeschlossen. Für mich (und andere) jedenfalls nicht!

Kommentar Riccardo Bonfranchi

Gut, dass du die Geschichte dieser im Grunde doch fiktiven Syndrome aufgearbeitet hast. Ich habe das gerne dir überlassen. Es sind Bezeichnungen, im Grunde Worthülsen, von denen niemand genau weiß, was eigentlich drinsteckt. Du hast das ausgezeichnet dokumentiert mit dem Test, den euer Professor einmal mit euch durchgeführt hat. Meine Aufzählung der Verhaltensweisen (samt Diagnose) von Kindern und Jugendlichen geht im Grunde genommen in die genau gleiche Richtung. Man kann es durch eine die Verhaltensweise pathologisierende oder einfach durch eine normale Brille sehen. Je nachdem. Das hat mich immer gestört und das tut es auch heute noch.

Warum gibt es diese Begriffe eben doch und warum wird mit ihnen in der Praxis auch gearbeitet? Dazu fallen mir zwei Gründe ein. Der eine ist ein versicherungstechnischer. Wenn die Verhaltensweisen als dermaßen gravierend eingestuft werden, müssen sie eine Diagnose und damit einen Namen haben. Haben sie das, zahlt die Versicherung.

Der andere Grund ist wohl der, dass solche Diagnosen und daraus resultierende Bezeichnungen sehr oft als eine Entlastung der Eltern dieser Kinder dienen. Es ist einfacher, den Großeltern oder den Nachbarn und Nachbarinnen von einem ADHS zu erzählen, als von etwas Diffusem, nicht Erklärbarem.

Beide Gründe kann ich, wenn auch mit einem unguten Gefühl, akzeptieren.

15 Wer ist verhaltensauffällig?

Begrifflichkeiten mögen sich ändern – Heilpädagogik ist und bleibt Beziehungsarbeit

Beitrag Eliane Perret

Wenn Kinder von Fachleuten oder den Eltern für eine mögliche Aufnahme an unserer Schule angemeldet werden, so beschreiben sie die individuelle Problemlage oft in folgender Weise: »... arbeitet in der Schule nicht mit; hält sich an keine Regeln; schlägt und beschimpft die anderen Kinder, manchmal auch die Lehrpersonen; braucht stets Unterstützung, arbeitet sonst nichts; verweigert sich seit mehreren Wochen in der Schule; wird seit einiger Zeit vollzeitlich von einer Klassenassistenz begleitet; scheint depressiv zu sein; eine ADHS-Abklärung ist im Gange; spricht mit niemanden; lebt in einer eigenen Welt; wird von den anderen geplagt; hat ein ASS diagnostiziert; ist im Moment im Einzelunterricht; alle Möglichkeiten der Integration sind ausgeschöpft ...«

Verhaltensauffällig? Was ist das?

Sind diese Kinder verhaltensauffällig? Natürlich, muss man sagen, natürlich fallen sie auf. Aber damit ist die Aufgabe nicht gelöst, sondern sie beginnt erst. Und ich werde mich im Folgenden nicht ausführlich mit diesem Thema befassen, also mit der Beschreibung möglicher Merkmale. Das wurde schon oft und ausreichend gemacht.

Um es vorweg klarzustellen: Wenn Kinder sich nicht alle in derselben Weise verhalten, ist das nur gut so. Das Schöpferische in der individuellen Lebensgestaltung ist eine Bereicherung. Wir wollen ja keine abgerichteten kleinen Lebewesen, denen Bravheit und Gehorsam aufgezwungen wurde, sondern Menschen, die später als Bürgerinnen und Bürger das Zusammenleben mit ihren Mitmenschen auf dem Boden von Mitmenschlichkeit, Gleichwertigkeit und Verantwortungsgefühl für sich und die andern gestalten.

Was ist nun verhaltensauffällig? In den entsprechenden heilpädagogischen Lehrwerken nehmen Kinder mit den oben beschriebenen Verhaltensweisen breiten Raum ein. Verständlich! Sie sind heraus- und oft auch überfordernd.

Begriffe im Wandel der Zeit

Je nach Erscheinungsjahr und Ausrichtung des Lehrwerks werden sie anders bezeichnet. Da geht es um Schwererziehbare, Erziehungsschwierige, Verhaltensauffällige, Verhaltensbehinderte, Verhaltensoriginelle, Kinder mit einem AD(H)S, ASS. In der Namensgebung spiegelt sich der Wandel der Zeit. Pädagogische und psychologische Erkenntnisse setzen neue Akzente, ein Erscheinungsbild wird in neuem Licht betrachtet. Manchmal scheint mir der Fokus auch eingeschränkt zu sein und das Ganze nicht zu erfassen.

Tendenzen, Normen, Werte und Zielvorstellungen, die für einen bestimmten Kultur- und Zeitraum verantwortlich sind, haben einen entscheidenden Einfluss, was als auffällig und was als normal eingestuft wird. Aber ist die Norm immer das Normale? Heute ist es normal, dass die Menschen im Tram immer auf ihr Handy starren. Ist nun derjenige verhaltensauffällig, der aus dem Fenster schaut, mit jemandem spricht oder gar ein Buch liest?

Selbstverständlich ergeben sich aus den unterschiedlichen Betrachtungsweisen auch unterschiedliche Diagnosen und pädagogische Konzepte. Sie können eine Leitlinie sein, aber für die Arbeit mit dem einzelnen Kind oder Jugendlichen braucht es mehr. Es muss uns gelingen, sie als Menschen in ihrer Einzigartigkeit in ihrem je individuellen Lebenskontext zu erfassen. (vgl. Kapitel 24)

Heilpädagogik als Beziehungsarbeit

Es gehört zu meinen spannenden heilpädagogischen Aufgaben, ein Kind »verstehen« zu lernen. Wo haben die Schwierigkeiten begonnen? War es seit der Geburt des Geschwisterteils? Beim Eintritt in den Kindergarten oder die Schule? Hat es wichtige Beziehungspersonen verloren oder liegt es im Streit mit ihnen? Fühlt es sich den aktuellen Anforderungen gewachsen?

Wie ich beobachtet habe, wird das problematische Verhalten oft eingeleitet durch ein Gefühl der Unsicherheit in Hinblick auf eine bevorstehende Lebensaufgabe, der sich das Kind nicht gewachsen fühlt und vor der es zurückweicht. Es fühlt sich in einer unterlegenden Position und erwartet von den es umgebenden Mitmenschen Entlastung. Dabei greift es auf frühkindlich angebahnte Bewältigungsmuster zurück mit entsprechenden Erwartungen ans Gegenüber. Auf diesem Hintergrund wird Heilpädagogik verstärkt zur Beziehungsarbeit. Das bedeutet, dem Kind ermutigend und anleitend beizustehen, an den Schwierigkeiten und Erfolgen seines jeweiligen Lernens Anteil zu nehmen und es zu fördern und zu fordern. So kann der Weg zu mehr innerer Flexibilität freigelegt werden, die es braucht, um neue Lebensaufgaben konstruktiver und kooperativ anzupacken.

Von der Lehrperson fordert diese Aufgabe ein hohes Maß an Ausgeglichenheit und emotionaler Reife. Sie muss sich ihres eigenen Wertesystems bewusst sein, mit dem sie das kindliche Verhalten beurteilt und bejahend oder verneinend beeinflusst. Ein gutes Team kann sich gegenseitig in diesen Fragen unterstützen.

Gemeinsam lernen

Bei Kindern, die kooperatives Empfinden und Verhalten nicht einüben konnten, kann dieses nachgeholt werden. Der oft zu Unrecht verpönte Klassenunterricht ist ein ausgezeichnetes Übungsfeld für Kinder und Jugendliche mit Verhaltensproblemen, heute oft als ADHS/ASS diagnostiziert. Die erlebte Gemeinschaft mit Lehrpersonen, die ihnen unterstützend und wegweisend zur Seite stehen, wird ihnen zum Ausgangspunkt für die Entwicklung von sozialer Kompetenz. In geschütztem Rahmen gewinnen sie Vertrauen in die eigenen Fähigkeiten und mehr Sicherheit im Zusammenleben. Aus der langsam wachsenden Verbundenheit und dem positiven Gefühlsaustausch mit den Gleichaltrigen können sie Erlebnisse gewinnen, die ihre Persönlichkeit weiter bereichern und stärken und das Gefühl der Selbstwirksamkeit fördern, wie es dem jeweiligen Alter entspricht.

Heute gewinnt dieses Prinzip des gemeinsamen Lernens allmählich wieder mehr an Gewicht und ist ein Gegenpol zum bei uns forcierten individualisierten Unterricht und selbstorganisierten Lernen. Seit über 20 Jahren ist insbesondere an angelsächsischen Hochschulinstituten eine Unterrichtsforschung und -gestaltung im Gange, die aber bisher bei uns in ihrer authentischen Form kaum bekannt geworden ist. Es handelt sich um das »dialogische Lernen«. Es basiert auf der anthropologischen Erkenntnis, dass jegliches menschliche Lernen grundsätzlich ein soziales, interpersonales Geschehen ist und deshalb die intensive Kooperation und dialogische Kommunikation (geführt von der Lehrperson) zum eigentlichen Kern des Unterrichtens gehören. Diese Erkenntnis ist gerade bei Kindern mit einem diagnostizierten ADHS besonders wichtig.

Zählen, Messen und Ankreuzen

Selbstverständlich erfordert diese Herangehensweise ein gemeinsames Verständnis der Schwierigkeiten des Kindes bei Eltern, Lehrern und Lehrerinnen sowie psychologischen Fachpersonen, damit auf der emotionalen Ebene eine Veränderung erwirkt werden kann.

Ich stehe damit sicher etwas im Gegenwind zu heutigen Tendenzen, die Verhaltensauffälligkeiten mit Zählen, Messen und Ankreuzen erfassen. Diese Sicht stimmt aber überein mit den Forschungen zur anthropologisch fundierten Heilpädagogik (Kobi et al.), der Bindungsforschung (Ainsworth, Grossmann, Julius et al.), der Anthropologie (Tomasello et al.), der Kinderpsychopathologie (Trevarthen, Hobson) und der Individualpsychologie.

Es geht mir darum, den uns anvertrauten verhaltensauffälligen Kindern mit meiner Arbeit eine echte Chance zu geben, damit sie eine umfassende Beziehungsfähigkeit entwickeln können; ich will nicht der Versuchung erliegen, ihre Verhaltensweisen zu verwalten oder in »Schranken zu halten«, ohne eine echte innere Veränderung zu bewirken.

Kommentar Riccardo Bonfranchi

Beim Lesen deines Beitrags blieb ich bei den ersten Abschnitten stecken. Warum? Ich stolperte über den Begriff der Verhaltensoriginalität, den du gebraucht hast. Den vertrage ich gar nicht. Wenn man verhaltensauffällige Kinder und Jugendliche als verhaltensoriginell bezeichnet, wird man ihnen in keiner Art und Weise gerecht. Ein Clown im Zirkus ist, wenn er gut ist, verhaltensoriginell. Aber er leidet nicht an seiner Rolle, er wird sogar beklatscht, bewundert und genießt Ansehen. Dies alles habe ich bei verhaltensauffälligen Kindern nie beobachten können. Sie sind Ausgestoßene, Outsider und leiden sehr stark unter ihrem Status. Aber darauf kommst du ja dann zu sprechen.

Bei deinen Ausführungen erkennt man sehr gut den psychologischen Hintergrund. Das ist nicht mein Schwerpunkt, aber deine Ausführungen haben mich überzeugt, auch wenn ich mich dem Phänomen von einer anderen Seite angenähert habe.

Eine ketzerische Anmerkung zu deinem Statement, dass die Lehrpersonen, die mit verhaltensauffälligen Kindern zu tun haben, sich emotional in einer stabilen Verfassung befinden sollten, habe ich noch. Könnte es nicht sein, dass viele Lehrpersonen sich oft nicht in dieser Verfassung befinden, weil sie z. B. Schwierigkeiten mit ihrer Berufswahl haben, weil sie in Scheidung leben oder weil ein eigenes Kind sehr krank ist? Müssen sie dann in eine Auszeit gehen? Dann wäre der Lehrermangel ja noch größer! Wie gesagt, das sind ketzerische Anmerkungen, aber doch bedenkenswert.

Wichtig erscheint mir, und da sind wir uns einig, dass wir diese Kinder annehmen müssen, dass sie dazugehören und dass wir ihnen das Gefühl vermitteln: Du bist sicher nicht gleichartig, aber dennoch gleichwertig.

Wie Verhaltensauffälligkeit wahrgenommen wird: Betroffene und Gesellschaft

Beitrag Riccardo Bonfranchi

Jedes Verhalten ist letztlich auf ein Gegenüber bezogen. Das trifft auch auf die sogenannte Verhaltensauffälligkeit zu. Sie muss immer auch als ein interaktives Geschehen betrachtet werden. Die Ursachen des Verhaltens sind nie allein in der Person des Schülers, der Schülerin, der/die als verhaltensauffällig bezeichnet wird, zu suchen. Immer ist auch das soziale Gefüge beteiligt.

Beginnen will ich mit einem anonymisierten abgeänderten Beispiel aus meiner Praxis als Heilpädagoge. Es zeigt, wie ein kleines Vergehen eines Schülers aus Sicht der Etikettierungstheorie (»labeling approach«) zu Delinquenz und Heimeinweisung führen kann:

- Ein Schüler begeht einen kleinen Diebstahl (= Problem).
- Der Schüler wird erwischt, er erhält eine Strafe.
- Der Schüler findet nun keinen Rückhalt mehr in seiner Bezugsgruppe und wendet sich gleichgesinnten, bereits stärker verhaltensauffälligen Schülern zu. Hier findet er Bestätigung.
- Der Schüler empfindet die Bestrafung als ungerecht. Er kann sie nicht in sein Selbstkonzept integrieren.
- Der Schüler stiehlt erneut. Dies wird als Rückfall gesehen, als Uneinsichtigkeit gegenüber der Bestrafung. Der Schüler wird nun als delinquent bezeichnet.
- Der Schüler wird jetzt aktenkundig. Seine Verfehlungen werden registriert. Er gilt von nun an als behandlungsbedürftig. Er selber übernimmt die Rolle des Delinquenten in sein Selbstbild. Die Schwelle zum Verbotenen sinkt.
- Der Schüler ist nun ein Außenseiter. Delinquente Verhaltensweisen verfestigen sich. Ebenso verfestigt sich seine Weigerung, in der Schule noch mitzuarbeiten. Dem Schüler werden schädliche Neigungen zugeschrieben. Er beginnt eine delinquente Karriere und wird von seiner neuen Bezugsgruppe darin unterstützt. Diese Unterstützung ist für sein Selbstbewusstsein von entscheidender Bedeutung.
- Der Schüler muss die Schule verlassen, er kommt in ein Schulheim. Er erhält einen Beistand, den Eltern wird die volle Erziehungsfähigkeit abgesprochen (Kinder- und Erwachsenen-Schutz-Behörde KESB).
- Nach einer gewissen Zeit kommt der Schüler – eventuell – wieder zu seinen Eltern und in die angestammte Schule zurück.

- Die offene Frage ist nun: Wird er einen Menschen, einen Heilpädagogen, eine Heilpädagogin, finden, der ihm dabei hilft, den bereits vorgezeichneten Weg zu verlassen?

Was der Heilpädagoge berücksichtigen muss

Gerade verhaltensauffällige Schülerinnen und Schüler befinden sich in einer Abwärtsspirale. Ihr Verhalten erfordert beim Gegenüber – den Lehrpersonen, dem Heilpädagogen, den Betreuenden – sehr viel unvoreingenommene Beobachtung, spontane Zuwendung, deutliche Ansprache und Sicherheit im Umgang mit einem solchen Schüler. Eigene Lebens- und Berufserfahrung, die Auseinandersetzung mit den Fragen der Entstehung und Entwicklung des Verhaltens und der Austausch mit Kollegen und Kolleginnen sind Grundlagen für die Möglichkeit, diesem Schüler zu helfen.

Meine Ausführungen wollen zu einem systematischen Herangehen an diese Fragen beitragen.

Die Innensicht

Normalität

Wenn man den Begriff »verhaltensauffällig« analysieren möchte, muss man, so denke ich, zuerst von dem ausgehen, was man als *nicht* verhaltensauffällig betrachtet. Was ist normal? Normalität bedeutet den einer Norm entsprechenden Zustand. Dabei handelt sich nicht um einen eindeutig zu definierenden Zustand. Denn Normalität kann variieren, je nach der Zeit, dem Ort, den Personen, die daran mitwirken, was darunter zu verstehen ist. Normalität basiert auf Normen, die sich wandeln können.

Normen

Normen gelten sowohl in einem Makro- als auch in einem Mikrokosmos wie der Schule. Sie bestimmen das jeweils gültige gesellschaftliche Verhalten. Gemeinschaften im Kleinen wie aber auch eine Gesellschaft als Ganzes können Verhalten nicht täglich neu definieren. Es muss ein relativ überdauerndes Regelwerk von Normen vorhanden sein, nach dem sich die Individuen, aber auch Gemeinschaften, Staaten ausrichten können.

Man unterscheidet informelle und formelle Normen. Bräuche und Sitten kennzeichnen die ersten, Gesetze die zweiten. Normen werden überwacht und mit Sanktionen unterschiedlicher Art durchgesetzt. Man spricht hier von sozialer Kontrolle. In der heutigen Welt und insbesondere in den westlichen Industriestaaten finden wir einen Normenpluralismus vor. Unterschiedliche, ja sich widersprechende Normen können innerhalb einer Gesellschaft Gültigkeit haben. Und Normen können sich verändern. Beispiele, die oft angeführt werden, sind der Einfluss der Religionen oder die Haltung zur Homosexualität. Auf unser Fach bezogen kann das heißen, dass ein Verhalten an einer Schule als stark verhaltensauffällig gesehen wird, an einer anderen Schule nur als leicht verhaltensauffällig.

Devianz
Damit der Zusammenhalt einer Gemeinschaft funktionieren kann, müssen Normen bestehen und eingehalten werden. Ist dies nicht der Fall, spricht man von einem abweichenden Verhalten. Das betreffende Individuum oder auch die betreffende Gruppe halten sich nicht an das, was die anderen Personen erwarten dürfen. Interaktionen können so nicht funktionieren. Solche Verhaltensweisen werden als deviant bezeichnet.

Verhaltensstörung
Verfestigt sich das deviante Verhalten, so wird schnell einmal aus einer Verhaltensauffälligkeit eine Verhaltensstörung. Hier spielt auch der Schweregrad des devianten Verhaltens eine Rolle. Bald treten nun Folgeerscheinungen dieser Verhaltensauffälligkeit auf – Lern- und Arbeitsstörungen. Das Kind erreicht nach einer gewissen Zeit, in der es sich verhaltensauffällig verhält, nicht mehr den Durchschnitt der Schulleistungen seiner Bezugsgruppe. Dies kann so weit gehen, und in der Praxis habe ich dies immer wieder beobachten können, dass Kinder und Jugendliche, die sich über einen gewissen Zeitraum verhaltensauffällig verhielten, das schulische Niveau von Kindern mit einer geistigen Behinderung aufwiesen, obwohl sie in keiner Weise geistig behindert waren. Sie waren nicht mehr in der Lage, ohne Funktionsbeeinträchtigung die Schule zu besuchen – Begleiterscheinungen, die von der Umwelt beobachtet und negativ eingeschätzt werden.

Entwicklungsbeeinträchtigung
Die Entwicklungsmöglichkeiten sind, wie bereits aufgezeigt, eingeschränkt, weil ihrer Entfaltung die Verhaltensauffälligkeit bzw. -störung im Weg steht. Das betreffende Kind, so habe ich es persönlich erlebt, befindet sich in einem Netz von Erwartungen, Ermahnungen, Bestrafungen, Hilfestellungen, aus denen es nicht herausfindet. Geforderte Aktivitäten werden nicht erbracht und so ist auch die Partizipation an der jeweiligen Gemeinschaft beeinträchtigt. Hier sehe ich die Aufgabe der Heilpädagogik. Denn da sich der Mensch ein Leben lang in Entwicklungsprozessen befindet, sind immer auch Veränderungen möglich. Daran müssen wir festhalten!

Die Außensicht

Für die Betrachtung der Außensicht von Verhaltensauffälligkeit ist der eingangs bereits erwähnte Etikettierungsansatz (»labeling approach«) bekannt geworden. Er geht davon aus, dass dem als verhaltensauffällig bezeichneten Menschen mit negativen Verhaltenserwartungen begegnet wird. Es handelt sich aus dieser Sicht um einen gesellschaftlichen Zuschreibungsprozess. In der Folge ergibt sich eine Stigmatisierung, die vom Kind, von dem bzw. der Jugendlichen nach einer gewissen Zeit als Selbst-Stigmatisierung übernommen wird. Das Kind wird aus der Sicht der Etikettierungstheorie zum Sündenbock. Jedes System brauche diese Rolle zur Festigung der eigenen Normen. Eine Sanktionierung eines solchen auffälligen Kindes werde als Belohnung für diejenigen betrachtet, die sich an die gängigen Normen halten. Im Schulsystem komme also verhaltensauffälligen Schülern und Schülerinnen die Rolle des Sündenbocks zu. Schüler und Schülerinnen, die sich normgerecht verhalten, können sich distanzieren und die eigene Nicht-Bestrafung als eine Bestätigung für ihr Verhalten einordnen. Lern- und Sozialverhalten, das den Erwartungen entspricht, wird belohnt. Nicht unmittelbar, sondern mittelbar durch Selektion und Sanktionierung derjenigen Schüler und Schülerinnen, die sich nicht an die Regeln halten.

Nun habe ich entsprechend der Etikettierungstheorie viel zur Innen- und Außensicht von Verhaltensstörung ausgeführt. Nach wie vor bleiben für mich im Einzelfall immer viele Fragen offen. Denn es gibt nicht die eine richtige Antwort. Das gehört zu diesem anspruchsvollen Fachgebiet.

Kommentar Eliane Perret

Dein Beitrag spiegelt die Komplexität des Begriffs. Ich gehe mit dir einig, dass Verhaltensauffälligkeit vom jeweiligen kulturellen und historischen Kontext abhängig ist. Das ist aber für mich und dich sicher nicht mit Beliebigkeit verbunden. Ich möchte deshalb in diesem Zusammenhang den größeren, über das einzelne Individuum hinausreichenden Rahmen spannen. Internationale Konventionen wie die Allgemeine Erklärung der Menschenrechte beinhalten für mich grundlegende Verbindlichkeiten des Zusammenlebens. Sie umfassen die Rechte und Pflichten der einzelnen Menschen wie auch des Zusammenlebens auf den unterschiedlichen Ebenen der Gesellschaft. Daran lässt sich das Verhalten des Einzelnen auch ein Stück weit messen.

Berührt hat mich dein einleitendes Beispiel. Für mich wäre die Frage zu klären, warum der Schüler gestohlen hat. War es eine einmalige Aktion oder gehört es zu seinen Gepflogenheiten? Und wenn ja, warum?

Mein Doktorvater, Professor Gerhard Heese, pflegte solche Entwicklungen in seinem Behinderungsmodell als Sekundärstörungen zu bezeichnen, wie sie aus meiner Erfahrung gerade bei verhaltensauffälligen Kindern oft zu finden sind. Es besteht dann die Gefahr, sie aufgrund des oft dramatischen Symptomkatalogs zu behandeln, ohne auf die Wurzeln des Problems zu stoßen. Das wäre aber meines Erachtens die Voraussetzung für eine echte Lösung. Darum wünsche ich diesem Kind, dass es auf einen Menschen trifft, der ihm behilflich ist, den Weg zu sich und ins Leben zu finden.

16 Was macht eine gute Methodik des Lernens aus?

Lernzielgeleitetes Unterrichtsgespräch als Modell guten Lehrens und Lernens

Beitrag Riccardo Bonfranchi

Unser Buch ist aus einem Dialog entstanden und als Gespräch aufgebaut. So können sich die Beiträge zu den verschiedenen Themen spontaner, persönlicher und farbiger entwickeln – bei aller Grundsätzlichkeit verschiedener Gedanken. Ein solches dialogisches Prinzip muss implizit auch für die Methodik des Unterrichts gelten. Diese ist in den vergangenen Jahrzehnten stets kritisch überprüft worden. Dahinter stand immer die Vorstellung vom Kind, was es braucht, wie es am besten lernt. Die Lehrerpersönlichkeit als notwendiges Gegenüber des Lernens war stets selbstverständlich dabei. Jedem war aus dem Familienalltag bewusst, dass es ohne Dialog, ohne Bemerken, Im-Auge-Behalten des Kindes, ohne Hin und Her zwischen Erwachsenem und Kind oder Jugendlichem bzw. Jugendlicher nicht zu einem motivierten fundierten Lernen kommen kann. So sind wir Menschen eben, wir sind keine Einzelwesen.

Heute wird der längst überholte Frontalunterricht immer wieder herbeizitiert als Gegenbeispiel zum hochgelobten individualisierten Unterricht. Dieser ist zur Leitidee jeder Unterrichtsplanung geworden. In der Schweizer Lehrerausbildung ist Individualisierung heute die beste, zum Lehrplan passende Methode, die mit der Verschiedenartigkeit jedes Kindes, seiner Fähigkeiten, seiner Vorkenntnisse, seines Lernstils begründet wird. Wer diese nicht ins Zentrum stelle, sei eine autoritäre Lehrkraft nach altem Unterrichtsstil – angeblich, denn das Differenzieren war stets ein Kriterium des Unterrichts, das selbstverständlich bei der Vorbereitung jedes Themas einbezogen werden musste.

Dem steht gegenüber, wie reichhaltig Unterricht erst werden kann, wenn ein Thema in der Klasse gemeinsam erarbeitet wird, wenn ein »geleiteter Dialog« im Hin und Her zwischen Lehrkräften und Schülern und Schülerinnen, in Achtung und Respektierung anderer Gedanken stattfindet. Diese Dialoge lassen eine Klassengemeinschaft entstehen, in der die verschiedenen Facetten eines Themas zum Tragen kommen können und in der jeder Schüler bzw. jede Schülerin nach dem eigenen Vermögen beitragen kann – Individualisierung in einem ganz anderen Sinn als heute, bei der an Vereinzelung mittels eines individualisierten Computerprogramms usw. gedacht wird.

Ich habe dieses Bild eines reichhaltigen Klassenunterrichts vor Augen, wenn ich das Thema »Methodik des Unterrichts« behandle. Ich gehe dabei von einer Lehrkraft aus, die sich mit ihrer ganzen Persönlichkeit ins Unterrichtsgeschehen einbringt – wie es einmal mehr auch durch die viel genannte Hattie-Studie als wesentlich für den Erfolg des Unterrichts erkannt wurde.

In diese Vorbemerkungen will ich meine Ausführungen zur Unterrichtsplanung einbetten. Diese Gedanken sind nötig, um das Modell eines lernzielgeleiteten Klassenunterrichts auch heute vorstellen zu können, als Gegenmodell zu anderen »modernen« Unterrichtsentwürfen. Nach diesem Modell wurde weitum erfolgreich im oben beschriebenen Sinn unterrichtet. Nach diesen bewährten didaktisch-methodischen Prinzipien habe ich unzählige Unterrichtslektionen durchgeführt (vgl. Literaturangaben). Die Methodik muss dabei stets im Gesamtzusammenhang der Unterrichtsplanung gesehen werden.

Unterrichtsplanung

Unterricht will Lernen bewirken. Damit ergeben sich sofort die Fragen, *was, warum, wie, mit welcher Zielsetzung* Kinder und Jugendliche am besten lernen. Diese Fragen implizieren, dass Planmäßigkeit, Zielorientierung und Erfolgsorientierung konstituierende Momente der Planung, Realisierung und Evaluation von Unterricht sind.

Für die Planung von Unterricht sind folgende Elemente bedeutsam:

1. *Ziele*: die pädagogischen Intentionen und Absichten der Lehrperson.
2. *Inhalte*: Themen und Inhalte der gewählten Lektionen.
3. *Methoden*: Verfahren, die zur Verwirklichung der Ziele dienen.
4. *Medien*: Mittel, mit deren Hilfe die Ziele leichter erreicht werden.
5. *Anthropogene Voraussetzungen*: An wen richtet sich der Unterricht? (Alter, Besonderheiten, Sprachfähigkeiten, Auffälligkeiten).
6. *Soziokulturelle Voraussetzungen*: Welchen sozialen Hintergrund haben die Schülerinnen und Schüler? (Elternhaus, soziales Umfeld, Förderung, Sprache).

Wenn hier von guter Methodik die Rede sein soll, müssen alle Elemente der Planung bedacht werden. Sie bedingen einander. Wenn man ein Element verändert, hat dies immer Auswirkungen auf die anderen.

Ziele des Unterrichts

Ein Unterrichtsziel beschreibt einen vorgestellten Soll-Zustand des/der Lernenden. Dieser Stand soll durch die Gestaltung des Unterrichts erreicht werden. Die Frage, ob das Ziel sinnvoll ist, wird stets mitbedacht. Die Unterrichtsziele werden durch konkretes Verhalten beschrieben und sind am Verlauf des Unterrichts ablesbar.

Man unterscheidet Unterrichtsziele auf unterschiedlichen Abstraktionsstufen:

- *Leitziele:* Ein Leitziel ist etwa, dass der Schüler, die Schülerin zur größtmöglichen Selbstständigkeit erzogen werden soll.
- *Richtziele:* Beispiel: Der Schüler, die Schülerin soll über den Umgang mit der eigenen Sexualität und derjenigen anderer Personen informiert und in seinem bzw. ihrem Verhalten sozial adäquat gefördert werden.
- *Grobziele:* Die Schülerinnen und Schüler sollen ihrer Stufe und ihrem Entwicklungsstand gemäß Sexualkundeunterricht erhalten.
- *Feinziele:* Die Konkretisierung der Feinziele ist mit der Darstellung der Unterrichtsinhalte identisch und kann dort abgelesen werden. Über die konkrete Umsetzung informiert jeweils der Block der Methoden.
- Anhand solcher Ziele kann man feststellen, ob der Unterricht erfolgreich war. Ihre Formulierung lässt einen Vergleich des Ist-Zustands mit dem Soll-Zustand zu. Wer Unterrichtsziele formuliert, kann und will seinen Unterricht daran überprüfen. Diese Evaluierung des Unterrichts bildet die Basis für die Entwicklung neuer Unterrichtsziele.

Inhalte des Unterrichts

Inhalte sollten von der Lehrkraft so geplant und formuliert sein, dass sie zwar einerseits neu (Spannungsaufbau), aber andererseits auch mit Bekanntem verknüpft sind und damit in Gelerntes integriert werden können (Assimilation und Akkommodation bzw. deren Äquilibration nach *Piaget*). Inhalte und Ziele sind immer eng miteinander verbunden. Auf der untersten Konkretisierungsstufe (operationalisierte Stufe der Feinziele) sind Unterrichtsziele und Unterrichtsinhalte quasi identisch. Dabei sollten die Zielvorstellungen die Inhalte und Methoden leiten.

Methoden des Unterrichts

Unter diesem Punkt behandle ich das eigentliche Thema dieses Beitrags, das jedoch, wie gesagt, nicht losgelöst von der Gesamtplanung des Unterrichts gesehen werden kann.

Methoden sind Strategien in der Vermittlung von Inhalten für das Erreichen bestimmter Lernziele. Sachgerechte unterrichtsmethodische Planungen liegen dann vor, wenn sie eindeutig auf die Ziel- und Inhaltsentscheidungen bezogen sind. Zwar schließen bestimmte Ziele und Inhalte manche Methoden als ungeeignet aus, dennoch gibt es fast immer mehrere sachgemäße Methoden auf das gleiche Ziel und den gleichen Inhalt hin.

Eine zentrale Aufgabe der Methodik besteht darin, komplexe Lernziele in Teilziele zu zerlegen. Sie sollten nach sachlogischen Kriterien aufeinander aufgebaut werden. Dieser Prozess ist erfolgreich, wenn die Lernenden die Struktur des Lerninhalts erfassen können und verstehen, warum sie sich dieses oder jenes Unterrichtselement erarbeiten sollen – das persönliche Interesse des Lehrers am Thema und die Freude an den Kindern und ihrer Entwicklung immer vorausgesetzt. Dann erleichtert Unterrichtsmethodik den Lernenden das Lernen (vgl. Kapitel 27).

Zur Methodik des Unterrichts gehören auch die Sozialformen. Spricht der Unterricht die ganze Gruppe oder Teilgruppen an? Sollen Sequenzen als Partnerarbeit oder Einzelförderung organisiert sein? Auch die Frage nach Wochenplan oder Atelier-Unterricht stellt sich hier. So hat die Entscheidung, Dreier-Gruppen zu bilden, mit bestimmten Zielsetzungen und Inhalten zu tun. Nicht jeder Inhalt ist dafür geeignet.

Sozialformen hängen aber nicht nur von Zielsetzungen und Inhalten ab, sondern auch vom Führungsstil. Nicht jede Lehrkraft wählt gleich häufig den Kleingruppen-Unterricht oder den Klassenunterricht. Sie sollte sich dabei immer fragen, welche Sozialform für den gewählten Inhalt geeignet ist und ob sie diese Sozialform in dieser Klasse auch gut handhaben kann. Diese Überlegung gilt ebenso für die Schüler und Schülerinnen. Nicht jeder Schüler, jede Schülerin lernt in jeder Sozialform gleich gut. Einige gelangen nur in bestimmten Sozialformen zu einer besseren Leistung. Unterricht ist ein hochkomplexes Geschehen und eine Lehrkraft kann nie von *der* besten Methode ausgehen. Forschungsergebnisse bestätigen, dass lernschwächere Schüler und Schülerinnen bei Sozialformen wie Wochenplan oder Atelier-Unterricht die geringsten Lernerfolge erzielen.

Medien

Hier geht es um die Frage der Lehr-Lern-Mittel. Medien spielen insbesondere in der heutigen Zeit eine große Rolle, da viele Schülerinnen/Schüler sich an die Vermittlung auf der Anschauungsebene gewöhnt haben. Mediennutzung sollte immer auf Bedarf (Ziele und Inhalte) und Situation bezogen sein. Nur so können Medien sinnvoll eingesetzt werden. Die Menge der genutzten Medien ist jedenfalls keine Garantie für einen wirkungsvollen, interessanten Unterricht. Weniger ist oft mehr.

Anthropogene Voraussetzungen

Es ist ungemein wichtig, dass eine Lehrkraft sich Informationen über die einzelnen Schüler und Schülerinnen beschafft. Wie alt sind sie, welche kognitiven Fähigkeiten, Behinderungen, aber auch Stärken, welche Interessen, welche Motivation und Leistungsbereitschaft haben sie? Diese zu beobachten und zu kennen, ist Voraussetzung für einen gelungenen Unterricht. Werden sie nicht oder nur mangelhaft berücksichtigt, so wird die Lehrkraft scheitern. Ihre Kenntnis beeinflusst maßgeblich alle anderen Elemente des Unterrichts.

Soziokulturelle Voraussetzungen

Hier geht es um das soziale Umfeld der Schüler. Auch wenn es nicht exakt ermittelt werden kann, darf es nicht ausgeblendet werden. Es spielt stets eine Rolle. Fragen sind etwa: Wohnt der Schüler, die Schülerin weit weg, ist seine bzw. ihre Mutter alleinerziehend, gibt es in der Familie eine Suchtproblematik, sind für das Kind und seine Förderung neben der Schule noch andere Personen zuständig, können die Eltern Schwierigkeiten ihres Kindes akzeptieren? Alle diese Realitäten beeinflussen den Lernprozess in nicht geringer Weise. Gerade bei den soziokulturellen Voraussetzungen stoßen die Schule bzw. die Lehrkraft jedoch oft an ihre Grenzen. Wenn das Umfeld, aus dem der Schüler, die Schülerin tagtäglich in die Schule kommt, nicht über sich informieren will, so hat die Lehrkraft dies zu akzeptieren.

Zum Schluss ein Wunsch

Diese Gesamtdarstellung der Planung von Unterricht ist nach meiner Erfahrung erforderlich, um ein einzelnes Element, hier das der Methodik, einbetten und beschreiben zu können. Ich wünsche mir, dass sie dazu verhilft, die Vielfalt von Unterricht besser beurteilen und eigenständig methodisch planen zu können.

Von mir immer wieder verwendete Literatur zur Methodik:

Brezinka, W. (1974). *Grundbegriffe der Erziehungswissenschaft.* München: Ernst Reinhardt Verlag.

Klafki, W. et al. (1975). *Erziehungswissenschaft, Band 2.* Frankfurt a. M.: Fischer.

Klafki, W., Otto, G. & Schulz, W. (1977). *Didaktik und Praxis.* Weinheim: Beltz.

Klafki, W. (2019). *Allgemeine Erziehungswissenschaft. Systematische und historische Abhandlungen.* Herausgegeben und eingeleitet von Karl-Heinz Braun, Frauke Stübig und Heinz Stübig. Wiesbaden: Springer.
Roth, L. (Hrsg.) (1991). *Pädagogik. Handbuch für Studium und Praxis.* München: Ehrenwirth.

Kommentar Eliane Perret

Heute würden die Studierenden an der Pädagogischen Hochschule nach deiner »Vorlesung« vielleicht die Aufgabe erhalten, eine deiner unzähligen Unterrichtsstunden in Hinblick auf diese Kriterien wissenschaftlich zu untersuchen und ihre Ergebnisse mit einer Beamershow zu präsentieren. Das gäbe dann einen halben oder gar einen ganzen ETCS-Punkt. Aber weil die heutigen Studierenden ja auf das selbstorganisierte, kompetenzorientierte Unterrichtsgeschehen, das Churer Modell und ihre Rolle als Lernbegleiter bzw. Lernbegleiterinnen eingeschworen werden, wird das nie der Fall sein.

Vielleicht liest aber doch eine/einer deine interessanten Überlegungen und denkt: Aha, so könnte man Unterricht auch planen (statt Dossiers aus dem Internet herunterzuladen und Kompetenzraster auszufüllen!). Und sie/er fragt sich vielleicht, ob der darin erwähnte Frontalunterricht doch nichts mit Militär zu tun hat. Wenn sie/er dieser Frage nachgehen würde, käme sie/er zum Schluss, dass man weniger zeitgeistig und abwertend besser von Klassenunterricht sprechen würde und damit nicht einfach ein im Wochenplan angekündigter »Input« gemeint ist. Würde sie/er sogar den Versuch wagen, diese laut Studien besonders wirksame Methode der Unterrichtsgestaltung auszuprobieren, könnte sie/er feststellen, dass die Schülerinnen und Schüler sich gerne zusammen mit ihrer Lehrperson den Schulstoff erarbeiten. Ja, sie/er würde erstaunt realisieren, dass es eine Unterrichtsform ist, welche sich motivierend auf die Aufmerksamkeit und Wahrnehmungsfähigkeit der Kinder und Jugendlichen auswirkt, das Gefühl der Selbstwirksamkeit erhöht und sie intellektuell und sozial fordert und fördert.

Sie/er müsste aber auch darüber nachdenken, wie man ein von gegenseitiger Wertschätzung geprägtes Unterrichtsklima gestaltet, damit sich alle Schülerinnen und Schüler im gemeinsamen Lernprozess einzubringen wagen. Und sie/er würde darin eine herausfordernde und spannende Aufgabe erkennen, aber auch wissen, dass sie/er sich das nötige psychologische und pädagogische Fachwissen erarbeiten und sich mit den eigenen Unzulänglichkeiten bewusst und intensiv auseinandersetzen muss. Hoffentlich! – Übrigens: Für Interessierte nachzulesen (außer bei Hattie) schon früher bei Kurt Aurin (1990). *Gute Schulen – worauf beruht ihre Wirksamkeit?*

Freude am Lernen durch echtes Verständnis und Ermutigung

Beitrag Eliane Perret

Lehren oder Lernen? Ich bleibe beim Zweiten, das aber ohne das Erste nicht zu denken ist.

Lernen braucht eine emotionale Basis

»Der erste Schritt beim Lernen ist die Liebe zum Lehrer.« Die vor mehr als 500 Jahren vom Schweizer Humanisten Erasmus von Rotterdam hinterlassene Erkenntnis hat für mich noch heute ihre Gültigkeit – auch wenn sie politisch nicht ganz korrekt formuliert ist ... Vor einigen Jahren hat auch der australische Bildungsforscher John Hattie die Lehrer-Schüler-Beziehung mit 0.72 als einen der wichtigsten Wirkfaktoren erfolgreichen Lernens hervorgehoben; im Unterschied etwa zu offenen Klassenzimmern und Lehr- und Lernformen, die mit 0.01 gerade mal am Ende der Rangliste herumdümpelten.

Erfolgreiches Lernen ist ein individueller, emotionaler Prozess. Das ist bekannt, seit es wissenschaftliche Berichte und Aufzeichnungen zum Thema Lernen gibt. Die gefühlsmäßige Basis muss stimmen, soll Lernen erfolgreich verlaufen. Das betrifft die Lernenden, aber auch die Lehrenden.

Freude am Lernen: Was gehört dazu?

Schülerinnen und Schüler, die an unsere Schule kommen, verbinden mit dem Lernen oft wenig Positives: Anstrengung, Misserfolg, Scham, Frustration, Schwierigkeiten.

Als Heilpädagogin möchte ich behilflich sein, eine emotionale Weiche neu zu stellen, damit Lernen wieder beginnt, Freude zu machen, und erfolgreicher verläuft. Wir kennen es bei uns selbst. Erfolg macht Freude und motiviert zum Weiterfahren.

Richtige Unterstützung bedingt allerdings, den *aktuellen Leistungsstand* eines Kindes zu kennen und es da abzuholen, wo es tatsächlich steht (und nicht, wo es schon stehen möchte). Oft haben unsere Schülerinnen und Schüler Lücken im Lernstoff. Meist sind Grundfertigkeiten im Rechnen und Schreiben nicht gesichert: der Zehnerübergang, das Einmaleins, der Stellenwert der Zahlen, der Lesevorgang, Rechtschreibregeln. Häufig haben die Kinder auch systematische Fehler eingeschliffen, die zwar in sich logisch, aber falsch sind. Solche Fehler zu entdecken, ist ein wichtiger Schritt zum Erfolg. Lücken müssen wir schließen und in sorgfältigen

Schritten den Lernstoff darauf aufbauen. Nur wenn das Niveau passt, ist echter Erfolg möglich.

Lernen heißt zwar Begreifen und Verstehen, dazu braucht es aber auch *Auswendiglernen* und *Üben von Basiswissen*. Häufiges Repetieren und die aktive Verarbeitung des Lernstoffes sind unverzichtbar, aber Knochenarbeit, die nicht immer begeistert. Dazu braucht es genügend ähnliche, gleichlautende Aufgaben ohne ablenkende Informationen. So entsteht Sicherheit, um später unterschiedliche Aufgaben mit variablen Vorgehensweisen lösen zu können. In modernen Schulbüchern fehlt das oft. Die Aufgaben variieren sehr schnell und fordern ständiges Neudenken der Lösungswege. Gute und kreative Leistungen sind jedoch nur möglich, wenn die Grundfertigkeiten automatisiert und praktisch ohne bewusstes Nachdenken abgerufen werden können.

Viele unserer Kinder haben sich angewöhnt, Lösungswege auswendig zu lernen, ohne wirklich zu verstehen, was und warum sie es tun. Das hinterlässt Unsicherheiten und das Gefühl, nicht auf eigenen Beinen stehen zu können. Wir müssen deshalb zum Mitdenken anregen: »Wie kann man sich dieses Wort am besten merken?« usw.

Viele Kinder müssen auch lernen, richtig zu planen. Sind sie entmutigt, nehmen sie sich oft zu viel vor. Dann wird der Berg mindestens so hoch wie der Himalaya, so anstrengend, dass man ihn schon gar nicht in Angriff nehmen will.

Wie kommt man zu Erfolg?

Letztlich ist es wichtig, dass die Kinder sehen, warum sie Fortschritte machen (oder eben nicht) und dass die *eigene* Anstrengung zum Erfolg führt. Dann wagen sie es, zunehmend auf eigenen Beinen zu stehen und trauen sich schwierigere Aufgabenstellungen zu. Die Rückmeldung der Lehrenden ist für sie entscheidend.

Aus echtem Lob und Anerkennung schöpfen sie Zuversicht und die Motivation, sich weiter anzustrengen. Selbstorganisiertes Lernen ohne Echo der Erwachsenen und oft auch ohne Korrekturen, wie es heute zunehmend üblich ist, führt deshalb bei der Mehrzahl der Kinder zu wenig Erfolg.

Selbstverständlich gehören zum Lernen auch Misserfolge. Auch damit muss ein Kind umgehen können. Entscheidend sind die Rückschlüsse, die es aus solchen Erlebnissen zieht. Ist es zuversichtlich, beim Lernen zu Erfolg kommen zu können, verbindet es sein Leistungsvermögen – positiv und negativ – mit einem *dynamischen Selbstbild* (Dweck 2007) und seinen eigenen Bemühungen: »Ich habe viel geübt, darum war ich gut«, »Ich habe, ehrlich gesagt, wenig gelernt« oder »Es war auch etwas Pech dabei, nächstes

Mal wird es besser gehen«. Im umgekehrten Fall eines statischen Selbstbildes führt es seinen Erfolg auf Glück oder leichte Prüfungsaufgaben zurück. Misserfolg hakt es unter unveränderlichen, mangelnden Fähigkeiten ab. »Ich kann mich eben nicht konzentrieren, ich habe ein ADHS« oder »Schon meine Mutter konnte nicht rechnen ...«. Aus diesem Grund weichen Kinder mit einem solchen Selbstbild Herausforderungen eher aus und bleiben bei Tätigkeiten, von denen sie sich Erfolg versprechen.

Wer an sich glaubt und seinen Erfolg mit dem eigenen Bemühen verbindet, entwickelt und erprobt bessere Lern- und Arbeitsstrategien und kann aus seinen Leistungen Schlüsse ziehen, wo der Knackpunkt zum Erfolg liegt.

Innere Grundhaltung

Entsprechend müssen auch meine Rückmeldungen ans Kind so sein, dass es sich ermutigt fühlt, am Ball zu bleiben und nicht aufzugeben. Eine gute Beziehung zwischen ihm und mir ist Grundvoraussetzung, damit mein Echo überhaupt wirksam werden kann. Das Kind muss spüren, dass wir es nicht wegen guter Noten, sondern einfach wegen seiner selbst mögen. Das bedeutet, ihm Wertschätzung entgegenzubringen, aber auch klare Grenzen zu setzen. Wenn die Kinder nicht lernen, respektvoll und freundlich mit ihren Mitmenschen umzugehen, werden sie es beim Lernen und auch später schwer haben.

Die Methodik des Lernens, hier am einzelnen Kind beschrieben, ist anspruchsvoll, aber als innere Grundhaltung der Lehrenden auch auf größere Gruppen übertragbar. Es geht wie so oft um unsere innere Grundhaltung und unsere Sicht des Lernens und Lehrens.

Kommentar Riccardo Bonfranchi

Du hast anschaulich deine (von mir eher theoretisch gehaltenen) Gedanken auf die Praxis des Schulalltags heruntergebrochen. Ja, so muss Unterricht sein, und so kann er auch Spaß machen. Und dies beidseitig, sowohl bei den Lernenden als auch bei den Lehrenden. Darauf hast du auch hingewiesen. Nur wenn die Lehrkräfte mit Freude bei der Sache sind, bleiben sie im Beruf und lieben ihn.

Wie ich es erfahre, ist diese Liebe heute oft am Verschwinden, und wenn man bedenkt, dass die Beziehung zwischen Lehrkraft und Schülerinnen/Schülern, darauf weist du deutlich hin, nur noch an einem kleinen Ort sein soll, weil die Lehrkraft nicht mehr als Kraft, sondern lediglich als Begleiter bzw. Begleiterin, als Coach in einer Lernwerkstatt fungieren soll, dann wird einem schon angst und bange. Für mich ergibt sich bei Werkstatt immer die Assoziation, dass da Eisen geschmiedet oder gebogen, dass da Holz gehobelt wird und dergleichen mehr. Eine schöne Fantasie von konkretem Handeln mit Material unter genauer Anleitung! Es empört mich dagegen immer von Neuem, dass Erkenntnisse aus der Bildungsforschung (vgl. Hattie-Studie) in eine negative Ecke gestellt, umgedeutet oder einfach negiert werden. Welche Kräfte sind in der Bildungspolitik am Werk, dass sie solche Konzepte für die Volksschule entwirft (vgl. auch deinen Kommentar in Kapitel 2)?

Besonders gut gefallen hat mir deine Formulierung der »emotionalen Weiche«. Diese kannte ich noch nicht. Ja, wer stellt hier welche Weiche und wohin fährt dann der Zug? Oder anders gefragt: Warum sind solche Schulen, wie du eine aufgebaut und jahrzehntelang geleitet hast, als (heil-)pädagogische Nischenprodukte immer noch notwendig oder zunehmend notwendiger? Auch dieser Frage könnte man nachgehen!

17 Woran orientiert sich die Kompetenzorientierung?

Der Lehrplan 21 – Bedeutung und Folgen der Kompetenzorientierung

Beitrag Eliane Perret

»Kompetent«? Tönt gut! Im Alltag verstehe ich darunter, dass sich jemand in einem bestimmten Bereich besonders gut auskennt. Ich bin z. B. froh, einen kompetenten Automechaniker zu haben. Er hat eine anspruchsvolle Lehre gemacht und verfügt über ein fundiertes Wissen und Können und viel Erfahrung. Kompetenz ist deshalb für mich ein positiv besetzter Begriff. Heute spielt er, aber mit anderem Inhalt, in der Bildungsdiskussion eine wichtige Rolle. Das ist im Übrigen eine verbreitete Erscheinung, positiv besetzte Begriffe mit neuen Inhalten zu belegen und in neuen Zusammenhängen zu verwenden. Neurolinguistisches Programmieren (NLP) nennt man das. Auch beim Begriff Kompetenz war das so. Als 2013 der Lehrplan 21 in die Vernehmlassung gegeben wurde, war er plötzlich in aller Munde. Der neue Lehrplan hatte nämlich keine Lernziele mehr, sondern 557 Seiten, auf denen 453 Kompetenzen und 3123 Kompetenzstufen aufgelistet waren. Moderne Lehrpläne würden sich an Kompetenzen orientieren, hieß es im Grundlagenpapier. Nun wurde eine Diskussion eingefordert, die eigentlich schon viel früher hätte stattfinden müssen. Der Lehrplan 21 war aber unter großer Geheimhaltung ausgearbeitet worden, ein in einer Demokratie unüblicher und unwürdiger Vorgang. Diese Diskussion (mit offenem Ausgang!) fand bis heute nicht wirklich statt. Geklärt werden müsste: Was ist mit »Kompetenzen« und »Kompetenzorientierung« gemeint? Und was ist der Unterschied zu bisherigen Lehrplänen? Was ist das Ziel?

Können ohne Wissen?

Nimmt man diese Abgrenzung vor, so ist eine Annäherung an den Begriff besser möglich. Bisherige Lehrpläne hatten definiert, welche *Inhalte* unterrichtet werden. Neu wurde im Lehrplan 21 beschrieben, was die Schülerinnen und Schüler am Ende von Unterrichtszyklen bzw. Schulzeit *können* müssen. Entsprechend waren nahezu alle Kompetenzen gleichförmig mit der Formulierung: »Die Schülerinnen und Schüler *können* ...« eingeleitet. Ist nun eine Kompetenz einfach das, was man *kann*? War es bis anhin nicht so, dass die Schülerinnen und Schüler etwas *können* mussten? Verwirrung pur! Mehr Klarheit entsteht auch nicht, wenn in den Rahmeninformationen steht, der Lehrplan beschreibe, was die Kinder »wissen und können« müssen. Auch das nicht neu. Neu hingegen war die Art der Verknüpfung der beiden Begriffe. Kompetenz wurde definiert als *Wissen*, das mit *Können* verbunden sein *muss*. Liest man die unzähligen Kompetenzen bzw. die zahllosen Kompetenzstufen, so wird klar, dass das Wissen dem Können *nachgeordnet* ist. Die Inhalte sind also direkt mit zu erwerbenden Fähigkeiten und Fertigkeiten verbunden. Es gibt kein Wissen für sich, sondern es muss dazu dienen, eine Kompetenz zu erwerben. Nun frage ich mich, ob es im vergangenen Schuljahr sinnvoll war, mit den Kindern lustige Gedichte von Franz Hohler zu lernen; einfach so, weil wir Freude daran hatten. Ist »Freude haben« eine Kompetenz? Ich suchte den Begriff im Lehrplan 21 und fand ihn in Zusammenhang mit sportlichen Aktivitäten, z. B. für Kinder im ersten Zyklus: *»... können eigene Emotionen wahrnehmen (z. B. Freude über einen Sieg).«* Kompetenzstufe BS.4.B.1.6a. Aha! So hatte ich es nicht gemeint mit den Gedichten ...

Bereitschaften, Haltungen und Einstellungen

Also mein bisheriges Resümee: Kompetenz scheint ein schillernder Begriff zu sein. Nun kommt noch eine weitere Variante dazu, auf die sich der Lehrplan 21 beruft. Nämlich dessen Orientierung am Kompetenzbegriff des deutschen Psychologen Franz E. Weinert. Dieser hatte seine Definition rein pragmatisch für die OECD ausgearbeitet (ohne sie theoretisch zu verankern) und umschrieb Kompetenzen als »Fähigkeiten, Fertigkeiten und Wissen, aber auch *Bereitschaften, Haltungen und Einstellungen*«. Es geht also bei Kompetenzen nicht nur um Können, das durch Wissen fundiert ist, sondern auch ums *Wollen*. Damit wird der Kompetenzbegriff gebunden an innere Werthaltungen, auf welche die Schule Einfluss nehmen soll. Hoppla! Und wie wird das überprüft? Und welche Haltungen sind das?

Input – Output

Es ist geradezu Mode geworden, Reformen als Prozesse zu definieren, die sich in einem Kreisschema darstellen lassen; ein Vorgehen, das aus den Ingenieurwissenschaften bekannt ist und z. B. zur Steuerung von Maschinen gebraucht wird. Der *Input* muss so austariert werden, dass der gewünschte *Output* erreicht wird. Sonst muss nachreguliert werden. Und wie ist es nun bei einem Lehrplan? Der Lehrplan 21 hat unzählige Kompetenzen, welche die Schülerinnen und Schüler mit entsprechenden Lernangeboten erlangen sollen. Der *Output* entscheidet, ob sie passend sind. Wichtig ist also nicht, was inhaltlich gelernt, sondern ob die Kompetenz damit erreicht wird. Damit vollzieht sich ein Paradigmenwechsel: Bildung wird zu Ausbildung, die durch den *Output* gesteuert wird. Entsprechend müssen sich die Lernleistungen der Schülerinnen und Schüler an Standards messen und mit Tests überprüfen lassen. Mit der Kompetenzorientierung entfernt sich deshalb die Schule weit davon, junge Menschen heranzubilden, die fähig sind, sich über reines Alltagswissen hinaus kontinuierlich Wissen und Können anzueignen, mit dem sie die Welt in ihrem kulturellen Reichtum und ihren globalen Herausforderungen verstehen, sich eine eigene Meinung bilden und das Zusammenleben mitgestalten können. Eine solch kritische Sicht erfordert Überblick und Einordnung der jüngsten Vorgänge im Bildungswesen. Das braucht auch Mut zum Hinsehen – im Interesse der Kinder!

Kommentar Riccardo Bonfranchi

Ich lese deinen Beitrag und staune. Genau so sehe ich es auch. Dem kann und will ich nichts hinzufügen. Weil ich es auch so sehe und diesem Kompetenzwahn, wie ich es in meinem Beitrag bezeichnet habe, gar nicht erst folgen möchte, habe ich mich als Pädagoge geweigert, mich damit bis in alle Kompetenzen hinein auseinanderzusetzen. Aber ich denke, diese Kompetenzeuphorie, die ja im Grunde jeglichen vernünftigen pädagogischen Überlegungen spottet, wird auch wieder verschwinden, so, wie sie aufgetaucht ist. Man wird ja noch hoffen dürfen ...

Doch was mich – immer wieder – viel mehr umtreibt, ist das Unbehagen, dass es so weit kommen konnte. Warum konnte plötzlich ein solches Gebilde wie dieser Lehrplan mit seinen Ober- und Unterkompetenzen entstehen? Du hast im Kommentar in Kapitel 2 auf die bildungspolitischen Hintergründe verwiesen. Mit der Ausarbeitung des Lehrplans wurden Eltern und Lehrende überrumpelt und später auf die Übernahme eingespurt (vgl. Kapitel 17 oder auch deinen Kommentar in Kapitel 19). Nun haben wir den Lehrplan mit seinen unzähligen outputorientierten Kompetenzen.

Bildung ist aber nicht nur Aus-Bildung; es ist auch In-Bildung. Was so viel heißt, dass es immer auch um die Bildung von Haltungen, Werten und Einstellungen geht. Von Freude an Hohlers Gedichten ganz zu schweigen.

Kompetenzwahn und sinnlose Standards – Behinderung statt Bereicherung in der heilpädagogischen Arbeit

Beitrag Riccardo Bonfranchi

Im Alltag gebrauchen wir kompetent als Bezeichnung für jemanden, der sein Fach versteht. Wikipedia zieht zur Erklärung Begriffe wie Fähigkeit, Fertigkeit, Können oder Qualifikation heran. In der Pädagogik geht der Begriff der Kompetenz auf Klafki zurück, der darunter die Fähigkeit verstand, Probleme zu lösen und zur Lösung motiviert zu sein. Heute unterscheidet man verschiedene Kompetenzen, wie soziale, kognitive, motorische. Und dazu hat sich eine Kompetenzwelle in der Pädagogik entwickelt. Dass die neuen Lehrpläne von Kompetenzen überquellen und diesen das gesamte pädagogische Geschehen unterordnen, darauf gehe ich hier gar nicht erst ein. Die Zeit, da bin ich mir sicher, wird darüber hinweggehen, diesem Mode-Kompetenz-Wahn eine Absage erteilen und ihn als Fußnote der pädagogischen Geschichte einordnen.

Versuchte Objektivität

Mir geht es hier vielmehr um den Referenzwert oder Vergleichswert einer erbrachten Leistung. Sie basiert auf der von einem Individuum erworbenen Kompetenz. In diesem Zusammenhang spielt der Referenzwert eine Rolle. Er zielt auf den Leistungsvergleich ab. Wenn ein Schüler, eine Schülerin eine Leistung erbringt, beweist er bzw. sie damit seine bzw. ihre Kompetenz. Als soziale Wesen, die wir sind, vergleichen wir diese Leistung sofort mit der eines anderen Kindes, das vielleicht im Vergleich eine größere oder kleinere Kompetenz gezeigt hat. Im Sport wird dies dann ganz deutlich, indem Leistung gemessen und bewertet wird. So erhält man eine objektive Messung – so glaubt man zumindest – durch den Vergleich der Kompetenzen der einzelnen Sportler und Sportlerinnen miteinander. Solche Vergleiche saugen wir mit der Muttermilch ein und sie prägen sich in unsere erlernten Schemata ein.

Fehlende Referenzwerte

Nun haben wir es in der Heilpädagogik mit Kindern zu tun, für deren Leistungen es keinen Referenzwert gibt. Sie vermögen mit anderen vergleichbare Kompetenzen nicht zu erbringen. Man sagt dann in unserem Fachbereich, dass ein Fortschritt, das heißt also eine verbesserte Kompetenz eines Kindes, nicht nach allgemeinen, vielleicht sogar geeichten Standards gemessen werden kann. Das betreffende Kind könne man nur mit seiner eigenen

Entwicklung im Hinblick auf seinen Stand vor z. B. drei Monaten oder zwei Jahren vergleichen. In meiner praktischen Tätigkeit habe ich diesen Standpunkt wohl täglich gehört. Die Frage ist nun, ob das so stimmt oder ob nicht im Hintergrund unser allgemeiner Standard quasi im Backoffice trotzdem abläuft? Ich glaube, dass dies sehr wohl der Fall ist. Wir können nicht völlig von den allgemeingültigen Kompetenzstandards absehen. Wir sind auf Maßstäbe angewiesen, auch wenn wir sie nur auf ein Kind beziehen. Wir werden so erzogen und in der Schule auf dieses System hin konditioniert. Nur weil wir jetzt in der Heilpädagogik arbeiten, können wir dieses System nicht einfach ausschalten. Der Vergleich mit einer altersgerechten durchschnittlichen Kompetenz wird immer mitlaufen. IQ-Tests gehen von diesem Denken aus und tun hier noch ein Übriges.

Zufall oder Realität

In diesem Zusammenhang möchte ich noch ein Phänomen darstellen, wie es mir immer wieder in meiner Berufspraxis begegnet ist. Wenn man im Umfeld von schwer geistig und mehrfachbehinderten Menschen, seien es Kinder oder Erwachsene, arbeitet (so wie ich es über Jahre getan habe), wird man immer wieder beobachten können, dass es Kolleginnen und Kollegen gibt, die in ihrer täglichen engagierten Arbeit dazu neigen, die von der Klientel erbrachten Kompetenzen nicht sachlich zu sehen, sondern heillos überzubewerten. Sie beobachten und protokollieren dann Fähigkeiten, Kompetenzen eben, die das Kind gar nicht in der Lage ist, zu erbringen. So werden dann Kompetenzen gesehen, wie ein Nicken für Ja oder Nein, die man bei nüchterner Betrachtungsweise einfach als zufällig bezeichnen muss. Dieses Phänomen ist mir immer wieder begegnet. Ich führe es darauf zurück, dass es zum einen sehr schwer ist, auszuhalten, dass ein Mensch, auch bei noch so intensiver Förderung, keinen Kompetenzzuwachs erfährt. Jedenfalls keinen, den ich wahrnehmen und messen kann. Und zum anderen fehlt mir auch der Vergleichsmaßstab, weil sich das Entwicklungsniveau des betreffenden z. B. 15-jährigen Jugendlichen auf dem Entwicklungsniveau eines zwei Monate alten Säuglings bewegt. Da wird es dann mit der Forderung des Erwerbs von Kompetenzen, die heute auch in der Heilpädagogik gemessen werden sollen, schon sehr schwierig, wenn nicht sogar lächerlich.

Kommentar Eliane Perret

Ich glaube, in dem, was du schreibst, spiegelt sich genau das Schillernde und auch Manipulative am Kompetenzbegriff. Es ist eben ein Alltagsbegriff, der es uns schwermacht, den damit verbundenen Paradigmenwechsel in den neuen Lehrplänen richtig zu gewichten. Er wird sicher wieder einmal verschwinden, aber wie vielen Kindern wird man bis dahin die Chance genommen haben, sich das zu erwerben, was ich unter einer guten Bildung verstehe? Und wer übernimmt dann die Verantwortung? Ich habe meine Aufgabe immer so verstanden, dass es darum geht, »Menschen zu bilden«. Dafür gibt es keine Kompetenzen und Kompetenzstufen!

Du sprichst unsere Arbeit mit Kindern an, deren Leistungsvermögen sich nicht in den Normbereich einordnen lässt. Für mich ist es so, dass ich das, was sie zu leisten vermögen, weniger mit dem vergleiche, was andere »bessere« oder »schlechtere« Schülerinnen und Schüler erbringen. Mein Blick ist eher darauf ausgerichtet, welche Ziele, Wünsche und manchmal auch Träume sie haben und wie ein realistischer Weg dahin wäre. Auf den Weg müssten sie sich mit unserer Begleitung einlassen können, auch wenn er steinig und anstrengend ist. Wenn man sich sehr engagiert für die Kinder, und das haben wir sicher immer beide getan, dann kann es durchaus geschehen, dass man den Maßstab etwas verliert. Ich habe deshalb früher immer wieder Schulbesuche gemacht in Regelklassen und manchmal gestaunt, was »normal« wäre. So konnte ich meinen inneren Maßstab neu richten.

Du gibst immer wieder interessante Einblicke in die Arbeit mit schwer geistig- und mehrfachbehinderten Menschen. Da tut sich für mich jeweils ein Fenster auf. Interessanterweise gingen diese Menschen im Lehrplan 21 zuerst vergessen. Sie hatten keine Chance, wenigstens die »Mindestansprüche« zu erreichen. Jetzt versucht man, das krampfhaft nachzuholen, um einen »Lehrplan für alle« zu haben. Ich finde es eigentlich sehr natürlich und menschlich, dass diese Heilpädagogen bei ihrer Arbeit vielleicht Fortschritte sehen oder erahnen, die kaum möglich und schon gar keine Kompetenzstufen sind. Könnte es nicht sein, dass es gerade in diesem Bereich der Heilpädagogik besonders wichtig ist, mit der Hoffnung auf eine mögliche Entwicklung zu arbeiten?

18 Ist utilitaristisches Gedankengut grundsätzlich des Teufels?

Utilitarismus als Thema im Ethikunterricht

Beitrag Riccardo Bonfranchi

Warum überhaupt die Frage nach dem Utilitarismus? Das Gedankengut dieser weitverbreiteten philosophischen Strömung eignet sich meiner Meinung nach für die Schule, für den Ethikunterricht, der neu mit dem Lehrplan 21 auch in die Volksschule (Beispiel Kanton Zürich) Einzug gehalten hat. Um darzustellen, um welche Themen es im Ethikunterricht gehen soll, beginne ich mit einigen Kompetenzen aus diesem Fachbereich (»Religion, Kulturen, Ethik«, RKE).

Einige der zu erwerbenden Kompetenzen sind gemäß Lehrplan 21:

- die eigenen Vorstellungen klären können,
- sich selbst und andere besser verstehen können,
- die eigene Meinung kritisch hinterfragen können,
- Normen und Werte erfassen können,
- Perspektivenwechsel durchführen können.

Es handelt sich im Ethikunterricht demnach um wichtige Fragen der Persönlichkeitsbildung. Solche ethischen Fragen haben die Menschen schon immer beschäftigt. Die folgenden Ausführungen dienen als Anstoß für einen kindgemäßen, verständlichen und doch von philosophischem Gedankengut geprägten Unterricht.

Ich beschränke mich hier auf die Darstellung lediglich einer ethischen Theorie: der des Utilitarismus/Konsequentialismus, da sich diese philosophische Strömung in ihrer Blickrichtung gut für Gespräche und Diskussionen in der Schule eignet.

»Das größtmögliche Glück«

Die beiden Begriffe Utilitarismus/Konsequentialismus werden heute meist synonym verwendet. Es geht in dieser philosophischen Richtung um die Beurteilung menschlichen Handelns nicht nach den Motiven, sondern nach den Folgewirkungen, die eine Handlung für viele oder für die Allgemeinheit hat. Wenn diese Folgen gut sind, dann ist die Handlung auch »moralisch«. Der Utilitarismus legt den Schwerpunkt also auf die Frage der moralischen Zulässigkeit oder des »Nutzens« von Handlungen. Nutzen bedeutet das Wohlergehen von möglichst vielen. Das heißt, dass Überlegungen zu Wahrscheinlichkeiten, Chancen und Risiken einer Handlung in diesem philosophischen System eine zentrale Rolle spielen. Um wieder auf die Handlungsfolgen zu kommen: Nicht nur die beabsichtigten, sondern auch die unbeabsichtigten Folgen müssen beachtet werden. Als erstrebenswerte Folge wird immer angesehen, wenn »das größtmögliche Glück« oder der größte Nutzen einer größtmöglichen Anzahl von Menschen zuteilwird.

Kritische Einwände

Ein immer wieder gegen den Utilitarismus vorgebrachter Einwand ist die Frage, ob denn der Zweck einer Handlung alle Mittel heiligt. Ein weiterer Einwand ist, ob diese Fokussierung auf die Folgen nicht hinterfragt werden muss. Auch die Handlung selbst und ihre Motive müssten doch moralisch beurteilt werden. Und schließlich wird auch die Frage des Nutzens oder heute Wohlergehens kritisch gesehen. Was wird darunter verstanden? Es gebe auch kulturelles oder spirituelles Wohlergehen. In dieser Frage nehmen Vertreter und Vertreterinnen dieser Richtung oft unterschiedliche Standpunkte ein.

Entscheidungen treffen

Häufig zitierte Beispiele für die Herangehensweise des Utilitarismus stellen immer Entscheidungssituationen vor, bei denen auf die Folgen abgehoben wird. Es handelt sich um sogenannte Dilemmasituationen. Hier eine kleine Auswahl:

> Rettungsschwimmer David kann nur entweder ein weiter entferntes Kind oder drei näher treibende Kinder retten. Wie soll er sich entscheiden? Drei Leben zu retten, ist besser als eines, aber das eine nicht zu retten, scheint diesem einen gegenüber unfair. Sollte nicht jeder dieselbe Chance haben?
>
> Elektriker Martin ist in der Fernsehzentrale unter einem umgeknickten Kabelmast eingeklemmt und leidet erhebliche Schmerzen. Man kann ihn nur befreien, indem man die Übertragung eines Fußballspiels für Millionen Zuschauer unterbricht. Ist das geboten, auch wenn Martin keine bleibenden Schäden hätte?

Für den Utilitarismus kennzeichnende Fragen sind:

- Heiligt der Zweck immer die Mittel?
- Was ist Glück? Was heißt es, glücklich zu sein?
- Darf man auch Menschen als Mittel zu einem Zweck »verwenden«?
- Was bedeutet es, wenn man etwas aus einer guten Absicht heraus tut, es aber nicht gut herauskommt? Zählt dann die Absicht einer Handlung oder das Ergebnis?

Aus dem Leben gegriffen

Zu solchen Überlegungen gibt es Beispiele, die in der Öffentlichkeit Aufsehen erregt und die Anteilnahme der Bevölkerung geweckt haben: Ich wähle diese reale Geschichte, die durch alle Zeitungen ging:

Vor einigen Jahren hat ein Polizeikommissar (Gäfgen) in Frankfurt a. M. dem Entführer eines zehnjährigen Knaben Folter angedroht, wenn er das Versteck dieses Jungen nicht verrate. Der Kommissar ging davon aus, dass der entführte Junge in seinem Versteck sterben werde, wenn er nicht alsbald gefunden würde. Es ging ihm um das Wohl des Kindes. Im Strafgesetzbuch ist Folter, aber auch die Androhung von Folter verboten. Und zwar, weil dies gegen die Menschenwürde verstößt und den freien Willen, mit den Strafverfolgungsbehörden zu kooperieren, einschränkt. Nach der Strafprozessordnung dürfte man eine solche Aussage im Prozess nicht verwenden.

Der Kommissar erhielt nach Beendigung des Entführungsfalles ein Strafverfahren und wurde mit einer geringfügigen Strafe belegt. Die Öffentlichkeit, er wohl selber auch, hat dies nicht verstanden. Er quittierte daraufhin den Polizeidienst. Aus utilitaristischer Sicht hätte man wohl in diesem Fall anders geurteilt: Man hätte gesagt, dass er richtig gehandelt habe, weil das Kind gerettet wurde; dass sein Verhalten also erlaubt, ja sogar geboten war.

Fazit

Viele Fragestellungen, mit denen wir uns gerade in der heutigen Zeit auseinandersetzen, können – durch eine utilitaristisch begründete philosophische Theorie geleitet – schärfer formuliert und genauer durchdacht werden – mit der Einschränkung, dass der Utilitarismus nicht alle Fragen erhellen kann und auch kritisch gesehen werden muss.

Solche Fragen und Beispiele können in der Schule eine lebhafte kontroverse Diskussion anregen, da sie ja geradezu zu verschiedenen Begründungen aufrufen.

Die Ausgangsfrage »Ist utilitaristisches Gedankengut grundsätzlich des Teufels?« kann damit also wohl verneint werden – und das war auch meine Absicht.

Kommentar Eliane Perret

Nun, offenbar haben wir mit der Frage ganz Unterschiedliches verbunden. War ich in meinem Beitrag eher grundsätzlich und du auf den Zusammenhang mit der Schule ausgerichtet, wechsle ich jetzt die Rolle.

Das Fach Religion und Kultur habe ich in der Schule immer sehr gern unterrichtet, und die Erweiterung durch Ethik hat dem keinen Abbruch getan. Alle Bereiche beinhalten eine breite Palette von interessanten Themen, die man mit den Schülerinnen und Schülern diskutieren kann. Die unterschiedlichen philosophischen Schulen, zu denen auch der Utilitarismus gehört, kann man selbstverständlich in einer altersgemäßen Form in diesen Unterricht einbauen. Sie sind ein Stück Allgemeinbildung und können den Blick klären für gesellschaftliche Entwicklungen.

Für mich waren und sind die RKE-Lektionen immer diejenigen Stunden, in denen wir über vieles diskutierten. Ich habe dazu viele Geschichten gesucht und gefunden, die Themen des Zusammenlebens beinhalteten. Gerade für unsere Schülerinnen und Schüler, die oft anecken und in Schwierigkeiten geraten, ist es wichtig, gewisse Fragen einmal aus der nötigen Distanz zu durchdenken. Es sind keine Dilemmageschichten, wie du sie in den Beispielen anfügst, es gibt genügend andere, die viel Diskussionsstoff liefern. Man kommt sich irgendwie näher und manchmal verweist später ein Kind in brenzligen Situationen auf eine dieser Geschichten. Es ist immer auffallend, wie konzentriert sie in diesen Stunden sind, alle, auch diejenigen, von denen man sagt, sie könnten sich nicht fokussieren. Sie fühlen sich innerlich angesprochen – auch ohne Dilemma. Am Ende des Jahres schenke ich ihnen manchmal die gesammelten Geschichten, schön gebunden. Das freut sie immer außerordentlich. Vielleicht werden sie die eine oder andere Geschichte selbst weitererzählen oder sie werden ihnen eine Entscheidungshilfe sein, die sich an menschlichen Kriterien orientiert.

Utilitarismus – wo bleibt das personale Menschenbild

Beitrag Eliane Perret

Dass mit dieser Frage der Teufel verbunden sein soll, fühlt sich falsch an und mir sträuben sich die Nackenhaare. Da kommt man in Teufels Küche und ich glaube nicht, dass mir dessen Menükarte zusagt. Darum verlasse ich diese Sphäre lieber und wende mich den Begriffen zu. Nun, was macht man heute, wenn man nicht weiterweiß? Man konsultiert Wikipedia, auch wenn es wissenschaftlich keine anerkannte Quelle ist. Darum habe ich auch nach anderen Möglichkeiten gesucht. Nun, da hatte ich ja ein Skript von dir aus deinem Ethikkurs und erinnerte mich, dass der Utilitarismus (oder auch Konsequentialismus, wie der Begriff synonym gebraucht wird) eine der fünf wichtigen ethischen Theorien ist. Und zwar diejenige mit den Dilemmasituationen, bei denen es einem das Herz und das Hirn verdreht. Wenn man beispielsweise entscheiden sollte, wen man aus dem Boot wirft und opfert, weil mit einem Passagier weniger das Überleben der Mehrheit gesichert wäre. Du hast geschrieben: »Ein Credo des Konsequentialismus ist es deshalb, dass das größtmögliche Glück einer größtmöglichen Anzahl von Menschen erweitert werden soll.« Da geht es um Gedankenspiele, die vermutlich in Managerseminaren durchgeackert werden müssen; die zu einer Entscheidung zwingen, die kein normal fühlender Mensch fällen möchte. Nun ist es sicher so, dass man im Leben immer Entscheidungen treffen muss, die nicht leicht sind. Oft sind sie sogar sehr schwer und man würde sie gerne umgehen. Z. B., was man macht, wenn zu wenig Beatmungsgeräte vorhanden sind, wie es in der Covid-19-Krise befürchtet wurde. Für wen müssten sie zur Verfügung stehen? Die Lösung war hier, Maßnahmen zu ergreifen, um einen Engpass zu vermeiden, damit eine solche Entscheidung nicht gefällt werden muss. Das war erleichternd und die meisten Menschen trugen dazu bei, das Problem so zu lösen.

Auf der Suche nach den Wurzeln des Begriffs

Wie ist das nun also mit dem utilitaristischen Gedankengut? Ich wandte mich einmal mehr den Büchern (Spaemann 2006; Steiner 2006) zu und versuchte, mir eine eigene Meinung zu bilden. Dazu muss man sich natürlich zuerst das nötige Wissen aneignen. Das ist gerade heute in der Zeit von Infotainment und »Fake News« angesagt! So erfuhr ich, dass Begriff und Richtung des Utilitarismus bereits im 18. Jahrhundert durch den britischen Philosophen Jeremy Bentham eingeführt wurden. Einzelne Elemente des Utilitarismus werden auch mit David Hume in Verbindung gebracht. Es verbinden sich aber noch andere Namen damit, so der nordirische Philosoph Francis Hutchinson, der das Grundprinzip, es sei »das größtmögliche Glück für möglichst viele Menschen zu erreichen«, schon früher formuliert hatte. Schließlich war es der englische Politiker, Philosoph und Ökonom John Stuart Mill, der sich mit den Theorien seiner Vorgänger (unter anderem seines Vaters James Mill) auseinandersetzte, sie erweiterte und modifizierte und in der zweiten Hälfte des 19. Jahrhunderts eine Schrift mit dem Titel *Utilitarianism* verfasste. Grundannahme ist, dass das Handeln des Menschen vom hedonistischen Prinzip geleitet ist, was bedeutet, größtmögliche Freude zu erfahren und Leid zu vermeiden. Es geht um eine ethische Kosten-Nutzen-Rechnung, wobei Nutzen Glück und Kosten Leid bedeutet. Unabhängig von den inneren Beweggründen der Handelnden sind die Folgen entscheidend. Die Richtigkeit wird nach rationalen Kriterien beurteilt, das heißt, wie intensiv das Glück ist, wie sicher und wie schnell es eintrifft und wie lange es andauert. Mir fehlen als Psychologin in diesem Modell natürlich die inneren Motive der Handelnden, aufbauend auf einem personalen Menschenbild, welches das individuelle Gewordensein und die soziale Natur des Menschen einschließt. Der Utilitarismus hat aber sehr wohl den Anspruch, sich als soziale Ethik zu bewähren, also nicht einfach optimales Glück zu verschaffen. Der Zweck heiligt also keineswegs die Mittel. Vielleicht täusche ich mich, aber heute habe ich doch oft den Eindruck, dass viele Entscheide auf dem Hintergrund einer utilitaristischen Ethik gefällt werden und dabei ökonomische Überlegungen entscheidend sind. Ob ich damit das Wesentliche verstanden habe, sei dahingestellt. Darum möchte ich mich vom philosophischen Glatteis wegbewegen, zumal ich mir auf dem Eis schon einmal die Hand gebrochen habe ...

Handlungsfähig bleiben

In unserem Beruf sind wir tatsächlich sehr oft vor schwierige Entscheidungen gestellt, von denen wir wissen, dass sie weitreichende Auswirkungen haben werden. Oft können wir die Folgen nicht abschätzen oder wissen nicht, wo überall sich der Entscheid auswirken wird. Z. B. kann es sein, dass man sich für oder gegen die Aufnahme eines Schülers entscheiden muss, von dem man weiß, dass seine bisherige Geschichte geprägt ist von schulischen Misserfolgen und er in neuerer Zeit mit Kollegen zu tun hat, die Drogen nehmen und kriminellen Aktivitäten zuneigen. Er selber scheint an einem Scheideweg zu sein. Ich weiß, dass unsere Schule für ihn eine Chance sein könnte, sein Leben rechtzeitig in bessere Bahnen zu lenken. Gleichzeitig haben wir die Verantwortung für unsere anderen Kinder und Jugendlichen, speziell die labilen, die sich unter Umständen ungut mit dem neuen Schüler zusammentun könnten. Beim Kennenlern-Gespräch hinterlässt der Jugendliche den Eindruck, dass er ehrgeizig ist und Ziele im Leben hat, die nur mit einem guten Schulabschluss möglich sind. Aber ist er auch bereit, sich dafür einzusetzen und mit uns zusammenzuarbeiten? Im Team halten sich skeptische und befürwortende Stimmen die Waage. Die Eltern des Jungen wollen unbedingt, dass er zu uns kommt. Sie sind sich sicher, dass damit die fatale Situation gewendet werden könnte. Und jetzt? Das Beispiel zeigt, wie komplex und wenig voraussehbar die langfristigen Folgen unseres Handelns sein können. Es erinnert ein wenig an Mani Matters sinniges Lied vom brennenden »Zündhölzli«, das nur auf den Teppich gefallen ist und fast zu einem Weltkrieg geführt hätte. Wenn ich so denke, werde ich handlungsunfähig. Die Gefahr besteht, sich in solchen Momenten auf die Einschätzung anderer Fachleute zu verlassen, um die Verantwortung für den Entscheid zu umgehen. Ich kann aber sehr wohl im Rahmen dessen, was ich aufgrund meiner fachlichen Kompetenz und aus meiner langen Erfahrung überblicke, eine vielleicht auch nur vorläufige Entscheidung treffen. Ich bin also von den utilitaristischen Dilemmasituationen weggekommen zu Entscheidungssituationen im Schulleben, bei denen es kein einfaches Richtig oder Falsch geben kann.

Kommentar Riccardo Bonfranchi

Du gehst die Sache eher theoretisch an. Das hat mich natürlich außerordentlich gefreut. Aber du äußerst auch dein Missfallen oder Unbehagen über die bei den Philosophen des Utilitarismus oft verwendeten Beispiele. Dazu Folgendes: Es sind Gedankenexperimente. So habe ich das gelernt. Weil die Philosophen ja keine klassischen Experimente wie die Naturwissenschaftler und -wissenschaftlerinnen oder Befragungen im großen Stil wie die Sozialwissenschaftler und -wissenschaftlerinnen durchführen können, bleibt ihnen eben oft nichts anderes übrig, als gewisse Fragen im Kopf durchzuspielen. Und dann kommen manchmal, das gebe ich zu, sehr spitzfindige Gedankenspielereien heraus.

Andererseits benennst du selber ein sehr praxisnahes wichtiges Gedankenexperiment, das gerade in jüngster Vergangenheit traurige Realität geworden ist. Ich meine die Frage: Wer erhält das Beatmungsgerät im Spital, wenn es z. B. zehn Stück davon gibt, aber auf der Intensivstation 100 Patienten und Patientinnen liegen, die eines benötigen? Das ist doch eine hochbrisante Fragestellung. Gerade die Utilitaristen haben sich mit dem Erfinden solcher Gedankenexperimente hervorgetan. Es gibt eine ganze Bibliothek davon. Zurück zum Beatmungsgerät: In der Praxis hat sich gezeigt, dass dieses nichts nützt, wenn es zu spät eingesetzt wird, der Gasaustausch in der Lunge des betreffenden Patienten gar nicht mehr funktioniert und das Gerät seinen Zweck somit nicht erfüllen kann. So verschwand die Diskussion schnell wieder aus dem öffentlichen Fokus. Aber setzen wir das Gedankenexperiment dennoch fort: Es gibt nur zehn Geräte für 100 Patienten. Da machte man sich sehr wohl Gedanken darüber, wer eines dieser zehn Geräte erhalten sollte. In Mediendiskussionen wurden diverse Auswahlkriterien angeführt. Aber es gab keine Lösung gemäß der utilitaristischen Formel: die größtmögliche Wirkung (= Glück) für die größtmögliche Zahl. Was war die Lösung? Losen! Man muss das Losglück bemühen, wenn das Problem sich so darstellt, wie es bei einer Pandemie der Fall ist.

Wir sehen: Auch die Ethik liefert uns Menschen nicht immer eine klare Antwort zur Lösung komplexer Probleme.

19 Man spricht von New Public Management und meint was damit?

Auswirkungen eines ökonomisierten Leitbilds auf die Schule

Beitrag Eliane Perret

Wer in den neunziger Jahren unterrichtet hat, hat bewusst oder unbewusst Maßnahmen des *New Public Management (NPM)* umgesetzt oder – je nach Gesichtspunkt – dessen Auswirkungen in seinem Berufsalltag mit- oder abbekommen. *NPM* meint zu Deutsch die *Reform der öffentlichen Verwaltung*. Das bedeutet einen oft kaum wahrgenommen Paradigmenwechsel von einer demokratisch kontrollierten Verwaltung zu einem von der Privatwirtschaft übernommenen betriebswirtschaftlichen Management, bei dem Effizienz und Effektivität im Zentrum stehen.

Das Werkzeug neoliberaler Regierungen

NPM ist das Werkzeug neoliberaler Regierungen, mit dem öffentliche Ausgaben möglichst reduziert und aus dem Staat ein kundenorientiertes Dienstleistungsunternehmen gemacht werden soll. Bürgerinnen und Bürger werden als Kunden und Kundinnen betrachtet, denen der Staat jene Grundleistungen anbieten muss, die der private Markt nicht geben kann. Wer mehr will, muss selber investieren. Begründet wird der Paradigmenwechsel stets mit einer durch Kennzahlen und Quoten begründeten Finanzknappheit und entsprechendem Spardruck. TINA, *There is no alternative*, der Slogan der damaligen britischen Premierministerin Margaret Thatcher, wurde nicht nur in England zum Schlagwort.

Bei NPM mitbedacht werden müssen die im Rahmen der WTO abgeschlossenen Freihandelsverträge, in die 164 Länder eingebunden sind. Zu diesen gehört GATS (*General Agreement on Trade in Services* = Allgemeines Übereinkommen über den Handel mit Dienstleistungen), welches einen laufenden Prozess zur Privatisierung der öffentlichen Dienstleistungen fordert. Die Schweiz hat dieses Abkommen 1995 unterschrieben. Das Bildungswesen gehört zu den in GATS aufgelisteten Bereichen und wurde von der Schweiz mit keiner Ausnahmeklausel belegt. NPM wird in diesem Zusammenhang zum Werkzeug einer neoliberalen Wirtschaftspolitik und dient dazu, mögliche Gewinne zu generieren.

Schule als Dienstleistungsunternehmen

In der Schweiz wird NPM oft als »Wirkungsorientierte Verwaltungsführung = wif!« bezeichnet. Im Kanton Zürich ist wif! eng verbunden mit dem damaligen Regierungsrat Ernst Buschor. Ehemals Professor für Betriebswirtschaftslehre an der HSG, war er ein vehementer Vertreter des NPM. Als Direktor der Zürcher Finanzverwaltung (1975–1981) hatte er, beauftragt von der Finanzdirektorenkonferenz, ein kantonales Rechnungslegungsmodell ausgearbeitet, das im *Handbuch der öffentlichen Haushalte (1981)* publiziert wurde und als Steuerungsmodell Einzug in die öffentlichen Verwaltungen hielt. Buschor konnte später als Regierungsrat auf seine Vorarbeiten zurückgreifen, um das *New Public Management* im Zürcher Bildungswesen umzusetzen. Er übernahm 1995 die Leitung des Erziehungsdepartements unter der Bedingung, NPM durchsetzen zu können, und versprach, »das Zürcherische Schulsystem vom hohen pädagogischen Ross herunterzunehmen und zu einem Dienstleistungsunternehmen umzuformen« (Tagesanzeiger 11.11.95).

Es ging fortan um *Output*: Was hatten die Bildungsinstitutionen Ende des Jahres vorzuweisen? Eine Reformkaskade setzte ein – beginnend bei der Universität, die sich davon mehr Selbstständigkeit versprach; dann erhielten die Mittelschulen eine neue Maturitätsverordnung und mehr Autonomie. Mit dem Fachhochschulgesetz konnte dieser damals neue Bildungsbereich von Beginn an nach NPM-Kriterien gestaltet werden.

Umgestaltung der Volksschule

Die Umgestaltung der Volksschule war am schwierigsten. Die Schulen mussten zu teilautonomen Dienstleistungsunternehmen mit überprüfbaren Leistungsvereinbarungen umgestaltet werden. Dazu gehörte die Einführung von Schulleitungen, die heute auch von Managern und Managerinnen übernommen werden können. Deshalb wurde 1996 das bisherige Kollegialprinzip durch Schulleitungen ersetzt (vgl. Kap. 22). Erstaunlicherweise erhielten die Reformen Sukkurs von nahezu allen Parteien, auch der Linken. Diese versprach sich mehr Freiraum für die Durchsetzung eigener gesellschaftspolitischer Vorstellungen im Bildungsbereich. Flächendeckend gab es nun Globalbudgets, Leistungsaufträge und Indikatoren, mit denen sich die Qualität messen lassen sollte. Die Schulen arbeiteten Leitbilder und Betriebskonzepte aus, die vorgegebenen Kriterien genügen mussten. Die Schulpflegen wurden entmachtet und zu Verwaltungsbehörden umfunktioniert. Die Bezirksschulpflege wurde abgeschafft und an ihrer Stelle die nicht mehr vom Volk gewählte »Fachstelle für Schulbeurteilung« zur Überprüfung der Qualität von Schulen geschaffen. Mit dem Lehrerpersonalgesetz wurden die Lehrkräfte neu mit den in der Privatwirtschaft üblichen Verträgen eingestellt und lohnwirksamen Mitarbeiterbeurteilungen unterzogen. Die Oberstufe wurde reformiert. Die Lehrerausbildung erfolgte neu über Pädagogische Hochschulen statt über die bisherigen Seminarien und war geleitet von methodischen und inhaltlichen Unterrichtsprinzipien, die aus dem angloamerikanischen Raum übernommen waren. Mit einem neuen Volksschulgesetz sollte NPM gesetzlich verankert werden. In einer ersten Volksabstimmung fiel es beim Stimmvolk durch, nicht wegen des NPM, sondern weil es die Abschaffung des Kindergartens und die Einführung einer Grundstufe vorsah.

Kulturwandel ohne Debatte

Eine öffentliche Debatte über den mit dem NPM verbundenen Kulturwandel fand nicht statt. Darum war nicht transparent geworden, dass die traditionelle, inputorientierte Budgetierung und outputorientierte Globalbudgets zwei völlig verschiedene Denkweisen waren und die Reformen mit den direktdemokratischen Gepflogenheiten kaum vereinbar waren. So etablierte sich das NPM im Bildungswesen. Widerstand gegen die dauernden Reformen wurde durch die von der OECD initiierten PISA-Tests gebrochen. Die bis anhin der Schweiz von der OECD attestierte hohe Schulqualität wurde infrage gestellt. Schockiert schaute man auf die Testresultate. Der Unterricht wurde auf die Tests ausgerichtet und mit dem Lehrplan 21 auf outputorientiertes Unterrichten umgestellt. Darum kann NPM nur verstanden werden im Kontext der gesamten Reform des Bildungsbereichs, mit dem sich die Schweiz nach den Vorgaben der OECD und dem Aktionsrahmen Bildung 2030 der UNESCO ausrichtet. Über diese Zusammenhänge sollte und müsste endlich diskutiert werden!

Kommentar Riccardo Bonfranchi

Wieder einmal richtest du den Blick auf das Ganze und erläuterst die Hintergründe, wie es überhaupt zu dieser grundsätzlichen Veränderung einer demokratisch fundierten öffentlichen Verwaltung hat kommen können. Da habe ich vieles erfahren, was mir bislang kaum bekannt war. Ich bin in Kapitel 21, das sich mit den Schulleitungen insbesondere von Heilpädagogischen Schulen beschäftigt, zu anderen Überlegungen gekommen als den von dir beschriebenen. Vermutlich enthalten alle einen Teil der Wahrheit.

Ich habe schon an anderer Stelle die Frage aufgeworfen, wie es so weit kommen konnte, dass Abläufe, die aus einem profitorientierten Umfeld stammen, in ein nicht profitorientiertes Unternehmen wie die Schule verpflanzt werden konnten. Eine deiner Überlegungen ist, dass man auch Kosten in diesem Bereich einsparen wollte. Ist das gelungen? Ich kann es letztendlich nicht beurteilen, aber es gibt Studien dazu. Was ich feststelle und was wir beide auch unabhängig voneinander immer wieder festgestellt haben, ist die Tatsache, dass insbesondere die Verwaltungsaufgaben für Schulen, sowohl auf Seiten der Leitungen wie auch auf Seiten der Lehrkräfte, ungeheuerlich angewachsen sind. Senkt das die Kosten? Zweifel hieran seien erlaubt.

Vielleicht erleben wir es nicht mehr, dass eine De-Regulierung einsetzt. In der Geschichte der Menschheit, unabhängig von ihrem steten technologischen Fortschritt, wurden immer Pendelbewegungen von der einen zur anderen Seite und umgekehrt festgestellt, insbesondere was Einstellungen und Haltungen anbelangt. Wenn man davon ausgeht, erscheint eine Rückkehr zur Pädagogik in der Zukunft möglich.

NPM – die Schein-Objektivität eines neuen Effektivitäts- und Qualitätsanspruchs

Beitrag Riccardo Bonfranchi

Der ehemalige Regierungsrat des Kantons Zürich Ernst Buschor, der für das Bildungsdepartement verantwortlich zeichnete, brachte das New Public Management (NPM) in die Schulen. Er führte Anfang der Nullerjahre unter anderem ein, dass Lehrkräfte von ihrer Schulleitung lohnwirksam beurteilt werden mussten – eine den Vorstellungen und dem Anliegen der Pädagogik fremde Vorgehensweise aus der Wirtschaft. Ich hatte das damals durchzuführen und habe mich damit nicht leichtgetan. Wie kann die Leistung von Lehrkräften überhaupt anhand objektiver Kriterien beurteilt werden? Denn nur wenn das möglich wäre, so wäre es auch gerecht. Ich habe damals lieber von einer intersubjektiven Leistungsbeurteilung gesprochen, weil für mich eindeutige objektive Standards fehlten. Nach kurzer Zeit wurde die lohnwirksame Beurteilung der Lehrkräfte wieder abgeschafft und auch Herr Buschor war nicht mehr in Amt und Würden.

Basis für die heutige Ausrichtung

New Public Management (NPM) basiert nach meiner Kenntnis auf vier Elementen, die sich gegenseitig bedingen und die Basis für die heutige Ausrichtung unseres Bildungssystems darstellen:

1. Die Abläufe im Schulbetrieb und in der Schulverwaltung werden durch *Organisationsentwicklung* umgestaltet.
2. Es findet eine *Vereinheitlichung der Verwaltungsabläufe* statt – hin zu einer Firma mit Globalbudget.
3. Es findet damit einhergehend eine *Mechanisierung* dieser nun outputorientierten Abläufe statt.
4. Die Angleichung des Bildungssystems an eine *moderne Firmenstruktur* ist beabsichtigt.

Von oben durchorganisiert

In der hier gebotenen Kürze einige Gedanken zu diesen vier Elementen:

Durch das Einsetzen von Schulleitungen hat man ein Instrument geschaffen, das dafür verantwortlich zeichnet, dass Abläufe im Bildungsbetrieb von oben durchorganisiert werden können. Gleichzeitig hat man die Administration der Bildungsdirektionen massiv aufgerüstet und eine Reihe von Kontrollmechanismen eingeführt. Zahlreiche Organisationsmaßnahmen haben dazu geführt, dass der Bildungsbetrieb, insbesondere dessen Administration, auf ungeahnte Größe aufgebläht worden ist.

Minuten zählen und anderes

Ein Beispiel ist die Umdeutung der Arbeit der Lehrpersonen. Wie bereits dargestellt, sollten die Lehrkräfte nach bestimmten Kriterien lohnwirksam beurteilt werden. Einige Kantone haben das beibehalten, andere haben es wieder abgeschafft. Was blieb, ist eine Arbeitszeiterfassung. Lehrkräfte müssen genau darüber Buch führen, was und wie lange sie für verschiedene Arbeitsbereiche arbeiten. Dabei geht es vor allem um die Tätigkeiten, die *neben* dem eigentlichen Kerngeschäft, nämlich dem Beziehungsaufbau zu den Schülerinnen und Schülern sowie dem Unterrichten, ausgeführt werden. Dies hat an vielen Schulen zu minutiösen Berechnungen geführt. Denn auch wenn eine Lehrkraft ihren Lehrauftrag vollständig erfüllt (meist ja weit darüber), kann sie dennoch in ein Arbeitszeit-Minus geraten. Es ist ihr nicht möglich, alle Vorgaben zu erfüllen, weil die Schüler ca. 13 Wochen (Ferien plus Feiertage) nicht in der Schule sind. Eine absurde Auswirkung dessen, dass Lehrkräfte trotz oft langjähriger Berufserfahrung und großem Engagement, das bisher stets mit positiven Beurteilungen wahrgenommen wurde, über ihre Anwesenheit und Arbeit Buch führen müssen! Sie sind beschäftigt zu überlegen, wie sie auf die vorgeschriebenen Stunden kommen. Das Mittel der elektronischen Zeiterfassung ist dabei »behilflich«. Damit ist auch der dritte und vierte Punkt, Mechanisierung und Anpassung an eine

Firmenorganisation, angesprochen. Ich halte fest, dass die heutige Schulorganisation demnach durch ein ökonomisiertes Leitbild bestimmt wird.

Qualitätssicherung – moderner Aberglaube

In gleicher Art und Weise wird auch das eigentliche Kerngeschäft (eine abstoßende Formulierung), nämlich die Bildung, nach ökonomischen Gesichtspunkten taxiert. Es ist nun nicht mehr von ganzheitlicher Bildung (also selbstverständlich auch Persönlichkeitsbildung) die Rede, sondern vom Output, von Kompetenzen, die die Schüler und Schülerinnen erworben haben sollten. Gemeint sind hier die in der Presse herumgereichten Ergebnisse des Pisa-Tests. Damit können Vergleiche bis zum Abwinken erstellt werden. Man wirbt damit, dass durch diese Tests (es wäre auch noch der in der Schweiz übliche Stellwerk-Test zu erwähnen) die Qualitätssicherung der Schule möglich wird. Empirische Bildungsforschung wird das genannt. Das Zusammenzählen der erreichten Skills ergibt den Schulerfolg. Als ob »der Erfolg« einer Institution, die nicht profitorientiert ist, so gemessen werden könnte! Das ist ein moderner Aberglaube, der unter dem Deckmantel einer Schein-Objektivität transportiert und in die Köpfe der Allgemeinheit eingepflanzt werden soll. Können solche Tests die Qualität einer Bildungsinstitution messen? Zweifel sind angebracht. Von der Entwicklung der Persönlichkeit der Schüler und Schülerinnen, von den Gemeinschaftserlebnissen, von dem, was einem noch nach Jahren aus der Schulzeit in Erinnerung geblieben ist, kein Wort. Das lässt sich nicht messen und fällt deshalb durchs Kompetenzraster.

Sehr zu bedauern! Insbesondere wenn man – auch aus heilpädagogischer Sicht – bedenkt, dass ein damit verbundener Effizienzanspruch immer mehr Menschen ausschließt. Die Erläuterungen hierzu wären aber ein neues Kapitel.

Kommentar Eliane Perret

In deinem Beitrag kommt deutlich zum Ausdruck, dass das New Public Management (NPM) ein Verwaltungsinstrument ist und nichts mit Pädagogik zu tun hat. Bildung und Bildungserfolg sollten objektiviert und messbar werden. Es führte, wie du sagst, zu einem Wachstum von Verwaltungsstellen in den Bildungsdirektionen. Ich erinnere mich gut, wie wir beim Aufbau unserer Schule von einem der drei Bereichsleiter begleitet wurden. Praxiserfahren, fachlich und menschlich kompetent. Nach der Neuorganisation des Bereichs waren häufig wechselnde, durchaus freundliche und bemühte Kontaktpersonen, wie sie jetzt hießen, für uns zuständig. Sie hatten viele Seiten an Listen abzuhaken. Wir bedauerten die mangelnde Kontinuität, genauso wie wir uns jeweils auch gerne über pädagogische Fragen ausgetauscht hätten. Aber dafür waren nicht mehr sie zuständig, sondern die neu geschaffene Fachstelle für Schulbeurteilung, die ihren Kriterienkatalog abarbeitete – in Vermeidung jeglichen persönlichen Gesprächs, weil das die Objektivität hätte gefährden können ...

Als Schulleiterin musste auch ich wie du Mitarbeiterbeurteilung einführen. Die Kolleginnen und Kollegen waren nun ja auch keine Beamtinnen und Beamten mehr, sondern hatten die gleichen Anstellungsbedingungen wie in der freien Wirtschaft. Wir versuchten trotz allem, das so zu handhaben, dass die gute Stimmung im Schulhausteam erhalten blieb. Von anderen Schulen hörte ich anderes, denn es war und ist ein fremdes Element, das Hierarchien und Missgunst entstehen lässt. Genauso wie der später eingeführte neue Berufsauftrag, der vermutlich der Grund für die von dir erwähnte Stunden- und Minutenzählerei ist, damit man eine Chance hat, ein eigentlich schon längst erfülltes Pensum von 100 Prozent zu erfüllen.

Ebenso sollten die von der OECD eingeführten PISA-Tests den Unterrichtserfolg objektiv beurteilen. Nur, was waren die Kriterien? Wer hat sie definiert? Z. B. die Fähigkeiten beim Lesen. Ist das Verstehen einer Anleitung das Gleiche wie die Vertiefung in einen literarischen Text? Es ging nun um Kompetenzen. Der Lehrplan 21 hat unzählige davon, alle der gleichen Auffassung von Bildung verpflichtet – aus dem angloamerikanischen Raum übernommen.

Deshalb ist das NPM nur Teil eines umfassenderen Prozesses, bei dem es auch, aber nicht nur um die Ökonomisierung der Bildung geht. Sie ist geknüpft an eine Neuorientierung von Bildung, bei der Errungenschaften der christlich-abendländischen Kultur an den Rand gedrängt, als *quantité negligable* der Bildung behandelt und letztlich nicht mehr weiter tradiert werden. »Eine Kultur schafft sich ab« heißt der Titel eines Buches, das diese Frage behandelt ...

20 Wer übernimmt die Verantwortung in der Heilpädagogik?

Die vierteilige Relation von Verantwortung

Beitrag Riccardo Bonfranchi

Verantwortung meint im allgemeinen Sprachgebrauch, dass jemand für etwas Rede und Antwort stehen muss. Verantwortung ist ein Zuschreibungsbegriff. Diese Zuschreibung geschieht in der Regel in einer mindestens dreiteiligen Relation. *Jemand*, das ist das Verantwortungs*subjekt*, ist für *etwas* verantwortlich (das ist der Verantwortungs*gegenstand*), und zwar vor oder *gegenüber jemandem*. Letzteres ist dann die Verantwortungs*instanz*. In der Ethik hat sich nun eine vierstellige Relation durchgesetzt und die sieht folgendermaßen aus: Jemand (das Subjekt) ist für etwas (Gegenstand) vor oder gegenüber jemandem (Instanz) aufgrund bestimmter normativer Standards (Normhintergrund) prospektiv verantwortlich. Prospektiv meint hier, dass die Verantwortlichkeit in die Zukunft gerichtet ist. Sie kann aber auch retrospektiv ausgerichtet sein, wenn es um das Verhalten von z. B. einer Heilpädagogin geht, das sie gezeigt hat, wo sie Verantwortung übernommen oder eben auch nicht oder nur teilweise übernommen hat.

Subjekt: Wer ist verantwortlich?

Betrachten wir die vierstellige Relation etwas genauer und beziehen sie auf unser Tätigkeitsfeld, das der Heilpädagogik. Unter dem »Jemand« (Subjekt) verstehe ich hier den Heilpädagogen oder die Heilpädagogin. Doch halt! Geht es so einfach? Die Heilpädagogin ist ja Teil eines Teams, sie gehört einem Kollegium an (wenn wir hier von einer Heilpädagogischen Sonderschule ausgehen). Sie untersteht ihrer Schulleitung, die ebenfalls in der Verantwortung steht. Diese Heilpädagogische Sonderschule untersteht wiederum einer politischen Behörde, der eine Aufsichtspflicht zukommt. Was im Klartext auch heißt, dass diese die Verantwortung für alle Heilpädagogischen Sonderschulen in ihrem Einflussgebiet wahrzunehmen hat. Bereits bei dieser ersten Relation stellen wir fest, dass die Verantwortlichkeiten in sich verschachtelt sind. Wir müssen somit untere bzw. höhere Verantwortlichkeiten unterscheiden.

Gegenstand: Verantwortung gegenüber der Behinderung

In der zweiten Relation geht es um den Gegenstand, hier um das Kind mit einer Lern- oder geistigen Behinderung. Eventuell kommt auch eine Verhaltensauffälligkeit hinzu. Bleiben wir der Einfachheit halber bei der untersten, individuell ausgerichteten Ebene, das heißt bei der Heilpädagogin. Diese muss jederzeit einschätzen können, wieweit sie ihre Verantwortlichkeit gegenüber dem behinderten Kind verstehen muss. Tut sie dies zu wenig, wird sie gerügt werden, eventuell wird sie aus dem Schuldienst entfernt (je nach Vorfall, ich denke da an Unfälle im Schwimmbad oder auf Wanderungen, im Lager etc.). Oder sie übernimmt zu viel Verantwortung und gerät der Schulleitung in die Quere, was ebenfalls zu Unstimmigkeiten führen wird. Die Kinder und Jugendlichen mit einer Behinderung können ebenfalls nicht völlig von Verantwortung freigesprochen werden. Es ist ja geradezu ein Erziehungsziel, dass sie zu einer eigenverantwortlichen Haltung erzogen werden. Auch hier gilt wieder, das richtige Maß zu finden. Ein Zuviel an Verantwortung setzt sie einer Überforderung aus, ein Zuwenig unterfordert sie und kann ebenfalls zu Schwierigkeiten führen. Problematisch erscheint mir hierbei, dass der Gegenstand – damit ist nicht die Person als solche gemeint, sondern die Behinderung – oft schwierig einzuschätzen ist. Dies wiederum bedeutet, dass unterschiedliche Heilpädagogen gleiche Kinder mit einer Behinderung unterschiedlich einschätzen, was wiederum unmittelbare Konsequenzen für das richtige Maß von zugewiesener Verantwortlichkeit bedeutet. Wir sehen, auch hier gestaltet sich die Frage nach der richtigen Verantwortlichkeit äußerst schwierig.

Instanz: Verantwortung gegenüber wem?

In der dritten Relation geht es um die Instanz. Wem gegenüber ist die Heilpädagogin verantwortlich? Wie bereits erwähnt, arbeitet sie nicht im luftleeren Raum, sondern ist in eine Hierarchie eingebunden. Aber es gibt auch eine Verantwortlichkeit, die außerhalb dieser schulbürokratisch definierten Struktur liegt. Ich denke hier an die Übergabe von Verantwortung durch die Eltern der behinderten Kinder. Aufgrund der Behinderung gelangen diese Kinder an speziell ausgebildetes Fachpersonal. Dieses Personal, das auch höher dotiert ist als Regelklassenlehrkräfte, steht in einem besonderen Verhältnis zu den Eltern. Man könnte auch sagen, dass die Eltern quasi ihre Erziehungsaufgabe den heilpädagogischen Fachkräften übergeben. Diese wiederum sind in der Pflicht, auf der Basis ihres spezifischen Wissens die ihnen anvertrauten Kinder nach bestem Wissen und Gewissen zu fördern. Dies ergibt ein für mein Dafürhalten extrem hohes Maß an Verantwortlichkeit. Wenn man nun den Blick über die Elternschaft hinausrichtet, so gelangt man schnell zur Gesellschaft im Allgemeinen. Wenn in eine Familie ein Kind mit einer Behinderung hineingeboren wird oder es durch Krankheit oder Unfall (oder andere Gründe) behindert wird, ist es eine Frage gesellschaftlicher Solidarität, dass diese Familie Unterstützung erhält. Erst gegen Ende des 20. Jahrhunderts hat man dies in der ganzen Tragweite erkannt und unter anderem die Heilpädagogische Früherziehung (ab Geburt eines behinderten Kindes) eingerichtet bzw. die Bildungspflicht für geistig behinderte Kinder anerkannt. Es gibt also von Seiten der Heilpädagogik eine Verantwortlichkeit den Eltern bzw. der Gesellschaft gegenüber. Ob dies immer allen in der Heilpädagogik Tätigen bewusst ist, sei hier dahingestellt.

Ethische Standards

Bei der vierten Relation geht es um den Normhintergrund, die ethischen Standards, die diejenigen Personen, die in einem heilpädagogischen Feld tätig sind, wahrnehmen müssen. Nur am Rande soll hier erwähnt werden, dass eine ethische Regel besagt: Man kann nur für das verantwortlich gemacht werden, was man auch in der Lage ist, zu erfüllen. Die Frage ist nun, an welchen ethischen Standards orientiert sich die heutige Heilpädagogik? Wenn man heilpädagogische Fachzeitschriften durchblättert, so kann man unschwer feststellen, dass solche Fragestellungen heute nicht mehr existent sind. Fragen nach Werthaltungen, Orientierungen oder dass Heilpädagogik als eine wertgeleitete Wissenschaft verstanden werden muss, werden kaum noch reflektiert.

Und heute?

Es ist also festzustellen, dass die moderne Heilpädagogik sich kaum noch Gedanken um ethische Standards macht und somit die Verantwortlichkeit ihres Fachgebiets nicht ins Auge fasst. Dies bedeutet, dass es heutigen, insbesondere jüngeren Fachkräften oft kaum bewusst ist, dass es auch in der Heilpädagogik normative Standards gibt. Da die Heilpädagogik keine Naturwissenschaft ist, geht es hier aber gerade nicht in erster Linie um Experimente, um Laborversuche und dergleichen mehr, sondern man hat sich an Wertmaßstäben zu orientieren, die auf hermeneutischer Grundlage dargestellt werden. Ob diese Standards von Bollnow, Makarenko, Montessori, Steiner, Adler, Kobi, Heese, Bächtold ausformuliert worden sind, spielt hier keine Rolle. Sie müssen in einem herrschaftsfreien Dialog (Habermas) ausgehandelt werden.

Kommentar Eliane Perret

Du bindest die Verantwortung in der Heilpädagogik in eine vierstellige Relation ein, was ich sehr spannend finde. Ich möchte deine Ausführungen noch um einige Überlegungen ergänzen. Die ersten drei Relationen – etwas verkürzt sind es Heilpädagogin – Eltern – Kind – umfassen für mich das tägliche Arbeitsfeld einer Heilpädagogin, in der ihr Fachwissen und vor allem ihre menschliche Beziehungsfähigkeit entscheidend sind. Sie muss einen Weg finden, dem Kind möglichst gute Entwicklungsmöglichkeiten zu eröffnen. Das bedeutet aus meiner Sicht, mit dem Kind eine verbindliche Beziehung aufzubauen. Nur so kann eine Förderung, mit der dem Kind zunehmend mehr Verantwortung übergeben werden soll, überhaupt erst differenziert geplant und umgesetzt werden. Ebenso wichtig ist es für sie, mit den Kolleginnen und Kollegen im Team auf Augenhöhe zusammenzuarbeiten. Diese sind wiederum in anderer Art in Verantwortlichkeiten eingebunden, die es anzuerkennen gilt. Gefordert ist die Heilpädagogin auch in der Zusammenarbeit mit den Eltern, damit diese ihr vertrauen und die Arbeit mit dem Kind unterstützen.

Deine Ausführungen zur vierten Relation – zum Normhintergrund – haben mich besonders angesprochen. Hier ist tatsächlich seit Längerem ein Mangel zu beobachten. Nicht etwa, dass die heutige Heilpädagogik sich keiner ethischen Verpflichtungen bewusst ist. Es ist jedoch eine Realität, dass die Heilpädagogik sich seit Längerem an psychiatrischen Kriterien orientiert, die wiederum geprägt sind von einem biologistischen Menschenbild. Das haben wir andernorts schon diskutiert (vgl. Kapitel 11–14). In dem Sinne kommt noch ein Akteur ins Spiel, der sehr wesentlich darauf einwirkt, wie Verantwortlichkeiten verstanden werden: Das sind die Ausbildungsstätten der Heilpädagogen. Denn sie sind maßgebend dafür, wie die Arbeit im Rahmen der ersten drei Relationen ausgestaltet wird.

Erziehung zu mehr sozialer Verbundenheit und Verantwortungsgefühl

Beitrag Eliane Perret

Verantwortung zu übernehmen, gehört zum menschlichen Leben. Nicht nur für sich, sondern auch für seine Mitmenschen und das Zusammenleben im kleineren und größeren Umfeld. Das ist durch die soziale Natur des Menschen gegeben. In der Philosophie spricht man von Verantwortungsethik, die eine Leitlinie für das eigene Tun geben kann. Du wirst unsere Frage sicher mit Vergnügen aus dieser Perspektive erklären. Ich werde es von einer anderen Seite her versuchen.

Verantwortung als Heilpädagogin

Selbstverständlich ist man in jedem Berufsfeld gefordert, Verantwortung zu übernehmen, auch in der Heilpädagogik. Speziell in unserem Bereich ist es, ein Gegenüber zu haben, das im Allgemeinen (noch) nicht in der Lage ist, altersgemäß die Verantwortung für sich und sein Tun zu übernehmen, weil es in seiner sozial-emotionalen Entwicklung noch nicht so weit ist. Ich hatte es stets mit Kindern und Jugendlichen zu tun, die wegen ihres Verhaltens oder ihren Schwierigkeiten beim Lernen an unsere Schule kamen. Viele mit sehr belasteten (Lern-)Biografien. In seltenen Fällen hatten sie zusätzlich eine körperliche Einschränkung. Das bedeutet für mich als Heilpädagogin, bei ihnen stärker in der Verantwortung zu stehen als bei »normal« entwickelten Kindern.

Die jeweiligen Situationen der Schülerinnen und Schüler sind komplex und fordern uns immer wieder neu. Die Lebensgeschichte und -welt der Kinder ist individuell geprägt. Es liegt an mir als Heilpädagogin, einen Weg zu suchen, damit sich für diese Schülerinnen und Schüler eine Bildungs- und Lebensperspektive eröffnet. Im günstigen Fall kann das familiäre Umfeld unterstützend einbezogen werden. Die Kinder brauchen jemanden, der für eine gewisse Zeit vermehrt Verantwortung übernimmt (ohne entmündigend zu sein), damit sie sich sozial-emotional, aber auch intellektuell entwickeln können; ich tue dies immer mit dem Ziel, die Verantwortung zunehmend mehr zu teilen und schließlich dem Kind und seinen weiteren Beziehungspersonen ganz zu übergeben. Im Unterschied zum Kind und seinem familiären Umfeld bin ich nicht in eventuell störende Beziehungsdynamiken verwickelt und stehe auch in der Verantwortung dafür, dass das nicht entsteht. Ich habe einen anderen Erfahrungshintergrund und fachliches Wissen und kann mit mehr Ruhe und Übersicht überblicken, welche Schritte möglich und nötig sind.

Als Heilpädagogin Verantwortung zu übernehmen, bedeutet für mich deshalb, Antwort zu geben auf eine spezifische Situation. Worin diese Verantwortung besteht, ergibt sich aus den Folgen, die mein Handeln oder auch Nichthandeln hervorrufen könnte. Das erfordert von mir ein Voraus-Denken, aber auch ein Nach-Denken. Nicht alles, was geschieht, lässt sich voraussehen. Aber es ist möglich, das Geschehene zu reflektieren und Schlüsse daraus zu ziehen. Meine Grundannahme ist: Der Mensch als Person, als Wesen, das sich im sozialen Bezug individuell entwickelt, ist zur Übernahme von Verantwortung fähig, basierend auf Vernunft und Ethik. Das gilt nicht nur für uns Erwachsene, sondern auch für Kinder und Jugendliche. Heute haben wir es zusehends mit Kindern und Jugendlichen zu tun, die Symptome wie seelische Orientierungslosigkeit, Liebes- und Bindungsunfähigkeit aufweisen, aber auch mildere Formen wie Interesselosigkeit an den Mitmenschen und der Welt, Verantwortungslosigkeit, Gleichgültigkeit und depressive Grundstimmungen entwickelt haben. Wegschauen ist die falsche Antwort – wer wegschaut, schleicht sich aus der Verantwortung.

Mehr soziale Verbundenheit

Ich sehe deshalb meine Verantwortung als Heilpädagogin darin, bei den mir anvertrauten Kindern und Jugendlichen die Voraussetzungen für mehr soziale Verbundenheit zu schaffen. Dazu gehört es, altersgemäß Verantwortung für sich und seine Mitmenschen zu übernehmen und das Zusammenlernen und -leben positiv mitzugestalten. In der Schule gibt es sehr viele Möglichkeiten, diese Entwicklung zu fördern. An anderen Orten habe ich mich bereits zur Bedeutung der Klassengemeinschaft und zum Ethikunterricht als soziales Lernfeld geäußert. Ich habe oft Unterrichtsprojekte durchgeführt, unter anderem mit dem Ziel, das Gefühl von Verantwortung bei den Kindern zu fördern. So machten wir regelmäßige Besuche in einem Altersheim. Die Kinder bastelten und spielten mit den Senioren und Seniorinnen. Nun waren sie in der Situation, Verantwortung übernehmen zu müssen. Sie mussten die Bastelarbeiten vorbereiten und wissen, wie sie ihre Senioren und Seniorinnen anleiten. Sie mussten auch mit deren Eigenheiten umgehen lernen, was oft anspruchsvoll war. Für mich war es berührend zu beobachten, wie sie sich zunehmend in diese Rolle einlebten und einen sorgsamen Umgang mit den alten Menschen entwickelten. Immer wieder überraschten mich gerade Kinder, die sich sonst wenig achtsam unter ihren Mitmenschen bewegten. Ähnliches stellte ich auch bei unseren Erste-Hilfe-Kursen fest, bei denen sie die Grundlagen der Wundversorgung, aber auch der lebenserhaltenden Sofortmaßnahmen lernten. Sie waren stets mit Eifer und Interesse dabei. Mit großer Selbstverständlichkeit konnten sie jemandem beispringen, der sich verletzt hatte. Sie waren behutsam und sehr aufmerksam bei der Sache. Das heißt, auch bei diesen Kindern ist die Möglichkeit gegeben, dass sie Kooperationsfähigkeit und Mitgefühl entwickeln und soziale Verantwortung übernehmen. Später wird sich zeigen, ob sie diesen Faden aufgreifen. Ich würde es vielen von ihnen zutrauen und zumuten, innerlich stark genug zu sein, um sich aus eigener Verantwortung sinnvoll in die Gemeinschaft hineinzustellen.

Wer übernimmt also die Verantwortung in der Heilpädagogik? Ich hoffe, deutlich gemacht zu haben, dass ein jeder im Klassenzimmer, in welcher

Funktion auch immer, daran arbeiten muss, seinen Teil an Verantwortung übernehmen zu können und zu wollen.

Kommentar Riccardo Bonfranchi

Wir liegen nicht so weit auseinander in unserer Sicht der Verantwortung in der Heilpädagogik. Gut gefallen haben mir die beiden Praxisbeispiele in deinem Beitrag.

Zum Praxisbeispiel aus dem Altersheim: Die Senioren und Seniorinnen nehmen nicht mehr aktiv am gesellschaftlichen Leben teil. Sie leben in eigenen Refugien, werden betreut und sollen ihre letzten Jahre ein würdiges und möglichst auch schmerzfreies, gutes Leben haben. Mit den von dir beschriebenen Kindern verhält es sich teilweise ähnlich. Auch sie nehmen nicht aktiv am gesellschaftlichen Leben, sprich Berufs- und Arbeitsleben, teil, weil sie eben noch Kinder sind und weil sie Probleme mit dem Lernen haben. Sie müssen an die Verantwortung erst herangeführt werden. Die alten Menschen dagegen sind gezwungen, zu lernen, dass sie diese abgeben müssen. So könnte man also sagen: Kein Wunder, dass diese beiden Gruppen gut miteinander harmonieren.

Meines Erachtens vergleichbar verhält es sich bei den lebensrettenden Maßnahmen. Hier geht es darum, dass jeder Mensch in die Lage kommen kann, dass er auf diese Maßnahmen angewiesen ist. Dies ist wohl für deine Schüler und Schülerinnen eindeutig nachvollziehbar. Ebenso ist einsichtig, dass man für einen Menschen, der sich in Not befindet, Verantwortung im Sinne einer Hilfeleistung übernehmen muss.

Bei Verletzungen des Körpers ist dies offensichtlich. Schwieriger wird es wohl sein, wenn es um Maßnahmen geht, bei denen psychische Verletzungen vorliegen. Wäre es da nicht eine Idee, mit den Schülern und Schülerinnen einen Nothelferkurs durchzuführen, bei dem es um die seelische Verletzlichkeit geht? Müsste man nicht auch in diesem Bereich die Schüler und Schülerinnen unterweisen, wie sie hier Verantwortung übernehmen können (vgl. Kapitel 31 Mobbing)?

Natürlich wirst du sagen, das mache ich jeden Tag, und ich glaube dir das. Aber ich finde die Idee eines Erste-Hilfe-Kurses für seelische Notlagen interessant. Auch wenn die Analogie ein wenig hinkt.

21 Warum hatten Heilpädagogische Sonderschulen – anders als die Regelschulen – von Beginn an eine Leitung?

Komplexe Aufgaben und Fragestellungen

Beitrag Eliane Perret

Eigentlich habe ich mich noch nie gefragt, warum Sonderschulen schon immer eine Leitung hatten. Es war einfach so. Vielleicht hängt es damit zusammen, dass viele Sonderschulen – hier unterscheide ich sie von den Heilpädagogischen Schulen – aus privater Initiative entstanden sind und ein regelschulergänzendes Dienstleistungsangebot waren und sind? Wir z. B. waren einige Kolleginnen und Kollegen, die früher an öffentlichen Schulen unterrichtet hatten. Die meisten von uns hatten mittlerweile ein Psychologie-, Sonderpädagogik- oder Pädagogikstudium absolviert oder sich zu Sonderschullehrerinnen und -lehrern weitergebildet. Wir unterrichteten und betreuten Kinder, die »durch die Maschen gefallen waren«, im Einzelunterricht; *Sonderschulung im Einzelfall* hieß das und wurde von der IV finanziert. Als die Nachfrage größer wurde und wir mehr als fünf Kinder zu unterrichten hatten, stand die Eröffnung einer Sonderschule an, das war gesetzliche Vorgabe. Es folgten Bedürfnisabklärungen und Gesuche, eine Trägerschaft wurde gegründet und eine Schulleitung bestimmt. Nach einer Reihe von Gesuchen und Anträgen an die Erziehungsdirektion und die IV bekamen wir 1992 eine provisorische und dann eine definitive Bewilligung. Wir erhielten als finanzielles Fundament Betriebsbeiträge, eine Defizitgarantie und die Anerkennung durch die Invalidenversicherung, immer verbunden mit strengen Auflagen an die Ausbildung der Lehrkräfte und die Einrichtung der Schule. So wurde ich Schulleiterin. Die Aufsicht unserer Schule oblag dem zuständigen Bereichsleiter der Erziehungsdirektion. Er war ein erfahrener Heilpädagoge, kannte die Praxis und es war jedes Mal ein Gewinn, sich mit ihm bei seinen Besuchen auszutauschen und seine Beobachtungen zu reflektieren.

Administration, Aufnahme von Kindern – aber auch ein offenes Ohr

Aber natürlich war mit der Gründung der Schule erst der Anfang gemacht. Die Aufgaben als Schulleiterin waren vielfältig und sind in jedem Pflichtenheft nachzulesen. Ich greife hier nur eine davon heraus: Z. B. ging es darum, bei Anfragen nach Schulplätzen und der Aufnahme von Schülerinnen und Schülern abzuwägen, ob unsere Schule für dieses Kind geeignet war und – auch das entscheidend – ob es in die aktuelle Zusammensetzung der Klasse passte. Dieses Aufnahmeverfahren inklusive Schnuppertage, dem Austausch mit den künftigen Lehrpersonen und den Gesprächen mit den Eltern und Behörden ist wichtig. Die Schulleitung muss deshalb die einzelnen Kinder und Jugendlichen, deren Problematik und Umfeld möglichst differenziert erfassen können. Der Entscheid beeinflusst wesentlich die Stimmung an der Schule, nicht nur unter den Kindern, sondern auch im Team.

Wer an einer Sonderschule arbeitet, hat oft ein besonderes Engagement für die Schülerinnen und Schüler, ist aber auch vielfältig gefordert. Auch da hat die Schulleitung eine wichtige Aufgabe, indem sie ein »offenes Ohr« für die Überlegungen und Sorgen der Kollegen und Kolleginnen hat, bereit ist, mitzudenken und auch mit anzupacken. Das sind nur einige wenige Aspekte von dem, was die Funktion einer Schulleitung in einer Sonderschule ist, aber sie scheinen mir wesentlich.

Viel Engagement und pädagogische Vielfalt

Später lernte ich viele andere Schulleiterinnen und Schulleiter kennen. Es waren engagierte und interessierte Menschen. Auch sie hatten aus eigener Initiative Schulen gegründet. Einige dieser privaten Sonderschulen waren anthroposophisch ausgerichtet oder unterrichteten nach dem Konzept der Montessori-Pädagogik. Andere waren im Nachgang zur 68er-Bewegung als *Freie Volksschulen* gegründet worden und ein reformpädagogisches, alternatives Schulmodell zur Regelschule gewesen. Verschiedene von ihnen waren in Sonderschulen umgewandelt worden. Auch diese Kolleginnen und Kollegen hatten viel Erfahrung mit nicht immer pflegeleichten Kindern und Jugendlichen.

Es gab aber auch gemeindeeigene Sonderschulen, die Schulen in Kleingruppen. Sie waren bereits 1978, zunächst als Schulversuch, von der damaligen Erziehungsdirektion gegründet worden für Kinder, die aufgrund schwerwiegender psychischer, sozialer und schulischer Probleme intensive Unterstützung benötigten.

Mir gefielen das hohe Engagement und die pädagogische Vielfalt in diesen Sonderschulen. Der Austausch mit den Schulleitern und Schulleiterinnen war spannend und anregend. So gesehen war es für mich einfach der Normalfall, dass den Sonderschulen eine Schulleitung vorstand.

Einführung von Firmenstrukturen

Das im Gegensatz zu den öffentlichen Regelschulen. Sie hatten einen Hausvorstand als *primus inter pares.* Er übernahm für eine gewisse Zeit einige administrative Aufgaben und nahm an den Schulpflegesitzungen teil. Das änderte sich im Kanton Zürich im Zuge der nun schon seit mehr als 20 Jahren erfolgenden Reformen. Nun gab es Schulleitungen auch in den Regelschulen. Martin Wendelspiess, Chef des kurz davor neu geschaffenen Volksschulamts, bezeichnete die Einführung von Schulleitungen als den wichtigsten Reformschritt, der im Laufe der Reformkaskade getätigt wurde. Andere beschrieben es als Einführung von Firmenstrukturen, mit denen die demokratische Kultur in den Schulhäusern zerstört und ein Kontrollmechanismus geschaffen wurde, der sicherstellte, dass die Reformen rasch, einheitlich und rigoros durchgesetzt werden konnten. Während zu Beginn von den Schulleitungen noch eine pädagogische Ausbildung und Unterrichtsverpflichtung verlangt wurde, ist das heute nicht mehr erforderlich. Die Schulleiter werden als Organisationsentwickler und Manager ausgebildet und nehmen ihre Aufgabe in den Schulen in dieser Weise wahr. Das hatte ich übrigens vor 20 Jahren bei Schulbesuchen in England auch schon erlebt.

Unterschiedliche Wurzeln – neue Gleichförmigkeit

So gesehen unterscheiden sich meines Erachtens die Schulleitungen von Sonderschulen und Regelschulen in ihrer Entstehung und ihren Wurzeln. Mittlerweile hat es aber auch bei der Leitung von Sonderschulen große Veränderungen gegeben. Die administrativen Aufgaben sind immer größer geworden und prägen den Alltag der Schulleitungen. Die Gründergeneration vieler Sonderschulen ist im Pensionsalter und diese Schulen haben ihr ursprüngliches spezielles Gepräge verloren. Die Lehrkräfte haben in den meisten Fällen ein Studium an der Hochschule für Heilpädagogik durchlaufen und bringen die entsprechenden Inhalte und Theorien mit. Die Schulleiter müssen die oben beschriebene Ausbildung in *Change-Management* ausweisen. Das bringt eine neue Gleichförmigkeit der Schulen mit sich. Schade!

Kommentar Riccardo Bonfranchi

Wie sich herausstellt, ist die Frage nach der Schulleitung für uns sehr interessant. Bei deiner Beantwortung ist mir aufgefallen, dass du insbesondere den Anlass für die Einführung von Schulleitungen an Regelschulen völlig anders einordnest als den Grund, aus dem bei den Heilpädagogischen Sonderschulen die Schulleitungen von der Gründung an eingesetzt wurden. Waren für die letzteren vielfältige heilpädagogische Überlegungen ausschlaggebend, nämlich: Wie geht es dem neu eintretenden Schüler, in welche Gruppe, Klasse passt er am besten, was bedeutet der Eintritt dieses Schülers für die Gruppe, für unsere Schule usw., gab es bei den Regelschulen völlig andere Beweggründe. Hier gaben Überlegungen des New Public Management den Ausschlag dafür, dass Schulleitungen nun auch für die Regelschulen unbedingt notwendig wurden. Es geht heute vor allem um administrative Aufgaben, wie du auch beschrieben hast. Die Schulleitung leitet die Verwaltung der Schule vor Ort. Darüber, dass die Administration aufgebläht worden ist, haben wir uns bereits an anderer Stelle geäußert (vgl. Kapitel 19).

Ein weiterer Unterschied der beiden Schulleitungen besteht darin, dass die Schulleiter und -leiterinnen an Heilpädagogischen Sonderschulen immer noch aus der Heilpädagogik kommen. Mir ist nicht bekannt, dass irgendjemand, der in den Bereichen Pädagogik bzw. Heilpädagogik keine Ausbildung hatte, weil er oder sie z. B. einen betriebswirtschaftlichen Hintergrund hatte, Leiter bzw. Leiterin einer Heilpädagogischen Sonderschule wurde. Solche Verwaltungsfachleute scheinen heute im Regelschulbereich immer mehr angestellt zu werden.

Du bedauerst sehr, dass nun auch in den Heilpädagogischen Sonderschulen der administrative Aufwand immer grösser geworden ist. Das würde in der Konsequenz heißen, dass eines ›schönen‹ Tages auch hier Mitarbeiter und Mitarbeiterinnen mit Schwerpunkt Verwaltung das Zepter in den Händen hielten. Dies würde einen schwerwiegenden Wertewandel für die Heilpädagogischen Sonderschulen bedeuten. Für mich ist wesentlich, was dies für das einzelne Kind mit einer Behinderung bedeuten würde.

Nur ein Beispiel einer Heilpädagogischen Sonderschule ist mir bekannt, an der man zwei Leiter, einen für heilpädagogische und einen für Verwaltungsaufgaben, eingesetzt hatte. Diese beiden Personen konnten nicht zusammenarbeiten und die heilpädagogische Leitung kündigte. Daraufhin wurde die Person aus der Verwaltung zur alleinigen Leitung bestimmt. Ich habe dies bisher als eine Ausnahme angesehen. Ob es die Regel wird, muss sich zeigen.

Die Aufgaben an Sonderschulen sind vielschichtig und besonders

Beitrag Riccardo Bonfranchi

Erst als vor einigen Jahren die Diskussion begann, ob Regelschulen geleitet sein müssten, wurde mir klar, dass Heilpädagogische Sonderschulen seit ihrem Bestehen Ende der sechziger, Anfang der siebziger Jahre des letzten Jahrhunderts immer geleitet waren. Sie hatten von Anfang an einen Schulleiter oder eine Schulleiterin. Warum war das so?

Es gibt meiner Meinung nach zwei wesentliche Gründe – ohne dass ich damit die verschiedenen Beweggründe auch bei den Bildungsdirektionen erfassen will oder die entscheidenden Argumente nennen kann. Zurück zu den zwei Gründen, wie ich sie sehe.

Es hängt mit der Klientel zusammen

Damit meine ich, dass in diese Schulen nicht Kinder gehen, sondern Schicksale. Jedes Kind, das geistig behindert geboren wird oder im Laufe seines Lebens, sei es durch einen Unfall oder durch eine Krankheit, kognitiv so stark beeinträchtigt wird, dass die Förderung und Schulung in einer Heilpädagogischen Sonderschule stattfinden muss, bedeutet für die betreffende Familie einen Schicksalsschlag. Diese Tatsache wiederum bringt es mit sich, dass die Elternarbeit einen viel größeren Raum einnimmt als in einer Regelschule. Oft müssen auch die Eltern betreut werden und es gibt immer sehr viel mehr Informationen, die es gilt, direkt und unmittelbar auszutauschen. Sei es, dass es um die Anpassung oder Reparatur des Rollstuhls geht, sei es, dass Medikamente ausgetauscht werden müssen (z. B. bei Epilepsie), sei es, dass es dem Kind plötzlich schlechter geht, sei es, dass ein elektronisches Hilfsmittel als sinnvoll erachtet wird und in den Förderplan eingebaut werden soll, sei es, dass ein Schriftverkehr mit der Invalidenversicherung (IV) oder der Krankenkasse wegen einer Therapie geführt werden muss, sei es, dass die Gemeinde, aus der das behinderte Kind stammt, Auskunft möchte über die Entwicklung des Kindes, damit für die Schule die Kostenübernahme weiter gesichert ist (in meiner Zeit als Schulleiter einer solchen Schule hatten wir teilweise Kinder aus mehr als 20 Gemeinden). Beispiele könnten noch viele aufgezählt werden. Wie man sieht, sind die organisatorischen Anforderungen hier wesentlich umfangreicher und vielgestaltiger als bei einem Kind in der Regelschule, wo der Schulalltag doch meist mehr oder weniger geregelt abläuft. In der Heilpädagogik muss immer viel miteinander gesprochen, abgeklärt und organisiert werden. Viele dieser Arbeiten obliegen dem Schulleiter, der Schulleiterin. Schon alleine wegen dieser anspruchsvollen täglichen Arbeitsaufgaben erschien es bereits den Gründern und Gründerinnen wie auch den Gestaltern und Gestalterinnen der ersten Heilpädagogischen Sonderschulen sinnvoll, dass diese Schulen eine Leitung und damit einhergehend ein Sekretariat haben.

Das Personal an einer Heilpädagogischen Sonderschule ist vielgestaltig

An einer Heilpädagogischen Sonderschule arbeiten in der Regel Schulische Heilpädagoginnen und -pädagogen, Physio- und Ergotherapeutinnen und -therapeuten, Logopädinnen und Logopäden, Sozialpädagoginnen und -pädagogen, Fachpersonen für Betreuung im Behindertenbereich, Fachpersonen in Ausbildung, Sekretärinnen und Sekretäre, Köchin und Koch, Zivildienstleistende. Die Arbeit dieses Personenkreises muss koordiniert und eingeteilt werden. Dies braucht ein Personalmanagement. Die jeweiligen Fachleute müssen aber auch gesucht, gefunden und eingestellt werden. Für sie ist ein vielgestaltiges Personalreglement erforderlich und noch vieles mehr, was ich hier gar nicht aufzählen möchte. Kurz und gut, es braucht eine Leitung, die den »Laden« führt, Probleme erkennt und löst. Dies alles war in einer Regelschule früher nicht der Fall, vor allem nicht in diesem Ausmaß, und deshalb hatten die Schulen auch keine eigentlichen Leitungen, sondern Schulhausvorsteher und -vorsteherinnen, Kollegen und Kolleginnen, die organisatorische Arbeiten übernahmen, die aber über keine arbeitgeberischen Kompetenzen verfügten, wie das bei Schulleitungen an Heilpädagogischen Sonderschulen schon immer der Fall war.

Auch Regelschulen haben heute Schulleitungen

Die Frage der Schulleitung an Regelschulen soll hier nur kurz behandelt werden. Ich denke, man hat die Schulleitungen mittlerweile auch in Regelschulen einführen müssen, weil die organisatorischen Aufgaben im Laufe der letzten Jahrzehnte zunehmend komplexer wurden. Auch in der Regelschule kann man nicht mehr von einheitlichen Jahrgangsklassen ausgehen. Die Zusammensetzung der Klassen ist sehr vielfältig geworden. Viele Schüler und Schülerinnen in der Regelschule sind heute ebenfalls sehr anspruchsvoll zu unterrichten und benötigen ein Vielfaches an Zeit, Zuwendung, Organisation. Auch der zweite oben angesprochene Punkt, dass das Personal vielgestaltig ist, trifft heute auf die Regelschule zu. Auch Regelschulen haben heute Köchinnen oder Köche, Logopädinnen und Logopäden, schulische Heilpädagoginnen und -pädagogen und anderes pädagogisches Personal als Klassenhilfen. Und genauso, wie das seit Anbeginn in

Heilpädagogischen Sonderschulen der Fall war, haben nun auch die Regelschulen heutzutage eine Leitung.

Kommentar Eliane Perret

Ich würde mir wünschen, dass Veränderungen im Schulsystem immer von pädagogischen Überlegungen geleitet würden! Du beschreibst die vielfältigen Koordinations- und Unterstützungsaufgaben, die für dich als Schulleiter in der Heilpädagogischen Schule anstanden. Bei deinen Beispielen tauche ich immer in eine etwas fremde Welt ein und finde es berührend, welche Themen da anstehen. Mir kommt dann manchmal ein afghanischer Lehrer in den Sinn, der an unserer Schule einen Vortrag hielt. Eine meiner Schülerinnen hatte wegen ihrer Hörbehinderung eine FM-Anlage, mit der sie ihr Hörvermögen wesentlich verbessern konnte. Unser Gast meinte nachdenklich, dass solche Errungenschaften den Kindern in seinem Land leider nicht zur Verfügung stünden. Wir haben sie, all diese (technischen) Errungenschaften und Fachkenntnisse. Darum ist eine gute Zusammenarbeit aller Fachkräfte wichtig – ob es zwischen ihnen »geigt«, hängt aber nur teilweise an einer guten Koordination. Da kann man nur hoffen, dass die Schulleitung auch die menschlichen Qualitäten hat, um mögliche Probleme zu erkennen und zu lösen, und ihre Aufgabe auch darin sieht.

In den Regelschulen ist in den letzten Jahren die Zusammensetzung der Schülerinnen und Schüler sicherlich vielfältiger geworden, wie du schreibst. Das hängt unter anderem mit der von uns schon oft angesprochenen Integration von Kindern zusammen, die früher in eigenen Schulen unterrichtet wurden. Entsprechend gehen auch viel mehr Fachleute im Schulzimmer und Schulhaus ein und aus. Um ihr Bemühungen zu koordinieren, wurden verschiedene Gefäße geschaffen, damit wenigstens ein minimaler Austausch zustande kommt. Die Schulleitung ist da ein unterstützender Faktor. Sie steht im Kontakt mit staatlichen Stellen, Heilpädagoginnen und -pädagogen, Schulpsychologinnen und -psychologen sowie den Eltern.

Ich denke aber, und das sollte in meinem Beitrag klar geworden sein, dass die Einführung von Schulleitungen in der Volksschule nicht in diesem Zusammenhang stand. Sie war eine internationale Entwicklung und gehörte zu den entscheidenden Reformschritten unseres Volksschulwesens nach den Vorgaben der OECD, verbunden mit New-Public-Management-Verwaltungsreformen. Durch die Einführung einer Schulleitung wurde in den Volksschulen eine nie da gewesene Hierarchiestufe eingeführt. Schulleiter und -leiterinnen haben heute eine starke Machtposition. Sie stellen Lehrkräfte an und beurteilen sie. Und sie planen mithilfe von Reformprojekten, welche die ganze Schule betreffen. Nicht umsonst hört man von

Schulleitungen, die in Bewerbungsgesprächen gefragt wurden, ob sie bereit seien, Entscheidungen gegen den Willen ihrer Lehrpersonen durchzusetzen. Entsprechend gehört Change-Management und der »Umgang mit Widerstand« zu den Ausbildungsinhalten von Schulleiterinnen und Schulleitern – auch wenn sie die Schulleitung einer Heilpädagogischen Institution innehaben.

22 Ist die Integration von Kindern mit einer Behinderung in die Regelschule sinnvoll?

Warum eine Eingliederung in der Regelschule nicht förderlich, sondern schädlich ist

Beitrag Riccardo Bonfranchi

Ich sehe es als schweren Fehler an, Kinder mit Behinderung in die Regelschule zu schicken.

Die folgenden 20 Thesen liefern hierzu die Argumente. Ihre Begründungen sind auch in einzelnen Kapiteln dieses Buches (z. B. Kapitel 10) – genauer ausformuliert – nachzulesen.

1. *Keine adäquate Förderung*
Es ist eine einfach zu erklärende Tatsache, dass behinderte Kinder in der Regelschule weniger gut gefördert werden können als in Kleinklassen. Regelschulen sind nicht darauf eingerichtet, weder inhaltlich noch personell.

2. *Etikettenschwindel*
Die Abschaffung der Kleinklassen ist ein Verlust für das gesamte Schulsystem. Diverse Gemeinden sind dazu übergegangen, solche Kleinklassen (unter anderen Namen/Etiketten) wieder einzuführen.

3. *Falsche Versprechungen*
Die sogenannte schulische Integration ist wesentlich teurer als ursprünglich vorgestellt. Mit dem Kostenargument wurden aber vor rund 20 Jahren Politiker und Politikerinnen sowie Verwaltungsbeamte und -beamtinnen der Bildungs- bzw. Erziehungsdirektionen geködert.

4. *Quer in der Bildungslandschaft*
Die Integration steht quer zur aktuellen Bildungslandschaft. Denn diese hat sich in den letzten etwa fünf Jahrzehnten vielfach spezialisiert, um verschiedenen Bedürfnissen gerecht zu werden (Fachmittelschulen, Sek. A, B oder C, Lehre mit oder ohne Berufsmittelschule BMS, Höhere Fachschulen, Fachhochschulen, spezielle Klassen oder Schulen für Hochbegabte usw.). – Separation pur?

5. *Ungleiche Maßstäbe*
Für Kinder, die herausragende Begabungen zeigen, werden separate Klassen oder Schulen eingerichtet, weil man bei ihnen von besonderen Lehr-Lern-Bedürfnissen ausgeht. Frage: Ist das bei Kindern mit einer geistigen Behinderung nicht der Fall?

6. *Schwächung des Selbstwertgefühls*
Ein behindertes Kind erlebt Tag für Tag, dass es nicht wirklich zur Klasse gehört. Es wird von einer »speziellen« Lehrerin betreut und braucht »speziellen« Lernstoff, weil es nur ansatzweise versteht, was in der Klasse gelernt wird. Eine solche Situation *muss* sich schwächend auf das Selbstwertgefühl des Kindes auswirken.

7. *Anwesendsein statt sozialer Teilhabe*
Im sozialen Bereich ist das behinderte Kind unter seinen nicht behinderten »Mitschülern und Mitschülerinnen« auch nicht zu Hause. Es entsteht kein gleichwertiger Austausch. Wenn das behinderte Kind selber etwas zum Besten gibt, verdrehen die anderen Kinder, heimlich oder offen, die Augen. Die »Teilhabe« beschränkt sich also höchstens aufs Anwesendsein.

8. *Schulwechsel vorprogrammiert*
Die meisten der im Kindergarten oder in der Unterstufe »integrierten« behinderten Schüler und Schülerinnen wechseln in der Mittel- oder Oberstufe in eine Heilpädagogische Schule. Warum ist das so? (vgl. Thesen 1, 6, 7)

9. *Mangelnde Selbstständigkeit und Kompetenzen*
Die später in eine Heilpädagogische Schule umplatzierten Schüler und Schülerinnen fallen dadurch auf, dass sie im Bereich alltäglicher Verrichtungen (Selbstständigkeit usw.) wesentlich weniger gut gefördert sind als ihre neuen Mitschüler und Mitschülerinnen.

10. *Unterstützungsangebote in Randposition*
Während an einer Heilpädagogischen Schule in der Regel therapeutische Fachpersonen zum Team gehören, die sich auf die Behinderungen der Kinder spezialisiert haben, so ist dies in der Regelschule nicht der Fall. Alle Therapien müssen gesondert organisiert werden.

11. *Zu wenig persönliche Beziehung*
Die sogenannte Integration von behinderten Kindern führt dazu, dass in den Klassen der Regelschule teilweise bis zu fünf Fachkräfte (Klassenlehrpersonen, heilpädagogische Fachkräfte, DAZ-Lehrende oder therapeutische Fachkräfte) arbeiten. Dadurch ist der Aufbau einer persönlichen Beziehung zwischen der Lehrperson und den integrierten Schülerinnen und Schülern nur schwer möglich. Eine konzentrierte, ruhige Lernatmosphäre wird für alle verunmöglicht.

12. *Möglicher Reflex auf Schuldgefühle*
Es könnte ein Zusammenhang zwischen der sogenannten Integrationsbewegung und der in der Gesellschaft akzeptierten Praxis der Pränatalen Diagnostik bestehen. Dies als gesellschaftlicher Reflex des letzteren auf das erste.

13. *Integration fördert Separation*
Kinder mit schwersten mehrfachen Behinderungen werden in der Regel nicht integriert. Sie besuchen eine Heilpädagogische Schule. Das Gleiche gilt für verhaltensauffällige Kinder. Hier fördert die sogenannte Integration eindeutig eine Separation.

14. *Unpädagogische Heterogenität*
Die eigentliche Integration oder Durchmischung findet deshalb in der Heilpädagogischen Schule, nicht in der Regelschule statt. Das bringt es mit sich, dass in einer Klasse lernbehinderte, geistig behinderte, schwerst mehrfachbehinderte und nicht kognitiv beeinträchtigte, aber verhaltensauffällige Kinder gemeinsam unterrichtet werden sollen. Von einer solchen Heterogenität sind alle überfordert.

15. *Wunsch nach Normalität*
Die sogenannte Integrationsbewegung kann zwar Wünschen von Eltern entgegenkommen, die es anfänglich vorziehen, dass die Schuladresse ihres behinderten Kindes diejenige einer Regelschule ist. Dies freilich nur so lange, bis sie erleben, dass ihr Kind kaum Fortschritte macht.

16. *Sinnvolle Integrationsprojekte*
Sinnvoller hinsichtlich des Integrationsgedankens wäre es, wenn Klassen aus Heilpädagogischen Schulen und Regelschulen gemeinsame, zeitlich befristete Projekte (Lager, Zoobesuche, Theateraufführungen, Teilintegrationen und anderes) durchführen würden. Dort spielt der intellektuelle Aspekt keine Rolle.

17. *Utopische Inselidee*
Im *Erwachsenen*bereich der Werkstätten und Wohneinrichtungen für Behinderte findet keine Diskussion mehr statt zur Integration in einen Regelbereich. Exponenten und Exponentinnen der Integration in die Regelschule halten jedoch auf Kosten der behinderten *Kinder* an einer utopischen Inselidee fest – so lange, bis die Realität wieder erkannt wird.

18. *Ausgewählte Integrationsgruppe*
Im Bereich der Kinder und Jugendlichen mit einer *Sinnesbehinderung* (gehörlos, sehbehindert, blind) findet die Integrationsdiskussion kaum statt. Es fällt auf, dass die sogenannte Integrationsbewegung fast nur die Kinder umfasst, die *intellektuelle Schwächen* aufweisen.

19. *Mittel zum Zweck*
Die sogenannte Integration wird der Persönlichkeit und den Bedürfnissen von behinderten Kindern nicht gerecht. Sie werden als Mittel zum Zweck missbraucht.

20. *Fazit: Bagatellisierung, Trivialisierung, Würdeverletzung*
Es gibt eine unendliche Vielfalt menschlicher Daseinsformen und alle sind gleichwertig. Aber nicht alle können, müssen oder sollen gleich*artig* behandelt, sprich: gefördert werden. Die heutige Integrations-, zugespitzt Inklusions»bewegung« trivialisiert und bagatellisiert die jeweilige Behinderung des Individuums. Sie muss als eine Form der Würdeverletzung dieser Personen angesehen werden. Deshalb kann man sagen, dass die sogenannte Integrationsbewegung die Würde dieser Kinder und Jugendlichen verletzt.

Kommentar Eliane Perret

Du hast in deinen Thesen die Grundpfeiler einer professionellen Heilpädagogik dargestellt und das, was durch die Integration in die Regelklasse verloren geht. Ich kann mich dem nur anschließen.

Ein kleines Aber: Es ist nicht immer einfach, zu entscheiden, wo und wie ein Kind am besten gefördert und gefordert wird. Während du den Schwerpunkt deiner beruflichen Tätigkeit als Heilpädagoge lange Zeit bei Menschen mit einer geistigen oder körperlichen Behinderung hattest, sind es bei mir Kinder mit Verhaltensauffälligkeiten. Die meisten haben die Diagnosen ADHS oder ASS, die für mich eine Symptombeschreibung sind; Symptome, die sich durchaus verändern oder verschwinden können.

Wie du weißt, beziehe ich in meine Arbeit die Individualpsychologie Alfred Adlers und die Entwicklungspsychologie mit ein. Sie gehören auch zum Konzept unserer Schule. Gerade die Individualpsychologie hat sehr viel zu den Grundlagen einer Personalen Heilpädagogik (Kobi) beigetragen. Darum betone ich immer wieder die Bedeutung der Lebensgeschichte und der Beziehung von uns Heilpädagogen zum Kind. Das gibt uns wichtige Ansatzpunkte für unsere Arbeit. In sehr seltenen Fällen kann das auch einschließen, dass es für ein Kind besser ist, wenn es in die Regelschule zurückgeht. Wir hatten Kinder, die eingebunden in ein (außerschulisches) therapeutisches Versorgungsnetz, immer mutloser wurden. Für ihre Entwicklung war es wichtig, dass sie sich in einem »normalen« Umfeld bewegen mussten. Das ist aber vermutlich nicht »Integration«, wie du sie verstehst. Heute sind solche Entwicklungen fast nicht mehr möglich, weil das selbstorganisierte Lernen für unsere noch labilen Kinder überhaupt nicht geeignet ist.

Das war das kleine Aber: Man muss es individuell anschauen. Ansonsten bin ich klar deiner Meinung, dass die Kinder das Recht haben auf eine Förderung, die zu ihrer Problematik passt, und das sind auch meiner Meinung nach die spezialisierten Klassen und Schulen.

Gut gemeinte Veränderungen können in der Realität eine Verschlechterung bedeuten

Beitrag Eliane Perret

Als Heilpädagogin habe ich ein Stück Geschichte der Heilpädagogik und der Sonderschulung miterlebt. Gestartet habe ich als Lehrerin einer Sonderklasse B, wie damals die Klassen für Schülerinnen und Schüler mit Lernproblemen hießen. Danach unterrichtete ich eine Sonderklasse A, in der die Kinder die erste Klasse zwei Jahre lang besuchen konnten, um danach in die zweite Regelklasse überzutreten. Nun arbeite ich in einer Sonderschule für Kinder mit Verhaltens- und Lernproblemen. Wir förderten und fördern als spezialisierte Lehrkräfte die Kinder separativ, entsprechend ihren besonderen Bedürfnissen. Diese speziellen Klassen als Teil gemeindeeigener Schulen sind fast überall verschwunden. Geblieben sind in vielen Kantonen der Schweiz Sonderschulen, in denen ein jeweils spezielles Segment von Kindern mit besonderen Bedürfnissen unterrichtet wird. Diese Schulen haben nach wie vor einen sehr großen Zulauf. Es ist jedoch üblich geworden, wenn möglich alle Kinder im Rahmen von Regelklassen vorerst integrativ zu unterrichten oder es mindestens für eine gewisse Zeit zu versuchen. Das beruht auf unterschiedlichen gesetzlichen bzw. vertraglichen Vorgaben verschiedener Organisationen sowie von Land oder Kanton:

- UNESCO (1994 Erklärung von Salamanca, Aktionsrahmen zur Pädagogik für besondere Bedürfnisse)
- OECD
- Bund 2002 (Behindertengleichstellungsgesetz)
- UNO 2006, CH 2014 (UN-BRK = UN-Konvention über die Rechte von Menschen mit Behinderung)
- Kanton mit dem Volkschulgesetz 2005 und dem Sonderschulkonzept 2011

Die Gesetze, Verträge und Erklärungen lassen stets einen Spielraum offen und können sehr unterschiedlich ausgelegt werden. In der deutschen Übersetzung der UN-BRK wurde der Begriff »general education system« zwar richtigerweise als »allgemeines Bildungssystem« übersetzt; diese Formulierung wurde jedoch mit Regelschulsystem gleichgesetzt und damit wurden die Sonderschulen ausgeschlossen. So wurde entschieden, jedes Kind, unabhängig von seiner Behinderung, im Regelschulsystem integriert zu unterrichten, oder dass dies zumindest ein Ziel sein muss.

Höheres Selbstwertgefühl, sinkendes Leistungsniveau?

Die Sonderklassen sind heute weitgehend abgeschafft. Und »separativ« hat den Beiklang von *Ausschluss* und *unerwünscht, unmenschlich* erhalten, »integrativ« gilt dagegen als *human, sozial* und *den Bedürfnissen des Kindes* entsprechend.

Als Argument für die Integration von Kindern mit Lernbeeinträchtigungen wird immer wieder angeführt, dass sie wegen des anregenderen Milieus in Regelklassen leistungsmäßig mehr Fortschritte machen würden. Dabei bezieht man sich meist auf Ergebnisse der Studie von Haeberlin et al. 1991, Universität Fribourg. Die gleiche Studie dokumentiert aber auch, dass sich die Kinder in Sonderschulen wohler fühlten, ein höheres Selbstwertgefühl hätten und mit ihren Leistungen zufriedener seien. Ein eindeutiger Befund war auch, dass diese Schüler und Schülerinnen in den Regelklassen deutlich häufiger zu den unbeliebtesten gehören.

Das wurde auch in späteren Studien bestätigt und wirft die Frage auf, welche Schule für das jeweilige Kind die richtige ist. Die Forschungsfrage ist jedoch nicht abschließend behandelt. Mich würde außerdem interessieren, warum das Leistungsniveau in Klassen sinkt, in denen die Lehrkraft mehr Zeit für das einzelne Kind hat. Wo liegt der Schwerpunkt im Schulalltag? Wie sind diese Lehrkräfte ausgebildet?

Also: Die Fragen sind komplex und sollten offen diskutiert werden können. Sonst kommen wir in den Bereich von unhinterfragbaren Ideologien. *Meines Erachtens gibt es kein Entweder-oder, sondern es gibt nur die fürs Kind richtige Lösung und die adäquate fachliche und menschliche Förderung.*

»Ressourcenorientiertheit«

Wir müssen es auch mit den Begriffen sehr genau nehmen. Z. B. ist heute oft die Rede davon, dass man von den Stärken, den Ressourcen, eines Kindes ausgehen müsse. Der bisherigen Heilpädagogik wird unterstellt, sie sei defizitorientiert und würde nur die Schwächen und Schwierigkeiten der Kinder sehen. Darum ist *Ressourcenorientiertheit* zum Mantra der heutigen Heilpädagogik geworden. Glücklicherweise haben Entwicklungen in Pädagogik, Medizin und Technik schon lange im Laufe der letzten Jahrzehnte zu einer optimistischeren pädagogischen Grundhaltung geführt. Auch ich bin überzeugt, dass man bei den Stärken (den Ressourcen) eines Kindes ansetzen muss. Das ist eine pädagogische Selbstverständlichkeit, aber dabei darf man nicht stehen bleiben. Oft wird nämlich unterschätzt, was mit solchen Kindern möglich wäre. Diagnosen und Förderprogramme verstellen den

Blick auf Wesentlicheres. Z. B. auf die Bedeutung einer echten Beziehung zum Kind.

Bisherigen Ansätzen in der Heilpädagogik darf nicht unterstellt werden, dass sie das Kind nicht fördern wollten. Im Gegenteil, es war die Idee der differenzierten Klassen, gezielt am Problem des Kindes zu arbeiten und ihm so zu Fortschritten und einer Lebensperspektive zu verhelfen. Problematisch war eher die Stigmatisierung, die auch durch die wechselnden Bezeichnungen dieser Klassen nicht aufgelöst wurde. Ob das die heute verbreiteten Diagnosen, Aktenberge und Förderprogramme weniger tun?

Was ist »human«?

Auch bezüglich des mit der Integration versprochenen humaneren Umgangs sind für mich einige Fragen offen: Ist es *humaner*, von Kindern mit Verhaltensproblemen zu erwarten, dass sie genau diese in einer großen Klasse mit Lerncoach, selbstorganisiertem Lernen und einigen Förderstunden verändern können? Wäre *human* in diesem Falle nicht eher, ihnen einen geschützten Rahmen zu geben, bis sie sich sicher und stark genug fühlen, sich auch in einem anspruchsvolleren Umfeld ohne Probleme zu bewegen? Ein Ressourcen-Ansatz, der die Defizite von behinderten Menschen übersieht oder einfach davon ausgeht, dass die Aufmerksamkeit auf die zum Glück noch vorhandenen Ressourcen ausreicht, ist aus meiner Sicht inhuman, vielleicht auch naiv oder unprofessionell.

Keine alternativlose Ideologie

Die Frage der Integration ist deshalb komplex und darf keine Ideologie werden, wie Otto Speck in seinem kürzlich erschienenen Buch darlegt (Speck 2019). Sie muss bei jedem Kind neu beurteilt werden. Dazu braucht es einen geschulten Blick auf die schulische und außerschulische Lebenssituation der betroffenen Kinder und die Achtung vor den schwerwiegenden Lebenseinschränkungen, die mit einer Behinderung verbunden sein können. Gerade bei Kindern mit Verhaltensproblemen ist das anspruchsvoll. Hier liegt ein weites Feld vor uns, das meines Erachtens bei der Ausbildung in Heilpädagogik beackert werden müsste. Denn wie Emil E. Kobi sagt: »Integration [...] sollte nicht zu einer alternativlosen Ideologie verkommen, welche die persönliche Identität verletzt. Alternativen kennzeichnen denn auch ein demokratisches Erziehungs- und Schulwesen, das eine Vielzahl von Angeboten bereitzuhalten hat.« (Kobi 2008, S. 13)

Kommentar Riccardo Bonfranchi

Wie du ja weißt, gehöre ich zu den erklärten Gegnern der heutigen sogenannten Integrationsbewegung von Kindern mit einer Behinderung in der Regelschule. Darüber habe ich bereits viel geschrieben. Dass dieses Konzept nicht aufgeht, zeige ich seit Jahren mit stichhaltigen Überlegungen und Beweisen auf (vgl. meinen Beitrag 22 u. a.).

Von größerem Interesse war für mich immer die Frage: Warum konnte dieses unselige Konzept entstehen und weshalb kann es sich so lange am Leben erhalten? Nun, Letzteres erscheint klar, wenn man sich die Paradigma-Theorie von Kuhn vor Augen führt, die besagt, dass Theorien sich erst dann verändern, wenn deren Protagonisten bzw. Protagonistinnen nicht mehr am Leben sind oder keinen Einfluss mehr haben. So scheint es wohl auch hier zu sein.

Die von dir aufgezählten Erklärungen, Verträge oder Gesetze, auf die sich die Verfechter und Verfechterinnen der Integration stets berufen, sagen nämlich nicht und nirgends, dass etwa Kleinklassen aufgelöst werden müssen. Es geht vielmehr darum, dass Kinder mit einer Behinderung das *gleiche* Anrecht auf eine fundierte, qualitativ hochstehende Förderung und Bildung haben wie Kinder, die nicht als behindert eingestuft werden. (Diesen Standpunkt vertritt übrigens auch Otto Speck, emeritierter Heilpädagoge, München.)

Was sich nun insbesondere im Kanton Zürich abspielt, hat wohl mehr mit den Vertreterinnen und Vertretern der hier ansässigen Hochschule für Heilpädagogik zu tun, die sich schon vor Jahren die totale Integration behinderter Kinder in die Regelschule auf ihre Fahne geschrieben hat. Die Frage scheint mir eher zu sein, wie sie langfristig ohne Gesichtsverlust aus dieser Sache herauskommen kann. Aber eben: siehe Paradigma-Theorie weiter oben.

Meines Erachtens sind es mehrere Gründe, die für das Aufrechterhalten des Postulats der totalen Integration verantwortlich sind. Da ist zum einen der Druck des Mainstreams. Wer für die Integration ist, darf sich gut fühlen; wer dagegen ist, trifft auf scharfe Ablehnung. Sodann führt – ein nicht zu unterschätzender Faktor – die sogenannte Integration zu einer Fülle von Teilzeitstellen. Diese sind, wie ich immer wieder höre, für viele, insbesondere jüngere Heilpädagoginnen und -pädagogen vom Umfang her ein gutes Angebot. Sie können ein volles Pensum mit Rücksicht auf ihre Familien oft nicht übernehmen und haben mit der Aufgabe, lediglich eines oder mehrere schulschwache, lernbehinderte oder geistig behinderte Kinder zu begleiten, weder die zeitliche Belastung noch die volle Verantwortung für eine ganze Klasse. Das kommt ihren Bedürfnissen entgegen.

Ein anderer, meines Erachtens gewichtiger Grund ist, dass die Integrationsbewegung aus meiner Sicht ein Reflex auf die Pränatale Diagnostik ist. Diese hat bekanntlich dazu geführt, dass heute wesentlich weniger Kinder mit Downsyndrom (Trisomie 21) geboren werden (vgl. meine Beiträge 19 und 22). Es stehen sich hier, soziologisch betrachtet, zwei gegensätzliche gesellschaftliche Trends gegenüber: Zum einen die sogenannte Integrationsbewegung, die sich insbesondere im Geistigbehindertenbereich überwiegend auf Kinder mit Downsyndrom bezieht, und andererseits die bekannten Möglichkeiten der Pränatalen Diagnostik, die bei einem entsprechenden Befund in den allermeisten Fällen zu einem Schwangerschaftsabbruch führt.

Von daher bin ich mit der von dir eingenommenen Position, dass man die jeweils beste Lösung finden müsse, nicht ganz einverstanden, mit Blick auf Kinder mit einer geistigen Behinderung. Die heute propagierte und als Integration verkaufte »Lösung«, dass stark lernbehinderte und geistig behinderte Kinder in Regelklassen gesteckt werden, stellt für mich zum einen eine Bagatellisierung und damit zum anderen eine Trivialisierung ihrer Behinderung dar. Ihre fachgerechte Förderung im kognitiven wie aber auch insbesondere im sozialen Bereich kann die Regelschule nicht gewährleisten. Die Kinder werden so zum Spielball ideologischer Kräfte, und dafür kann und will ich nicht Hand bieten.

23 Resilienz und Vulnerabilität: zwei Seiten derselben Medaille?

Lehrkräfte als ermutigender Beistand für die Entwicklung von Resilienz

Beitrag Eliane Perret

Es war 1997, als ich in der *Vierteljahresschrift für Heilpädagogik* einen Artikel der amerikanischen Entwicklungspsychologin Emmy Werner las. Sie stellte darin ihre Forschungsergebnisse zur Resilienz auf der Insel Kauai zusammenfassend dar (Vierteljahresschrift für Heilpädagogik, 66, 1997, 2). Mittlerweile ist der Begriff Resilienz sehr verbreitet – manchmal auch inflationär gebraucht – und meint die seelische Widerstandsfähigkeit, die es Kindern und Jugendlichen möglich macht, trotz widriger und belastender Lebensumstände zu verantwortungsvollen, zuversichtlichen und fürsorglichen Erwachsenen heranzuwachsen.

Im gleichen Heft befand sich auch ein Beitrag von Zdenek Matejcek, dem tschechischen Kinderpsychologen und Forscher, der in wichtigen Langzeitstudien die Entwicklungsbedingungen von Kindern und ihre Folgen in verschiedenen Settings bis weit ins Erwachsenenalter untersucht und den Begriff *psychische Deprivation* geprägt hat. Die beiden Artikel passten gut zusammen und sprachen mich sehr an, spiegelten sie doch die Grundlage meiner täglichen Arbeit in der Schule wider.

Persönliche Begegnungen

Später hatte ich Gelegenheit, anlässlich der Tagung *Attachment and Trauma: Risk and Protective Factors in the Development of Children* (Nov. 2001) in München, gemeinsam von der Theodor-Hellbrügge-Stiftung und der Internationalen Akademie für Entwicklungs-Rehabilitation veranstaltet, Emmy Werner wie auch Zdenek Matejcek persönlich zu erleben. Emmy Werner wurde bei diesem Anlass für ihr bedeutendes wissenschaftliches Lebenswerk gewürdigt. Schon mehr als 70 Jahre alt, vermochte sie die Zuhörer mit ihrer klugen, warmherzigen und engagierten Art in ihren Bann zu ziehen – auch mich.

Pionierstudie auf Hawaii

Im erwähnten Beitrag in der VHN legte Emmy Werner die Befunde ihrer berühmt gewordenen Kauai-Studie dar. Sie hatte in einer über 40 Jahre dauernden Längsschnittstudie die Entwicklung von allen 698 Kindern, die 1955 auf der Inselkette Kauai (Hawaii) geboren wurden, untersucht. Emmy Werner wollte wissen, warum sich von den 30 Prozent Hochrisikokindern ein Drittel trotz widriger Bedingungen positiv entwickelte. Sie schälte verschiedene Schutzfaktoren heraus. Dazu gehörte, dass alle Jungen und Mädchen der Studie während ihrer Schulzeit mindestens eine Lehrperson hatten, die an sie glaubte, sich für sie interessierte, sie herausforderte und motivierte. Für viele Kinder wurde die Schule zu einer zweiten Heimat, zu einem Zufluchtsort vor einem chaotischen Elternhaus. Werners Studie dokumentierte das Werkzeug, mit dem ich meine Schülerinnen und Schülern unterstützen konnte, ihre Chance im Leben wahrzunehmen. Die Bedeutung, die man als Lehrerin für die Entwicklung der Schülerinnen und Schüler haben kann, wurde mir einmal mehr bewusst. Eigentlich war das nicht wirklich neu für mich, aber nun war es auch von dieser Seite wissenschaftlich belegt.

Chancengleichheit als Ziel

Wie schon oft reflektierte ich den eigenen Werdegang im Zusammenhang mit Forschungsergebnissen. Ich war selber sehr gerne in die Schule gegangen – zwar kam ich nicht aus einer Hochrisikofamilie, aber einfach waren die Verhältnisse auch nicht – und hatte insbesondere bei meiner Mittelstufenlehrerin einen Menschen gefunden, der die beschriebene Aufgabe mir gegenüber wahrgenommen hat. Sie wurde mein Vorbild und ich schlug einen ähnlichen Berufsweg ein wie sie. Bei meinen Schülern und Schülerinnen waren mir immer diejenigen Kinder ein besonderes Anliegen, die aus ihren häuslichen Verhältnissen keine unterstützenden Voraussetzungen für Lernen und Schulerfolg mitbrachten. Sei es, dass sie – wie damals noch verbreitet – gedrückt und entmutigt waren durch einen autoritären Erziehungsstil, geprägt von Gewalt und Demütigung, oder in ihrem häuslichen Umfeld aus anderen Gründen keine Zuversicht fürs Lernen aufbringen konnten. Mit meinen Freunden und Freundinnen sowie mit meinen Kollegen und Kolleginnen diskutierte ich immer wieder die Frage der Chancengleichheit und wie wir als Lehrpersonen die Kinder unterstützen, innere Stärke zu entwickeln, damit sie ihr Potenzial trotz allem ausschöpfen konnten. Dieses Anliegen behielt ich während meines ganzen beruflichen Engagements bei und bildete mich entsprechend weiter.

Resilienzförderung in der heilpädagogischen Praxis

Als Heilpädagogin hatte ich es immer wieder mit Kindern zu tun, die ihr Lernen und ihr Leben nicht auf die Reihe brachten. Da war mir das Bewusstsein, eine wichtige Bezugsperson für diese Kinder zu sein, wie Emmy Werner es beschrieben hatte, sehr hilfreich. Sie zu ermutigen, zu fordern und zu fördern und ihnen ihre Stärken bewusst zu machen, war immer mein Anliegen. Manchmal erfuhr ich erst sehr viel später, was ich im Leben einer Schülerin, eines Schülers bedeutet hatte, wie im Brief dieser angehenden Lehrerin:

»Sie waren eine sehr offene, fröhliche, interessierte und vor allem engagierte Lehrerin, die wusste, wie man eine Klasse führt und wie man Beziehungen zu den Kindern aufbaut. Von Anfang an bis zum Schluss habe ich mich immer sehr wohlgefühlt. Sie konnten mir als Schülerin immer das Gefühl vermitteln, dass alles lernbar ist. Da ich eine sehr entmutigte Schülerin war, war ich immer sehr dankbar, dass Sie mir das Gefühl vermittelten, dass ich weder dumm bin noch dass es unmöglich ist, etwas zu lernen. Oft nahmen Sie sich auch nach der Schule noch Zeit, mir oder einem anderen Kind etwas nochmals zu erklären, und nie hatte ich das Gefühl, dass ich es jetzt aber langsam kapiert haben sollte.

Ich fand den Unterricht immer spannend und vielfältig und konnte so meinen Horizont erweitern. Sie wurden für mich zu einem wichtigen Teil meines persönlichen Umfeldes. Auch in der Oberstufe hatte ich nach wie vor sehr viel Kontakt zu Ihnen und ich freute mich, dass Sie auch immer meinen Weg weiterverfolgten. Ich erinnere mich, wie Sie sich freuten, als ich die Aufnahmeprüfung für eine höhere Schule bestanden hatte. Sie sind für mich ein großes Vorbild geworden. Ich hoffe, dass ich später einmal auch eine Schülerin oder einen Schüler habe, die genauso von mir begeistert sind wie ich von Ihnen.« Das wünsche ich ihr auch! Und das ist für mich die Bedeutung von Resilienz in der heilpädagogischen Praxis.

Kommentar Riccardo Bonfranchi

Dein Beitrag zeigt, dass Resilienz für dich nach wie vor Bedeutung hat. Du beschreibst, dass du dich auch heute von Menschen, mit denen du dich verbunden fühlst, positiv anregen lässt und dass du umgekehrt für andere eine wichtige Bezugsperson sein kannst. In diesem Zusammenhang zitierst du den Brief einer ehemaligen Schülerin und angehenden Lehrerin. Ich bin sicher, sie wird eine gute Lehrerin, weil sie sich an deinem Vorbild orientiert. Eine solche positive Rückmeldung habe auch ich vor einiger Zeit erhalten. Dies freut mich auch deshalb, weil sicher nicht alle Unterrichtsstunden, die ich im Leben gegeben habe, diese Wirkung gezeigt haben. Man kann, so meine Gedanken beim Lesen deines Beitrags, Resilienz wohl nicht einseitig nach Plan herbeiführen. Es gehören zwei Menschen dazu, damit sie sich entwickeln kann. Vermutlich wissen die angehende Lehrerin und der Mann, der mir vor einiger Zeit schrieb, selber nicht ganz genau, warum gerade diese Lehrerin, dieser Lehrer für sie eine solche Bedeutung erlangt hat. Aus der Hawaii-Studie geht hervor, dass es zur Stärkung von Resilienz immer wenigstens eine Person gegeben haben muss, die an ein Kind geglaubt und ihm Halt gegeben hat. Aber es könnte sein, dass diese Person von ihrer großen Bedeutung nichts weiß. Wie ist das also mit meiner Bedeutung als Lehrer? Ich denke, dass man nicht alles beobachten, planen und wissen kann, was sich in der Lehr-Lern-Beziehung abspielt. So nehme ich vielleicht an, bei einem Schüler eine positive Wirkung gehabt zu haben, und erfahre später, dass andere Einflüsse für ihn von Bedeutung waren. Resilienz, so wichtig sie ist, scheint mir auch etwas Geheimnisvolles zu sein.

Sieben Grundpfeiler der Resilienzentwicklung

Beitrag Riccardo Bonfranchi

Unter *Resilienz* verstehen wir die psychische Widerstandskraft, mit der Menschen herausfordernden Lebenssituationen begegnen können. Die Ressourcen, über die jeder Mensch dafür verfügt, sind von Mensch zu Mensch unterschiedlich und immer auch von der jeweiligen Lebenssituation abhängig. Dies zeigt sich am Grad der Widerstandskraft in Krisensituationen. Auf die Heilpädagogik bezogen könnte man sagen, dass auch Kinder mit einer Behinderung oder einer starken Verhaltensauffälligkeit sich meist in einer solchen belasteten Lebenssituation befinden.

Die Kehrseite des Begriffs der Resilienz bildet der Begriff der *Vulnerabilität*, das heißt der Verletzlichkeit. Menschen mit einem hohen Vulnerabilitätsgrad befinden sich fast ständig in einer Distress-Situation. Distress entsteht in Situationen, die überfordern und von denen der/die Beteiligte weiß oder annimmt, dass er/sie diese nicht zu lösen imstande ist. Trotz wiederholtem Bemühen hat er/sie keinen Erfolg. Ein Erfolg bewirkt dagegen einen Eustress. Er hilft, dass der/die Beteiligte überzeugt ist, Herausforderungen gewachsen zu sein und diese meistern zu können.

Nun weiß man, und das scheint mir für die Heilpädagogik von Bedeutung, dass der Körper die Stresshormone (Noradrenalin, Cortisol) nicht abbaut, wenn eine Situation dauerhaft als belastend empfunden wird, wie dies bei einer Behinderung der Fall sein kann. Folge ist, dass das Kind in einem ständigen Zustand der Vulnerabilität verbleibt. Dies hat Auswirkungen auf Konzentrationsfähigkeit und Motivation. Das Kind gerät in einen Teufelskreis, weil gleichzeitig sein Selbstwertgefühl sinkt. Es traut sich immer weniger zu, die Resilienz nimmt ab, die Vulnerabilität nimmt weiter zu.

Forschungsstand: Grundlagen von Resilienz

Je stärker die Resilienz bei einem behinderten Kind ist, desto eher ist es in der Lage, seine Lebenssituation zu meistern. Dabei ist entscheidend, welche Erfahrungen es in seinem Leben bereits gemacht hat. Resilienz ist nicht angeboren, sondern sie wird erworben und kann sich sowohl in die eine wie auch in die andere Richtung entwickeln. Die US-amerikanischen Forscher Reivich und Shatté (The Resilience Factor) sind dem nachgegangen. Sie unterscheiden sieben für die Resilienz entscheidende Faktoren. Wichtigste Grundlage für die Widerstandsfähigkeit der Psyche sind die sozialen Beziehungen, in denen ein behindertes Kind lebt. Es braucht mindestens eine stabile Bezugsperson. Diese muss nicht unbedingt mit dem Kind verwandt sein. Auch eine Nachbarin, ein Nachbar oder eine Lehrerin, ein Lehrer kann diese Bedeutung haben. Die sieben Faktoren, die entscheidend für den Aufbau von Resilienz sind, seien hier aufgeführt:

- Optimismus,
- Akzeptanz,
- Lösungsorientierung,
- Verlassen der Opferrolle,
- Übernahme von Verantwortung,
- Zukunftsplanung,
- Netzwerkorientierung.

Heilpädagogisches Vorgehen

Diese sieben Faktoren der Resilienz können als Leitziele für ein heilpädagogisches Vorgehen verstanden werden. Denn Resilienz ist nicht genetisch verankert, sondern sie wird entwickelt und kann deshalb auch gefördert werden. Hier können wir als Heilpädagogen ansetzen. Den stärkenden Faktoren der Resilienz stehen andererseits Antagonisten entgegen. Es gibt immer wieder Situationen, in denen z. B. das Kind seine Opferrolle nicht verlassen kann. Es kann durch äußere Umstände in diese hineingezwungen werden.

Nach wie vor ist es eine unbeantwortete Frage der Wissenschaft, warum es auf der einen Seite Menschen gibt, die Resilienz entwickeln können, und auf der anderen, warum Menschen, die vergleichbare Lebensumstände haben, dies nicht können. Menschen, die schwere Schicksalsschläge erlitten haben, wie z. B. eine Vergewaltigung, einen Flugzeugabsturz, oder die eine extreme Situation, den Holocaust, überlebt haben, sind daran zerbrochen oder ihres Lebens nie mehr froh geworden. Andere, die vergleichbare Schicksale erlebt haben, sind darüber hinweggekommen und haben ein normales Leben (was immer das auch heißen mag) führen können. Welche Ursachen erklären solche Unterschiede? Darüber kann man nichts Eindeutiges sagen. Es gibt nur Vermutungen komplexer Abläufe. Auch als Heilpädagoge steht man dem oft hilflos gegenüber. Einem Kind konnte man Unterstützung angedeihen lassen, und sie hat Wirkung gezeigt, und bei einem anderen Kind war man erfolglos. Die Vulnerabilität blieb bestehen. Das ist oft kaum auszuhalten. Aber es gehört wohl zum Beruf. Trotz des Stands der Forschung bleibt es im Einzelfall immer wieder ein Rätsel, wie es zu diesen Unterschieden kommt und auf welche Art man versuchen kann, die Resilienz zu stärken.

Kommentar Eliane Perret

Ich finde deine Überlegung interessant, dass die Kinder und Jugendlichen mit einer wie auch immer gearteten und definierten Behinderung sich in einem dauernden Stress befinden, der sie daran hindern könnte, dauerhaft Widerstandskräfte aufzubauen. Du hast die nach Reivich und Shatté entscheidenden Faktoren aufgezählt, die den Aufbau einer stabilen Resilienz ermöglichen sollen. Für mich als Heilpädagogin stellt sich dann die Frage, ob und wie ich dazu beitragen kann, diesen gefühlsmäßigen Entwicklungsprozess zu unterstützen. Für mich ist es klar, dass ich da mit meiner Persönlichkeit mit im Spiel bin: Fehlt mir selbst der Optimismus, belastende Lebenssituationen bewältigen zu können und Lösungen zu suchen und zu finden, habe ich Mühe, eine Erschwernis zu akzeptieren, versinke ich in Selbstmitleid und Opfergefühlen und mache andere für meine Befindlichkeit verantwortlich, wage ich nichts oder weigere mich, in die Zukunft zu blicken, oder stütze ich mich zu wenig auf mein soziales Umfeld ab? Dann wird es mir vermutlich schwerer fallen, meine belasteten Schüler und Schülerinnen zu begleiten und ihnen die Zuversicht für eine konstruktive Bewältigung ihrer belasteten Lebenssituation zu vermitteln. Es ist jedoch wichtig, realistisch zu bleiben und zu wissen, dass im (gefühlsmäßigen) Zusammenspiel mit meinem Gegenüber auch das Kind seine Aufgabe wahrnehmen muss. Nicht immer gelingt es. Manchmal braucht es noch mehr Zeit, wir erkennen das Problem nicht wirklich und machen Fehler. Auch das gilt es zu akzeptieren, ohne unsererseits zu resignieren.

24 Sprache – eine Brücke zum Du

Fachjargon im heilpädagogischen Arbeitsalltag

Beitrag Riccardo Bonfranchi

Was reden die da in der Heilpädagogischen Sonderschule? Oder: Neulich bei einer Teamsitzung.

Anwesend: SL, Sch. Hp (4), Physio, Ergo, Logo, SpiA HF, SpiA FH, Fabe i. A.

SL: begrüßt und geht auf das Kind A. ein, das sehr ungern im Stehbrett ist.
Sch. Hp (1): war schon immer gegen zu viel Stehbrett und schlägt das Bällebad vor, was wiederum von der Physio abgelehnt wird, eventuell könnte es als paradoxe Intervention angewendet werden.
Ergo: nicht zu vergessen das POS, für die deutschen Teammitglieder MCD. Aber sie hat schon vor Längerem die Einstellung einer Psychomotorik-Therapeutin gefordert, was von den deutschen Mitarbeiterinnen so nicht verstanden und als Moto-Pädagogin erklärt wird. Die Ergo weist noch darauf hin, dass der Big Mac bei C. kaputt ist.
SL: kämpft um die Stringenz in der Sitzung und weist auf sein Hobby, die Orff-Instrumente, hin. Darauf erwidert die andere Sch. Hp, dass bei einer solchen multifaktoriellen Bedingtheit, wie sie bei C. vorhanden ist, man verstärkt das Assimilations- bzw. Akkommodationsverhalten im Auge behalten muss, damit eine Äquilibration gelingen kann.
Logo: weist darauf hin, dass eine Wb im Bereich UK vom BUK angeboten wird, aber auch von der FST. Welche man nun besuchen solle?
Sch. Hp (2) schüttelt den Kopf und gibt zu bedenken, dass UK im Zusammenhang mit der Entwicklung der Objektpermanenz gesehen werden muss.
SL: weist noch einmal auf die Klanghölzchen hin und dass letztendlich doch alles auf eine Basale Stimulation nach Fröhlich hinauslaufe, ob man sich nicht darauf einigen könne.
Logo: stimmt zu und meldet als weiteres Traktandum an, dass der Helm bei dem neuen Kind mit Epi noch nicht richtig sitzt, was auch im Kispi vermerkt worden sei.
SL: gibt bekannt, dass ein Mädchen mit Rett-Syndrom angemeldet worden sei.

Fabe i. A.: will wissen, was das ist. Antwort wird auf nächste Sitzung verschoben.

Sch. Hp (3): bemerkt, dass immer weniger Kinder mit Downsyndrom angemeldet werden, aber dafür Kinder mit anderen Symptomen. Das heißt wohl, dass die PD mittlerweile durchzuschlagen beginnt.

SL: stellt fest, dass die Zeit nahezu um ist, dass aber noch unbedingt über die Eltern Qu. gesprochen werden muss, weil hier eine massive Akzeptanzproblematik vorliegt und wir als Team ja an einem Strick ziehen sollten. Oder?

Ende der Sitzung.

SL: Schulleiter. *Sch. Hp*: Schulische Heilpädagogin. *Physio*: Physiotherapeutin. *Ergo*: Ergotherapeutin. *Logo*: Logopädin. *SpiA HF*: Sozialpädagogin in Ausbildung Höhere Fachschule. *SpiA FH*: Sozialpädagogin in Ausbildung Fachhochschule. *Fabe*: Fachperson Betreuung im Behindertenbereich. *Stehbrett*: Vorrichtung, in der Kinder stehen können, die ansonsten im Rollstuhl sind, um ihnen eine andere Sichtweise zu ermöglichen bzw. ihre Position zu verändern und damit die Schwerkraft kennen zu lernen. *Bällelibad*: ein ca. 50 cm hohes Viereck (drei auf drei Meter), das mit unzähligen ca. fünf Zentimeter im Durchmesser großen Plastikbällen gefüllt ist und in das die Kinder hineingesetzt werden können. *Paradoxe Intervention*: ein Vorhaben, das durchgeführt wird, um das Gegenteil zu erreichen. *POS*: Psychoorganisches Syndrom. *MCD*: Minimale zerebrale Dysfunktion. POS und MCD meinen dasselbe. *Psychomotoriktherapie*: motorische Übungsformen in Einzel- oder Kleingruppentherapie. *Motopädagogik*: meint dasselbe. *Big Mac*: Elektronisches Sprachausgabegerät für Kinder, die über keine Lautsprache verfügen. *Stringenz*: durchgehende Logik. *Orff-Instrumente*: benannt nach Carl Orff, wird insbesondere mit einfachen Schlaginstrumenten durchgeführt. *Multifaktorielle Bedingtheit*: Ursachen sind vielfältig und können in ihrer Vielseitigkeit gar nicht erfasst werden. *Assimilation/Akkommodation*: Begriffe aus der Entwicklungspsychologie von Jean Piaget, meinen den Aufbau bzw. die Anwendung neuer kognitiver Schemata bzw. Strukturen. *Äquilibration*: ebenfalls aus der Theorie von Piaget, meint das ständige und stete Gleichgewicht von Assimilation und Akkommodation. *Wb*: Weiterbildung. *UK:* Unterstützte Kommunikation mit elektronischen bzw. nicht-elektronischen Hilfsmitteln insbesondere für Menschen ohne oder mit stark eingeschränkter Lautsprache. *BUK*: Büro für Unterstützte Kommunikation. *FST*: Fondation pour des télétheses. *Klanghölzchen*: Teile aus dem Orff-Instrumentarium. *Basale Stimulation*: Theorie von A. Fröhlich, nach der schwer- und mehrfachbehinderte Kinder gefördert werden können. *Objektpermanenz*: beschreibt nach Piaget die Entwicklungsstufe nach der ein Kind erkennt, dass ein Gegenstand weiterhin vorhanden ist, auch wenn es ihn nicht mehr sieht. *Helm*: Kinder mit einem epileptischen Anfallsleiden müssen einen Helm tragen wegen ihrer Sturzgefahr. *Epi*: Epilepsie. *Kispi*: Kinderspital. *Rett-Syndrom*: neurologische Störung mit einem charakteristischen Muster kognitiver und funktionaler Entwicklungsstagnation und anschließender Rückentwicklung. *Downsyndrom*: auch Trisomie 21, dreifaches Vorhandensein des 21. Chromosoms. *PD*: Pränatale Diagnostik. *Akzeptanzproblematik*: beschreibt den zumeist sehr schwierig verlaufenden Prozess der Akzeptanz in einer Familie bei Mutter bzw. Vater, wenn ein Kind mit einer Behinderung geboren worden ist.

Kommentar Eliane Perret

Die SL einer SPT für SuS mit Vb und Lb nahm als Ho an der Sitzung teil. Nachdem sie eine Weile dem engagierten und kompetenten Redefluss ihrer Kolleginnen gefolgt war, wurde sie wohlig müde und ließ sich auf einer Luftmatratze zum Bällelibad treiben. Eingelullt in wohlriechende Düfte träumte sie von den Kindern, die sie im Gespräch vermisst hatte. Und sie fragte sich, ob das päT allenfalls im Rahmen einer Wb den Strick drehen konnte, an dem es gemeinsam ziehen wollte.

SL: Schulleiterin. *SPT:* Sonderpädagogische Tagesschule. *SuS* Schülerinnen und Schüler. *Vb:* Verhaltensbehinderungen. *Lb*: Lernbehinderungen. *Ho:* Hospitantin. *päT*: Pädagogisches Team. *Wb:* Weiterbildung.

Die Bedeutung der Sprache für die Persönlichkeitsentwicklung, das Selbst und die Gesellschaft

Beitrag Eliane Perret

Als Kind hat mich an der Geschichte vom Turmbau zu Babel beeindruckt, dass die Menschen sich sprachlich nicht mehr miteinander verständigen konnten. Ich selber habe gerne gelesen, geschrieben und neue Wörter kennengelernt und verwendet. Sich nicht mitteilen zu können und in einer Welt ohne Geschichten und Bücher zu leben, war für mich eine schlimme Vorstellung.

Des Lesens und Schreibens nicht mächtig sein

Später habe ich einige Zeit Erwachsene unterrichtet, die genau das nicht ausreichend konnten. Damals nannte man sie *funktionale Analphabeten.* Es waren tüchtige Menschen, die aber durch ihr Handicap in ihren Lebensaufgaben und -träumen beeinträchtigt waren. Was das für das Schicksal jedes einzelnen Betroffenen bedeutet, kann sich ausmalen, wer sich die Rolle dieser Fähigkeiten in seinem eigenen Leben überlegt. Auch heute hört man nach wie vor von Schulabgängern und -abgängerinnen, die trotz durchlaufener Schulzeit große Schwierigkeiten mit dem Lesen und Schreiben haben und einfache Texte nicht verstehen und/oder nicht schreiben können. Dabei handelt es sich sowohl um fremdsprachige wie auch muttersprachlich Deutsch sprechende Jugendliche.

Aufbau sprachlicher Kompetenz – eine anspruchsvolle Aufgabe

Auch heute habe ich es als Heilpädagogin in der Schule oft mit Schülerinnen und Schülern mit Sprachentwicklungsverzögerungen zu tun. Viele können sich sprachlich nur schlecht ausdrücken, haben einen kleinen Wortschatz und erfassen die Feinheiten der Sprache nur ansatzweise.

Im Team überlegen wir uns immer wieder, wie wir diese Schülerinnen und Schüler sprachlich noch besser fördern können. Wo soll der Schwerpunkt sein? Es gibt eine Vielzahl von Fördermaterialien, methodischen Zugängen und Weiterbildungen, die genutzt werden können und die didaktische Kreativität beflügeln. Dennoch ist es keine einfache Aufgabe, denn der Erwerb von sprachlicher Kompetenz ist komplex.

Sprachliche Fitness und Schulerfolg

Für den Schulerfolg ist es also immens wichtig, sprachlich fit zu sein. Viele Inhalte werden sprachlich vermittelt und die Aufgabenstellungen in Worten formuliert. Sprachkompetenzen sind aber nicht nur bei der Erarbeitung des Schulstoffes unerlässlich, sondern auch für die Beziehungsgestaltung und das Selbstbild wichtig. Mittels der Sprache können wir unsere Gedanken, Gefühle und Absichten ausdrücken und anderen mitteilen. Sie ist zudem ein wichtiger Zugang zu unserer Kultur und bedeutsam für das Gefühl, unter den Menschen beheimatet und verwurzelt zu sein. Die Sprache ist die Brücke zum Du.

Sprache als dialogische Verbindung

Was fördert nun den Spracherwerb eines Kindes? Dafür gehe ich zurück in die Phase der frühen Kindheit.

Der Erwerb einer Sprache beginnt in den ersten Lebenswochen eines Kindes. Er ist ein beeindruckender komplexer Prozess, der sich über Jahre hinzieht. Das ist nicht einfach eine intellektuelle Leistung, sondern verknüpft mit der Beziehung zu den Mitmenschen und deshalb mit der ganzen Persönlichkeitsentwicklung eines Menschen verbunden.

Die von einem personalen Menschenbild (vgl. Kapitel 1 und andere) ausgehende Psychologie hat sich schon früh mit diesem Thema beschäftigt. In der ersten Hälfte des letzten Jahrhunderts wies beispielsweise Alfred Adler, der Begründer der Individualpsychologie, auf die Bedeutung der Sprache als dialogische Verbindung der Menschen zueinander hin. Die individualpsychologische Persönlichkeitstheorie und Neurosenlehre ordnete Sprachbehinderungen in den Rahmen der Gesamtpersönlichkeit ein. Bis in die siebziger Jahre des letzten Jahrhunderts wurde diese Auffassung von vielen Sprachheiltherapeuten und -therapeutinnen in ihre Arbeit einbezogen, sie war Allgemeingut.

Sprache als Brücke zum Kind

Für den Spracherwerb braucht ein Kind eine sprachliche Umwelt. Es ist der zwischenmenschliche Bezug, der den Sprachaufbau möglich macht. Die erste »Gesprächspartnerin« eines Kindes ist in den meisten Fällen die Mutter. Sie nimmt den Dialog mit dem Kind auf und hält ihn vorerst alleine aufrecht. So baut sie eine Brücke zum Kind und schafft mit ihm eine erste gemeinsame Erfahrungswelt. Dazu braucht sie Einfühlungsvermögen und Intuition, damit sie sein Verhalten richtig interpretieren und darauf reagieren kann. Es geht für die Mutter nicht in erster Linie darum, dem Kind die Sprache »beizubringen«. Vielmehr macht die positive gefühlsmäßige Beziehung zum Kind das gegenseitige Verstehen möglich.

Erwerb der Muttersprache – eine imposante Leistung

Der Erwerb der Muttersprache (= Erstsprache oder L1) ist besonders wichtig. Sie ist grundlegend für den Erwerb weiterer Sprachen und sollte von jedem Menschen möglichst gut und differenziert beherrscht werden. Das kleine Kind lernt seine Sprache nicht einfach, indem es seine Umgebung nachahmt. Es erfasst vorerst unbewusst die Strukturen der Sprache, kann Regelmäßigkeiten aus den gehörten Lauten herausfiltern und in seinem Sprachgedächtnis abspeichern. Mit den Sprechwerkzeugen probiert es mögliche Laute aus und baut Beziehungen zwischen Wörtern und der Gegenstandswelt auf. Mit etwa vier Jahren haben die Kinder bereits die meisten sprachlichen Komponenten erworben, die sie brauchen. Mit 16 Jahren sollten sie über einen Grundwortschatz von ungefähr 60.000 Wörtern verfügen. Das ist eine imposante Leistung und bedeutet umgerechnet, täglich etwa neun Wörter dazuzulernen!

Große Unterschiede – warum?

Warum gibt es aber so große Unterschiede im Spracherwerb und in der Sprachfähigkeit? In verschiedenen Studien wurde untersucht, weshalb die einen Kinder bereits in jungen Jahren wesentlich mehr Wörter kennen als andere. Eine bekannte amerikanische Studie fand z. B. heraus, dass Kinder aus wohlhabenden und bildungsnahen Familien mit drei Jahren bereits 30 Millionen Wörter mehr gehört hatten als ihre Altersgenossen aus ärmeren Familien. (vgl. Hart & Risley 2003). Die einen Kinder beherrschten bereits 1.100 Wörter, die anderen 525. Entscheidend war aber nicht unbedingt die Schichtzugehörigkeit. Wichtig war, ob in einer Familie mit Freude, genügend und differenziert miteinander gesprochen wurde. Dabei lernten die Kinder nicht nur Grammatik und Wortschatz, sondern auch zu denken. Das kann durch Medien nicht ersetzt werden, im Gegenteil.

Unsere Sprache ist also nicht einfach ein Kommunikationsmittel, das erworben werden muss, sondern sie ist in den Kontext der Persönlichkeitsentwicklung eingebunden. Sie ist die Brücke zum Du. Diese gefühlsmäßige Dimension der Sprache ist für den Erfolg didaktischer und methodischer Bemühungen entscheidend.

Kommentar Riccardo Bonfranchi

Du singst das Hohelied der Sprache. Auch für mich war und ist Sprache immer wichtig. Wenn das nicht so wäre, wäre ich nicht das geworden, was ich geworden bin.

Nun kommt dennoch das große Aber. Es gibt, wie du geschrieben hast, Menschen, die sich mit dieser Brücke sehr schwertun. Mir fielen noch andere Menschen aus meinem Arbeitsbereich ein: Menschen mit einer CP-Behinderung (Cerebralparese = spastische Lähmungen).

In den neunziger Jahren des letzten Jahrhunderts entwickelte man für die von einer CP-Behinderung Betroffenen die Unterstützte Kommunikation. Man nannte diese damals AAC (augmentative and alternative communication). Heute spricht man von UK (Unterstützter Kommunikation). Der Funke sprang auf die Geistigbehindertenpädagogik über und gehört in diesem Bereich zum Allgemeingut heilpädagogischen Wissens.

Basierend auf allen vorhandenen kommunikativen Fähigkeiten wie Körpersprache, Gestik, Mimik oder Vokalisation wurde ein multimodales, individuell angepasstes Kommunikationssystem für die Verständigung aufgebaut. Dabei wird heute diese Unterstützung in einen Lowtech- und einen Hightechbereich unterteilt. Beim Lowtechbereich handelt es sich um sogenannte natürliche Hilfsmittel ohne elektronische Sprachausgabe. Es können Gebärden und Zeigehilfen sein, aber auch Kommunikationstafeln, -ordner, -bücher. Bei den Hightechgeräten handelt es sich um Computer verschiedener Ausprägung, die eine Sprachausgabe haben.

Wie so oft hat man zu Anfang dieses Jahrtausends vor allem in die elektronischen Hilfsmittel große Hoffnungen gesetzt. Aber einmal mehr hat sich die normative Kraft des Faktischen gezeigt. Die Euphorie in diesem Bereich ist einer realistischeren Sicht gewichen. Man hat festgestellt, dass die meisten für viel Geld angeschafften Geräte letztendlich in einem Schrank versorgt wurden und dort auch verbleiben. Heute wird an vielen Heilpädagogischen Schulen die Sprache von geistig behinderten Kindern mittels Gebärden unterstützt. Es hat sich ein – mehr oder weniger – einheitliches Gebärdensystem (PORTA-Gebärden) entwickelt.

Auch so kann man Wege zum Du entwickeln. Wenn sie auch nicht immer einfach zu finden sind.

25 Gibt es einen Zusammenhang zwischen Individualpsychologie und Heilpädagogik?

Alfred Adler und die fruchtbare Verknüpfung von Individualpsychologie und Heilpädagogik

Beitrag Eliane Perret

Zu Recht wurde Alfred Adler, der Begründer der Individualpsychologie, kürzlich in der Neuen Zürcher Zeitung dargestellt als ein fälschlicherweise im Schatten von Freud und Jung stehender Psychologe, von dem heute viel zu lernen wäre.

Ich habe mich im Rahmen meiner Dissertation intensiv mit Adler befasst. So kann ich es natürlich nicht lassen, ein wenig weiter auszuholen. Tatsächlich sind Alfred Adler und die Individualpsychologie heute selbst in (heil-)pädagogischen Fachkreisen nur noch wenig bekannt. Schade!

Alfred Adler – ein Pionier der Tiefenpsychologie

Alfred Adler gehörte neben Sigmund Freud und Carl Gustav Jung zu den Pionieren der modernen Tiefenpsychologie des beginnenden 20. Jahrhunderts. Bis zu seinem Zerwürfnis mit Freud im Jahre 1911 arbeitete er mit ihm eng zusammen. Er war der Erste aus diesem Kreis, der ein aktives Interesse an Erziehungsfragen zeigte. Nach der Trennung von Freud begründete er die Individualpsychologie, eine psychologische Schule, die das Einzigartige und Unteilbare der menschlichen Persönlichkeit beschreibt. Das finde ich wichtig im Hinblick auf die heute übliche »Zergliederung« des Menschen in seine Funktionen.

Verwahrloste Nachkriegsjugend

In den ersten Jahrzehnten des letzten Jahrhunderts bestand ganz allgemein ein starkes Interesse an pädagogischen Fragen und die Konzepte der Reformpädagogik begannen, auf die Erziehungspraxis Einfluss zu nehmen. Denn nach dem Ersten Weltkrieg gab es als Kriegsfolge viele verwahrloste Kinder und Jugendliche, ein Problem, das gelöst werden musste. Von Vertretern und Vertreterinnen der Psychoanalyse (z. B. August Aichhorn, Anna Freud, Oskar Pfister, Hans Zulliger) und der Individualpsychologie (Alfred Appelt, Ferdinand Birnbaum, Alice Friedmann, Leonard Seif, Oskar Spiel u. a.) gingen wichtige Impulse aus, die Erkenntnisse der Tiefenpsychologie für die heilpädagogische und kinderpsychotherapeutische Arbeit nutzbar zu machen. Während aus psychoanalytischer Sicht die Triebentwicklung durch Erziehung in günstige Bahnen gelenkt werden musste, erachtete die Individualpsychologie eine sachgerechte Erziehung als entscheidenden Beitrag zur Persönlichkeitsentwicklung des Kindes. Es wird Alfred Adler zugeschrieben, als einer der Ersten auf die Bedeutung der Umwelt für die Gefühlsentwicklung des Kindes aufmerksam gemacht zu haben, wie der Schweizer Heilpädagoge Heinrich Hanselmann schreibt.

Breites Wirkungsfeld in Wien

Bereits während des Ersten Weltkrieges begann Adler mit einem Kurs über praktische Erziehung an der größten Volkshochschule Wiens im Volksheim Ottakring. Nach dem Krieg setzte er diese Tätigkeit fort und hielt dort Vorträge über »Menschenkenntnis«, die auf breites Interesse stießen. Er gehörte auch zu den »geistigen Größen« Wiens, die nach dem Ersten Weltkrieg als Dozierende in der neu gegründeten Ausbildungsstätte für Lehrpersonen im Schloss Neubrunn wirkten, ebenso wie im später gegründeten Pädagogischen Institut in Wien. Dort startete er mit einer Vorlesung zum Thema »Schwer erziehbare Kinder« und einer Vorlesung für Lehrpersonen und Heilpädagogen. Adler verlegte also sein Wirkungsfeld zunehmend in den (heil-)pädagogischen Bereich. Er gründete eine erste Beratungsstelle für Erziehung ebenfalls im Wiener Volksheim; später entstanden 28 weitere Beratungsstellen, die jeweils unter gemeinsamer Leitung eines Arztes und eines Psychologen oder Heilpädagogen standen. Die von Adler geleitete Beratungsstelle war zugleich Ausbildungsort für Lehrpersonen, Heilpädagogen, ärztliches und psychologisches Personal. Diese Arbeit musste 1934 aufgrund der politischen Entwicklung eingestellt werden. Ebenso die im Rahmen der Wiener Schulreform im Jahr 1931/32 eröffnete individualpsychologisch orientierte Versuchsschule.

Enge Verbindung zwischen Individualpsychologie und Heilpädagogik

Die enge Verbindung von Heilpädagogik mit der Individualpsychologie ist auch in der »Zeitschrift für Individualpsychologie« dokumentiert, die ab 1927 eine Rubrik »Heilpädagogik« aufwies, in der spezifisch heilpädagogische Themen zur Sprache kamen. Oft ging es um die Arbeit mit verhaltensauffälligen und lernbehinderten Kindern und die Aus- und Weiterbildung von Erziehenden und Lehrpersonen. Am II. Heilpädagogenkongress in München 1924 äußerte deshalb Heinrich Hanselmann in einem persönlichen Gespräch: »Sie haben wohl gemerkt, dass ich aus der Adler'schen Arbeit etwas gelernt habe.«

Zur Zeit des aufkommenden Faschismus flüchteten viele Individualpsychologen, auch Adler. Seine Schriften wurden verboten oder waren nur noch schwer zugänglich. Adler übersiedelte in die USA und setzte dort seine Lehr- und Beratungstätigkeit fort bis zu seinem Tod 1937. Nach dem Krieg führten seine Schüler und Schülerinnen seine Tätigkeit weiter.

Wertvolle wissenschaftliche Ergänzungen

Nun könnte man sagen: Lange ist es her, wie so vieles! Stimmt nicht. Die Individualpsychologie kann eine wichtige Grundlage für die heilpädagogische Arbeit sein, wie wir das z. B. an unserer Schule pflegen. Es gelang Adler, grundlegende psychologische Erkenntnisse der Allgemeinheit zugänglich zu machen, die immer noch gültig sind. Seine Begriffe und Erkenntnisse werden auch heute vielfach genutzt, leider oft als Steinbruch – ohne Herkunftsangabe.

Die Problematik eines Kindes in seinen lebensgeschichtlichen Kontext und seine Beziehungserfahrungen einzufügen, ergibt eine andere Grundlage für die heilpädagogische Arbeit, als wenn sie sich in Symptombeschreibungen erschöpft. Seit der Pionierarbeit von Adler wurden jedoch in anderen Bereichen der Psychologie und der Humanwissenschaften wichtige Erkenntnisse gewonnen, die seine Grundlegung heute wertvoll ergänzen oder aus anderer Perspektive bestätigen. So stand Adler beispielsweise die Entwicklungspsychologie – speziell die Bindungstheorie – zu seiner Zeit nicht zur Verfügung. Sie bildet heute jedoch mit der Individualpsychologie eine Synthese, die für die heilpädagogische Arbeit speziell mit verhaltensauffälligen und lernbehinderten Kindern sehr fruchtbar ist.

Heilpädagogik und Individualpsychologie, ein sich ergänzendes Paar

In den Schriften Adlers und seiner Schüler und Schülerinnen findet man viele Fallbeispiele, die zeigen, wie sie damals das Problem des Kindes angingen. Immer geht es darum, Fehlentwicklungen im Rahmen der ganzen Persönlichkeit zu verstehen. Die Ausgestaltung der frühkindlichen Beziehungen, die Position in der Geschwisterreihe, das familiäre Klima und der Erziehungsstil sind einige der Eckpunkte, die sich zu einem Ganzen zusammenfügen lassen. Es sind diese frühen Erfahrungen – verbunden mit eventuellen körperlichen Prädispositionen – aus denen das Kind im Wechselspiel mit seinen Bezugspersonen eigenaktiv seinen Lebensstil ausformt. Es nimmt die Welt aus dieser sehr persönlichen Perspektive wahr und ordnet mit seiner schöpferischen Kraft seine Erfahrungen ein; gewissermaßen ist es die »Brille«, mit der es die Welt wahrnimmt. Letztlich geht es für den Menschen darum, seine Lebensaufgaben als soziales Wesen in Verbundenheit mit den Mitmenschen konstruktiv anzugehen – Adler spricht von Gemeinschaftsgefühl. Was ja bei unseren Kindern und Jugendlichen stets ausbaufähig ist.

Darum: Heilpädagogik und Individualpsychologie, ein sich ergänzendes Paar! Warum das heute nicht häufiger genutzt wird? Einmal mehr – der Paradigmenwechsel im Menschenbild hat die Arbeitsweise in der Heilpädagogik grundlegend verändert! Und wissenschaftliche Erkenntnisse, die nicht in den Mainstream passen, werden nicht mehr in die Lehrinstitute aufgenommen.

Kommentar Riccardo Bonfranchi

Wie ich in meinem Beitrag zu diesem Kapitel angemerkt habe, bin ich in dieses Thema nicht eingearbeitet und konnte mich der Frage nur annähern. Ich habe jedoch deinen Text mit großem Interesse gelesen und danke dir für deine Ausführungen. Es wäre zu wünschen, dass die Individualpsychologie ihren wichtigen Beitrag für die Heilpädagogik auch heute leisten könnte. Du vermerkst in einem abschließenden Satz, dass die heutige Ausbildung solche Grundlagen leider nicht vermittelt, andere Schwerpunkte hat.

Dem Leser, der Leserin unserer Beiträge ist sicher klar geworden, dass wir eine Reihe von Veränderungen, die sich in den letzten 15–20 Jahren im Bereich der Heilpädagogik ereignet haben, kritisch sehen. Die Entwicklung unseres Faches ist uns nicht gleichgültig und so bleiben wir dabei, unseren Beitrag aus dem Fundus unseres Wissens und unserer Erfahrung weiter zu leisten, wozu unser Gedankenaustausch dienen soll.

Wir treten dafür ein – im Interesse der Kinder mit besonderen Bedürfnissen –, dass die Heilpädagogik als eine eigene wertgeleitete Wissenschaft (Häberlin) anerkannt wird und neue Forschungsergebnisse von Pädagogik und Psychologie einbezogen werden, die, wie du ausführst, vielfach auf Grundlagen der Individualpsychologie aufbauen können.

Werk und Wirken Alfred Adlers – Versuch einer Einordnung

Beitrag Riccardo Bonfranchi

Über diesen Zusammenhang habe ich bisher nirgends etwas gelesen. Und ich frage mich, was ich vom Hörensagen zur Person Alfred Adlers und dessen Individualpsychologie weiß. Nicht viel: Ich habe von Alfred Adler lediglich als einem Schüler von Freud gehört. Er war Arzt und Psychologe in Wien und hat, soviel ich weiß, keine Bücher veröffentlicht, die heute noch bekannt sind. Dies ganz im Gegensatz zum Psychoanalytiker C. G. Jung, der auch dem Kreis um Freud angehörte.

Ich kenne Adler aber indirekt über Manès Sperber, auf den er großen Einfluss hatte. Von Sperber habe ich eine Trilogie gelesen, für mich ein faszinierendes Buch: »Wie eine Träne im Ozean« (1961). Sperber wiederum war ein Schüler und Mitarbeiter von Adler.

1927 zog Sperber auf Anregung Adlers nach Berlin. Er trat dort der Kommunistischen Partei bei. In der Berliner Gesellschaft für Individualpsychologie, der größten nach der Wiener Gesellschaft, hielt er Vorträge und Ausbildungslehrgänge. Sperber lehrte an mehreren Fachschulen, die Fürsorger und Fürsorgerinnen sowie sozialpädagogisches Personal ausbildeten. Er gab auch in einigen Erziehungsheimen Kurse für Heimerzieher und -erzieherinnen. Für diese Lehrtätigkeit im heilpädagogischen Bereich konnte er auf seine individualpsychologische Ausbildung bei Adler zurückgreifen.

Sperber brach 1932 mit Adler wegen unterschiedlicher Standpunkte zu Individualpsychologie und Marxismus. Er verfasste dazu viel später aus seiner Sicht eine Schrift: »Alfred Adler oder das Elend der Psychologie« (1980). Dieses Buch habe ich im Bücherschrank. Ich habe also über Sperber die Gedanken Adlers kennengelernt.

Deshalb habe ich nur über ihn als Mittelsmann einen Bezug zu Adlers psychologischem Ansatz. Ich weiß aber, dass deine Dissertation sich mit der Adler'schen Individualpsychologie im Zusammenhang mit der Heilpädagogik sehr genau befasst: »Die Rezeption der Individualpsychologie in der deutschsprachigen Sprachbehindertenpädagogik unter spezieller Berücksichtigung der Behandlung des Stotterns«. Du hast den Einfluss der Individualpsychologie in einem Spezialbereich der Heilpädagogik untersucht.

Sicht der Persönlichkeit?

Im Umfeld der Ausgangsfrage werfe ich noch einen Gedanken auf, der mir im Zusammenhang mit Adler in den Sinn gekommen ist. Wie ist seine Sicht der Persönlichkeit zu beschreiben? Ich ziehe zur Annäherung – sehr vereinfacht – zwei psychologische Sichtweisen heran:

Zum einen die lernpsychologische Sicht (Behaviorismus), die sich nicht mit der Persönlichkeit oder dem Charakter eines Menschen befasst. Ein Individuum sei das, was es gelernt hat. Das Gehirn sei eine »Blackbox«, die auf Reize reagiert. Daraus ergebe sich alles, was das Individuum tut und denkt.

Zum anderen die Persönlichkeitspsychologie, das Forschungsgebiet, wie jeder Mensch über Anlagen und Umwelt und das, was er individuell daraus macht, zu einer unverwechselbaren Persönlichkeit wird. Es entwickelt sich demnach ein Kern, der die Persönlichkeit ausmacht und der – mehr oder weniger – unveränderlich ist.

Ein Exponent hierfür scheint mir Alfred Adler zu sein, der von einer charakterlichen Leitlinie jedes Menschen ausgeht, die er im Lauf seines Lebens ausbaut oder variiert, die aber grundsätzlich beständig bleibt. Das heißt, wenn sich die Persönlichkeit beim Kind entwickelt hat, werden ihre Motivationen, Empfindungen, Haltungen mehr oder weniger dem gleichen Muster folgen.

Für mich stellt sich die Frage, ob Adler so einzuordnen ist. Dies wäre eine Vorfrage zur eigentlichen Frage des Zusammenhangs zwischen Individualpsychologie und Heilpädagogik.

Aber eben, wie zu Beginn gesagt ...

Kommentar Eliane Perret

Nun, hier hast du offensichtlich Neuland betreten. Ich hoffe, dass du da noch ein bisschen verweilst. Du wirst sicher aus meinem Beitrag einiges entnehmen können. Vielleicht noch Folgendes. Alfred Adler war kein Schüler Freuds. Sondern es war eben diese Zeit um die Jahrhundertwende, in der die Tiefenpsychologie aufkam, nachdem man sich zuvor auf die Theorien von Johann Friedrich Herbart, Wilhelm Wundt und Hermann Ebbingshaus gestützt hatte, um »den Menschen zu erklären«. In Wien traf man sich in den sogenannten Mittwochsgesellschaften, zu denen Freud die Ärzte Wilhelm Stekel, Max Kahane, Rudolf Reitle und Alfred Adler eingeladen hatte. Dieser Diskussionszirkel erweiterte sich mit der Zeit und wurde schließlich in *Wiener Psychoanalytische Vereinigung* umbenannt. Nach Adlers Bruch mit Freud trafen sich die Individualpsychologen weiterhin, zu ihnen gehörte auch der von dir erwähnte Manès Sperber.

Dann ist es zum Glück so, dass Adler sehr viele Schriften hinterlassen hat. Zum Teil wurden nach seinem Tode auch Vorlesungsmitschriften veröffentlicht. Sie dokumentieren seine Lehr-, Ausbildungs- und Beratungstätigkeit und seinen theoretischen Ansatz, der sich im Laufe seines Lebens auch wandelte (z. B. dürfte dich Hans Vaihingers *Philosophie des Als Ob* interessieren, die für Adler grundlegend war). Darüber hinaus gibt es viele Schriften, in denen Schüler und Schülerinnen von Adler sein Leben darstellen oder von ihren Begegnungen und der Zusammenarbeit mit ihm berichten, dazu gehören auch verschiedene Heilpädagogen und Heilpädagoginnen.

26 Kreativität in der Schule – ein Widerspruch?

Kreativität beflügelt Schülerinnen und Schüler

Beitrag Riccardo Bonfranchi

Betrachtet man die Entwicklung der letzten 15 Jahre, erscheint es, als stünden Kreativität und Schule im Widerspruch zueinander.

Schule heute

Angesichts der ständigen Flut von Kompetenzüberprüfungen kann man annehmen, dass in der Schule für Kreativität nur sehr wenig Raum ist. Schule so verstanden erzieht zu einem konvergierenden Denken, zur Einordnung in Normen, wie sie in unserer Leistungsgesellschaft und damit auch im Berufs- und Arbeitsleben gegeben sind. Zum Erwerb der Grundkenntnisse für die Teilhabe an unserer Gesellschaft sind eine gute Arbeitshaltung, Gedächtnisleistungen und Reproduktionsfähigkeit nötig. Das hat mit Kreativität zunächst nichts zu tun.

Aber wieder einmal ist die Sache nicht so eindeutig. Mit der Ablösung des Gesamtklassenunterrichts durch sogenanntes individualisiertes Lernen sind die Schüler und Schülerinnen heute auf sich gestellt und aufgefordert, eigenverantwortlich in Lernateliers oder Lernwerkstätten zu arbeiten. Ebenso verpflichtet sie der Wochenplan, ihre Arbeiten selbst zu planen. Dabei beobachte ich auch kreative Eigenleistungen von Schülerinnen und Schülern, die sich das Lernen zutrauen, auf der Basis guter Grundkenntnisse. Ich weiß aber, dass lern- und/oder geistig behinderte Schülerinnen und Schüler solche Leistungen gerade nicht und erst recht nicht in diesen Arrangements, in dieser Art und Weise erbringen können!

Gerade dieser Personenkreis hat aber ein Anrecht auf adäquate Ausbildung und dazu gehört auch die Förderung von Kreativität in der Sonderschule. Auch deshalb, weil die Kinder und Jugendlichen in diesem Bereich oft große Defizite aufweisen. Denn was ist denn der Sinn der Sonderschule anderes, als eben Defizite zu erkennen und möglichst in Stärken zu verwandeln?

Kreativität und Schule

Nach diesen allgemeinen Gedanken zu einigen Schwerpunkten der Schule heute will ich nun auf den Begriff der Kreativität eingehen. Er hat seinen Ursprung im lateinischen Verb »creare«, das bedeutet erschaffen, erzeugen.

Kreativität bezeichnet eine allgemeine urmenschliche Eigenschaft, unabhängig davon, auf welcher Entwicklungsstufe der einzelne Mensch steht. Ob das, was jemand erschafft, bereits anderswo entwickelt wurde oder seine eigene einmalige, in diesem Moment entstandene Schöpfung ist, hat keine Bedeutung. Diese Offenheit in der Beschreibung von Kreativität ist in der Schule wichtig.

Wie lässt sich nun eine so beschriebene Kreativität in der Schule fördern? Welches Bild von Kreativität setzt es beim einzelnen Lehrenden voraus? Ein Hindernis sehe ich darin, dass manche Lehrerinnen und Lehrer nur dort einen kreativen Akt erkennen, wo sie das Produkt als einmalig und neu einschätzen. Diese Sichtweise ist – insbesondere in der Heilpädagogik – falsch. Es gilt vielmehr, den Blick jeweils auf den aktuellen Stand des Kindes zu richten, darauf, was es heute neu entwickelt hat im Vergleich zu dem, was sein gestriger Stand war. Die Lehrperson muss also sehr genau beobachten, wo sich das Kind befindet und ob das, woran es gerade arbeitet, als ein kreativer Akt, ein neuer Weg verstanden werden kann oder ob es auf ein Schema zurückgreift, das es bereits entwickelt hatte.

Ich will keineswegs den Erwerb von Wissen und Können hintanstellen. Dabei darf aber nicht vergessen werden, dass die Fähigkeit zu kreativen Denkstrategien und Verhaltensweisen für Art und Ausmaß der Lebensbewältigung eines Individuums entscheidend ist. Dies unabhängig davon, ob es sich um ein Kind mit einer schweren und mehrfachen geistigen und körperlichen Behinderung handelt. Wenn das betreffende Kind beginnt, zielgerichtet zu blinzeln, um damit zu zeigen: Wenn ich so blinzle, dann bedeutet das »Ja«, wenn ich hingegen anders blinzle, dann bedeutet das »Nein«, dann ist das ein hoch-kreativer Akt, der für die weitere Zukunft dieses Kindes von entscheidender Bedeutung sein wird.

Ich gehe also davon aus, dass – wie alle Kinder – auch Kinder, die in einer Sonderschule beschult werden, zu einem kreativen Verhalten oder Denken hingeführt werden können, wenn denn nur die Bedingungen von Seiten der Lehrperson geschaffen werden.

Hindernisse und Bedingungen von Kreativität

Welche Bedingungen sind nun förderlich? Ich grenze zunächst davon ab, was ein freies Herangehen an eine Aufgabe stören kann.

Als *Hindernisse* für die Förderung von Kreativität sehe ich an:

- autoritäre Haltung der Lehrperson,
- emotionale Unsicherheit beim Kind,
- Konformitätsdruck,
- allzu starke Betonung von dem, was als richtig und falsch zu gelten hat,

- übermäßiges Suchen nach Gewissheit,
- starke Betonung der Zweckorientierung,
- Unduldsamkeit gegenüber spielerischem, entdeckendem Verhalten oder Denken.

Als *hilfreich* für die Förderung von Kreativität sehe ich dagegen an:
- Gelegenheiten und Situationen zu schaffen, die zu selbst-initiiertem Handeln führen,
- eine offene Lernumgebung bereitzustellen,
- zu ermutigen, einen bereits eingeschlagenen Lernweg zu variieren; die Offenheit zu fördern, etwas Neues zu wagen,
- Urteile und Kritik aufzuschieben oder ganz wegzulassen,
- das Akzeptieren von verqueren »falschen« Fragen,
- das Respektieren und Fördern von ungewöhnlichen Ideen.

Dabei möchte ich noch einmal betonen, dass es nicht darum geht, dass der Schüler, die Schülerin nun zu einem großen Wurf ausholen und ein Ergebnis bringen muss, das dann vielleicht in der Aula der Schule oder bei der Gemeinde ausgestellt werden kann. Es geht vielmehr darum, den Schülern und Schülerinnen die Gelegenheit und den Raum dafür zu geben, dass sie aus ihren bisherigen gut geübten, vertrauten Bahnen heraus spielerisch neue entdecken können. So gesehen kann als Erziehung *zur* Kreativität die Erziehung *durch* Kreativität verstanden werden. Es erscheint klar, dass hierbei insbesondere die Fächer der musischen Erziehung (Werken, Kunst, Bricolage, Musik mittels Orff-Instrumenten oder anderer Schlaginstrumente) eine Rolle spielen, aber auch Sport- und Kampfspiele wie Sumo oder Judo sinnvoll eingesetzt werden können. Doch auch in allen anderen Fächern gibt es immer wieder die Möglichkeit zu freien Aufgabenstellungen, die verschiedene Lösungswege offenlassen. Der Kreativität der Lehrerin, des Lehrers sind hier keine Grenzen gesetzt.

Kommentar Eliane Perret

Oho, ich hoffe, dass sich mein Auftrag in der Schule nicht als Erziehung *»zu einem konvergierenden Denken, zur Einordnung in Normen, wie sie in unserer Leistungsgesellschaft und damit auch im Berufsleben- und Arbeitsleben gegeben sind«* versteht. Jedenfalls habe ich das nie so gelernt, so verstanden und auch nicht im Zweckartikel des Volksschulgesetzes gefunden. Wenn das so wäre, dann würden der derzeit hochgelobte digitale Unterricht und auf Algorithmen basierende, personalisierte Lernprogramme genügen. Das ist aber meines Erachtens ein sehr reduzierter Lernbegriff, der darauf hinausläuft, gegebene Informationen auszuwerten, allenfalls auswendig zu lernen und darauf zu reagieren, (z. B. eine von möglichen Antworten durch Zufall oder geschicktes Kombinieren richtig anzukreuzen). Zwar sind das nötige und wichtige Teilaspekte des Lernens, aber mit echter Bildung als Grundlage von Kreativität haben sie – so sehe ich das – nichts gemein. Dazu müssten die Schülerinnen und Schüler das zu Lernende so gut wie möglich durchdringen (vgl. Kapitel 17, mein Kommentar)!

Seit der Aufklärung gehört es zum Bildungsauftrag, die Menschen dazu zu befähigen, sich des eigenen Verstandes zu bedienen, sich Selbsterkenntnis und Urteilsvermögen zu erwerben. Echte Kreativität erfordert diese ethischen Grundlagen. Du sprichst heute propagierte didaktische Konzepte an, die »Eigenverantwortung« und »selbstorganisiertes Lernen« als kreative Eigenleistungen fördern sollen. Meistens basieren sie auf im Hintergrund unterstützenden Eltern, Großeltern und Nachhilfelehrern wie -lehrerinnen und einem familiär bildungsfreundlichen Klima. Und du schreibst zu Recht, bei diesen Unterrichtsformen hätten Kinder und Jugendliche Erfolg, die sich das Lernen zutrauen (sie hätten es laut Studien auch in anderen Lernkontexten). Aber für mich ist Kreativität mehr! Um kreativ zu werden, braucht es entsprechende Grundlagen in Geist und Psyche. Dann kann Neues entstehen, eben kreiert werden. Lernen wird dann notwendigerweise zu einem Prozess, der viel mit der Beziehung, mit echtem zwischenmenschlichem Kontakt und der Vermittlung zwischenmenschlicher Werte zu tun hat. Kreativität braucht dieses Fundament, soll sie sich nicht in wenig wünschbarem »verhaltensoriginellem« Tun oder gestalterischem Arbeiten als einem Abklatsch von billigen Modellen äußern – auch »kreativ«. Das bedingt ein pädagogisches Klima, das auf Gleichwertigkeit und menschlicher Wertschätzung beruht und sich in entsprechendem Umgang äußert, wie du ihn beschreibst. Das heißt, wiederum ist die Persönlichkeit der Lehrerin, des Lehrers zur Förderung von Kreativität gefragt. Dann stimme ich mit dir überein, *»dass auch Kinder, die in einer Sonderschule beschult werden, zu einem kreativen Verhalten bzw. Denken hingeführt werden können, wenn denn nur die Bedingungen von Seiten der Lehrperson geschaffen werden«.*

Die Entwicklung der (kindlichen) Persönlichkeit unter dem Aspekt des Schöpferischen

Beitrag Eliane Perret

In diesem Zusammenhang denke ich an Wasserfarbkästen und bunte Bilder. Ich habe den Duft von Holzspänen in der Nase, klangvolle Melodien im Kopf, zupfe in Gedanken farbige Fasern von meinem Pullover, die nach Nähaktionen dort hängen geblieben sind, oder versuche, die Ideen zu fassen, mit denen ich diesen Text schreiben möchte. Kreativität – natürlich auch in der Schule! Das Gestalten mit den Kindern gehört zu meinen Lieblingsfächern. Das Kreative hat immer seinen Platz, auch eingebaut in den scheinbar trockeneren Fächern wie Mathematik. Kreativität ist für mich das Schöpferische, Selbsttätige, das mich befähigt, Dinge entstehen zu lassen oder Gedanken zu formulieren, die – zumindest mir – neu erscheinen. Aber um ganz ehrlich zu sein, ist es kaum neu, was jeweils entsteht, denn irgendwoher, meist unbemerkt, wurde ich dazu angeregt und ich habe ein Vorwissen, auf das ich aufbauen kann. Denn Kreativität entsteht nicht aus dem Nichts. Es braucht Grundlagen. Ich bringe die vielen Erfahrungen, die ich als Kind im Umfeld meiner Familie, in der Schule und meinem weiteren Umfeld gemacht habe, in meine schöpferischen »Ausflüge« mit ein.

Kreativität gehört zum Menschen

Ein Blick zurück in die Menschheitsgeschichte zeigt, dass Kreativität offenbar zum Menschen gehört. Ich staune bei Museumsbesuchen oder bei der Beschäftigung mit anderen Kulturen immer wieder über vor langer Zeit entstandene, kunstvoll verzierte Alltagsgestände, verblüffende Ideen für die Herstellung von Werkzeugen zur Erleichterung des täglichen Lebens oder darüber, wie man den eigenen Wohnbereich verschönerte. Aber auch in der Entwicklung und im Gebrauch von Sprache spielt Kreativität eine wichtige Rolle. Man spielt mit Wörtern und kreiert neue. Kreativität spielte deshalb in der Entwicklung der Kulturen immer eine wichtige Rolle.

Aus »Gleichem« wird nicht »Gleiches«

Aber ich wäre ja nicht Heilpädagogin und Psychologin, würde ich Kreativität nicht auch bezüglich seelischer Gegebenheiten reflektieren. Mir gehen die vielen Kinder und Jugendlichen durch den Kopf, die ich ein Stück auf ihrem Weg begleitet habe; eine Vielfalt von heranwachsenden Persönlichkeiten, nicht nur äußerlich. Sie kamen aus ganz unterschiedlichen und doch auch vergleichbaren Verhältnissen zu uns. Nur wird das »Gleiche« jeweils sehr unterschiedlich erfasst, verarbeitet und beantwortet! Wir kennen ja die Fragen der Eltern, die nicht verstehen, warum das eine Kind sich so problematisch entwickelt hat, obwohl alle gleich viel bekommen haben und geliebt werden. Oder warum die eineiigen Zwillinge sich trotz identischen genetischen Anlagen ganz unterschiedlich entwickeln.

Das Prinzip der Finalität

Die Individualpsychologie (einmal mehr) hat die viel diskutierten Anlage-Umwelt-Fragen um wertvolle Beiträge ergänzt, indem sie die Beobachtung der Kausalität bei der kindlichen Entwicklung durch das neue und wichtige Prinzip der Finalität (der Zielgerichtetheit) menschlichen Verhaltens ergänzt hat. Dies als eine anthropologische Gegebenheit, bedingt durch evolutionäre Gesetzmäßigkeiten. Aus dieser Erkenntnis formulierte Alfred Adler als Ziel von Lebewesen die Überlebenssicherung im weitesten Sinne, die auch die psychischen Belange miteinschließt. In der Ausgestaltung dieses Ziels spielt die Kreativität, in dem Zusammenhang von Adler als *schöpferische Kraft* bezeichnet, eine essenzielle Rolle. Was ein Kind aus den Bedingungen seiner körperlichen Konstitution und seinen Umweltbedingungen entwickelt, ist Resultat seiner freien schöpferischen Kraft oder eben der Kreativität, mit der es darauf antwortet. Das lässt sich beispielsweise gut bei Kindern beobachten, die mit einer körperlichen Einschränkung leben müssen. Diese kann einerseits dazu führen, dass sich ein Kind sehr anstrengt und – wie ich erlebt habe – zu unglaublichen Leistungen gelangt. Diese Situation kann aber auch dazu führen, und das habe ich ebenfalls erlebt, dass sich ein Kind alles abnehmen lässt und deshalb seine noch vorhandenen Möglichkeiten nicht oder zu wenig ausschöpfen kann. Diese stets individuelle Antwort auf eine Ausgangssituation ist eingebunden in die zwischenmenschlichen Beziehungen. Nach dem Prinzip von Versuch und Irrtum formt ein Kind aus individualpsychologischer Sicht von den ersten Lebensmonaten an, vorerst unbewusst, seine (seelischen) Reaktionen aus.

»Gestalter« seiner eigenen Persönlichkeit

In schöpferischer Auseinandersetzung mit seiner Lebenssituation entwickelt es allmählich ein inneres Leitbild, das ihm subjektiv eine optimale Bewältigung seiner Lebensaufgaben verspricht. Auf diesem seelischen Hintergrund ordnet das Kind seine Eindrücke ein, deutet und verarbeitet sie und entwickelt Lösungsansätze. So werden die Grundsteine für die individuelle Konstitution und Entwicklung von Gefühls-, Denk- und Verhaltensmustern gelegt, die in einem komplexen Zusammenspiel zu einer Ganzheit zusammengefügt werden und die Persönlichkeitsstruktur des

Kindes ergeben. In diesem Sinne ist jeder Mensch Bild und Künstler und so gesehen »Gestalter« seiner eigenen Persönlichkeit. Der britische Pionier der Bindungsforschung John Bowlby hat dieses individuelle Leitbild später als *inner working model* bezeichnet. Gerade in der Arbeit mit Schülerinnen und Schülern mit Lern- und Verhaltensproblemen richte ich den Blick immer auf die inneren Beweggründe. Für die Lehrpersonen ist das Wissen um solche Ursachen und Ziele essenziell, denn es ergeben sich daraus Ansatzpunkte für die Förderung.

Oft ein versteckter Schatz

Aber nun kehre ich nochmals zu den Wasserfarben, dem Duft von Holzspänen, den farbigen Fasern und den Gedanken, die sich aus einem Gewirr zu einem stabilen roten Faden durchmausern, zurück. Kreativität ist – da bin ich mir sicher – in jedem Menschen vorhanden. Die Fähigkeit, sein Leben kreativ anzugehen und seine Lebensaufgaben in einer ihm ganz eigenen Art zu lösen, gehört zu ihm. Manchmal ist sie allerdings versteckt wie ein verborgener Schatz, der erst gehoben werden muss.

Die Frage stellt sich deshalb für mich nicht, wie viel Kreativität der Mensch wohl hat, vielmehr ist sie Teil seines Lebens, falls wir Kreativität nicht nur auf den gestalterischen Bereich begrenzen wollen. Und in der Schule liegt es an der Kreativität der Lehrpersonen, wieviel Platz sie im Unterricht und in der Beziehungsgestaltung findet.

Kommentar Riccardo Bonfranchi

Du betrachtest Kreativität auch in Bezug auf seelische Vorgänge und siehst die gesamte Entwicklung der kindlichen Persönlichkeit unter dem Gesichtspunkt des Schöpferischen. Um die kreative Eigenaktivität des Kindes herauszuarbeiten, stellst du die Begriffe Kausalität und Finalität einander gegenüber. Mir ist die Ergänzung von Kausalität durch Finalität, so wie du sie beschreibst, in unserem Zusammenhang nicht verständlich geworden. Ich schildere hier einmal meine Vorbehalte.

Ein Kind ist kreativ, wenn es motiviert ist, aus etwas ihm Bekannten etwas Weiterführendes zu gestalten. Inwieweit dies von außen kausal beeinflusst ist, ist nie eindeutig festzustellen, es muss nach meiner Erfahrung offenbleiben. Ich habe oft vergeblich versucht, eine Antwort zu erhalten auf meine Frage, warum ein Kind ein bestimmtes Bild gemalt hat. Das Kind hat es einfach gemacht! Von daher kann ich mit Kausalität im Umkreis von Kreativität nicht viel anfangen. Bei der Kausalität sucht man danach, ob etwas eindeutig auf eine Ursache zurückgeht. Ich drücke auf den Lichtschalter und die Lampe geht an. Warum? Weil jetzt Strom fließt, was vorher nicht der Fall war. – Wenn die Ursache eines Phänomens unbekannt ist, forschen die Menschen so lange, bis sie es herausgefunden haben. Das ist ein zielgerichtetes Suchen und hat meiner Meinung nach mit Kreativität auch nichts zu tun. Es ist ebenso wenig ein freier schöpferischer Akt. Natürlich kann in diesem Suchen inhärent eine kreative Leistung enthalten sein, wenn jemand durch neue Überlegungen herausfindet, warum etwas geschieht. Aber darum geht es in der Schule nicht: Das Kind kreiert etwas, ohne zu wissen, warum oder wozu.

Deshalb kann Kreativität auch nicht zielgerichtet sein. Kreativität schließt meiner Meinung nach sowohl das kausale wie auch das finale Element aus. Ja, die Finalität steht in meinen Augen der Kreativität geradezu diametral entgegen. – Ich gehe einmal von mir aus: Wenn sich Geschehnisse in meinem Leben kausal ergeben oder ich sie final entwickle, bleibe ich in meiner Lebensgeschichte gefangen, sei sie durch die Vergangenheit bestimmt oder auf die Zukunft hin ausgerichtet. Raum für Kreativität ergibt sich für mich erst dadurch, dass es mir gelingt, mich immer wieder sowohl von der Einengung durch den kausalen wie auch durch den finalen »Zwang« zu lösen. Dann erst kann ich mich in Bezug auf mein Leben kreativ verhalten.

27 Kann man jemand anderen motivieren?

Motivation durch individuelle Ermutigung

Beitrag Eliane Perret

Natürlich kann man jemand anderen motivieren. Auch ich lasse mich gerne motivieren, z. B. gemeinsam ein Buch zu schreiben. Voraussetzung ist allerdings, dass auch *ich* mich »auf den Weg machen will«, den mir mein Gegenüber vorschlägt. Mit anderen Worten bedeutet für mich »den anderen motivieren« immer etwas, was von beiden Seiten eine Aktivität braucht. Diese Situation haben wir täglich in der Schule. Viele unserer Schülerinnen und Schüler brauchen jemanden – meistens ist es die Lehrperson – der sie motiviert, sich einer Aufgabe zu stellen, die auf den ersten Blick schwierig erscheint. Sonst würden sie einen Bogen darum herum machen.

»Wenn etwas schwierig wird, höre ich nicht mehr zu!«

Ich denke hier beispielsweise an Nico, einen Viertklässler. Er ist ein schlaues Bürschchen, hat aber Mühe beim Zeichnen und Werken. Er hat wenig Übung und ist darum eher ungeschickt. Wie ich den Kindern ankündigte, wir würden nun Blumen aus Papiergarn für eine Lichterkette herstellen, beobachtete ich, wie sich über seine Augen ein leichter Schleier legte. Offensichtlich war er am »Wegtauchen«. Ich lächelte ihm zu und meinte freundlich, aber entschieden, dass er mir genau zuschauen solle, dann wisse er, wie es gehe. Sein Blick klärte sich und er verfolgte meine Anleitung aufmerksam. Dann machte er sich an die Arbeit und probierte, bis er schließlich Erfolg hatte. Er freute sich über seine schönen Blütenkelche und natürlich darüber, dass er von mir ein positives Echo erhielt. Plötzlich meinte er: »Wissen Sie, wenn ich denke, etwas ist schwierig, dann höre ich Ihnen jeweils einfach nicht mehr zu.« Wieder ein bisschen später schob er nach: »Ich weiß nicht, warum, aber wenn Sie mich etwas zum Fußball fragen, dann ist das nicht so.« Seine Bemerkung war nicht nur für ihn, sondern auch für mich eine wichtige Erkenntnis. Meine Aufforderung hatte bei Nico offensichtlich ein Nachdenken über sich und seine Gefühle ausgelöst. Er hatte bei sich eine seelische Bewegung realisiert, die ihn hinderte, sich auch anspruchsvolleren Aufgaben zu stellen. Ich wusste nun besser, wie ich ihm in solchen Situationen eine Brücke bauen konnte, und für uns eröffnete sich so ein Weg in der Zusammenarbeit. Motivation ist ein soziales Geschehen. Es geht nicht einfach um oberflächliches Motivieren, sondern ich würde es eher als Ermutigung umschreiben, die in jedem Fall individuell ist.

»Aha, so geht das!«

Ein anderes Beispiel: Gianna in der fünften Klasse hat große Mühe beim Rechnen. Man hat manchmal das Gefühl, die Zahlen würden ihr vor den Augen herumtanzen. Sie rechnet unbesehen Einer, Zehner und Hunderter zusammen oder weg, als ob es keine Stellenwerte gäbe. Von außen ist das nicht erkennbar. Sie ist fleißig und oft schreibt sie schnell und geschäftig ins Heft. Sie wirkt konzentriert, aber alle Ergebnisse sind falsch. Bei ihr genügt es nicht, sie einfach zu ermutigen, sich die Zahlen in Ruhe anzuschauen, bevor sie beginnt. Sie hat diese innere Ruhe noch nicht. Man hat den Eindruck, sie sei durch ein sehr tiefliegendes Dummheitsgefühl im Denken gelähmt. Sie verlässt sich nicht auf sich und ihr Denkvermögen. Manchmal schimpft sie mit sich: »Ich bin so dumm, ich habe einfach aufgehört zu denken.« Sie muss bei uns erleben, dass sie diesem Dummheitsgefühl nicht ausgeliefert ist. Im direkten Hin und Her gelingt es ihr besser, sich mit den Zahlen und deren Stellenwerten zu befassen. Dann lässt sie sich aufs Mitdenken ein und ihr »Aha, so geht das!«, tönt anders, überzeugender. Die Schritte dürfen nicht zu groß sein, sonst wird sie mutlos, sind sie jedoch zu klein, fühlt sie sich unterschätzt, was wiederum entmutigend wirkt. Mit einer Hand im Rücken wagt sie zu denken und wird ebenfalls eifrig – aber anders.

Sich auf ein Hin und Her einlassen

Simon hingegen lernt leicht. Er findet schnell einen Weg und kann auch komplexe Gedankengänge entwickeln oder gut nachvollziehen. Schwerer fällt es ihm hingegen, sich im Team auf ein gegenseitiges Hin und Her einzulassen. Er will bestimmen und der Beste sein, sonst verweigert er sich oder wird wütend. Meine Aufgabe ist es, ihn zu motivieren, dass er sich auf das Zusammenspiel mit den anderen Kindern einlässt, und auch darauf, deren Beitrag anzuerkennen, sich einzugestehen, dass auch andere etwas wissen. Vielleicht sogar besser als er.

Smileys genügen nicht ...

Die Beispiele mögen zeigen, dass Motivation kein Prozess ist, der schematisch und immer gleich abläuft. Es gibt heute viele Lernprogramme, die Kinder zum Lernen motivieren sollen. Vor allem mit digitalen Lernmedien. Sie arbeiten mit visuellen und akustischen Effekten. Bei jedem Lernschritt oder jeder richtigen Antwort gibt es Lob in Form von Punkten, Geräuschen oder bunten Bildchen (auch wenn die Antwort sich durch Raten ergeben hat). Verbreitet sind auch die verhaltenstherapeutisch orientierten Programme, mit denen Kinder kooperatives Verhalten lernen soll. Smileys als Motivationsspritze oder auch ein niedlicher Frosch, der die Leiter hinauf- oder hinabklettert. Das mag vordergründig motivierend sein. Die Kinder sind in den meisten Fällen jedoch nur eine kurze Zeitspanne motiviert. Dann lässt der Eifer nach und sie finden es langweilig.

… denn Lernen ist ein Beziehungsgeschehen

Das ist auch nicht verwunderlich, weil die zwischenmenschliche Beziehung fehlt. Es fehlt das gemeinsame Interesse, die Ermutigung, dranzubleiben, das zustimmende Lächeln, aber auch das wohlwollende Fordern. Letztlich geht es darum, dass ein Kind so viel Mut schöpft, sich aus eigenem Interesse mit einem Lerninhalt zu befassen. Dass Nico seine Welt über den Fußball hinaus erweitert, Gianna sich mit den Zahlen anzufreunden beginnt und Simon sich auch wohlfühlt, wenn er nicht obenauf schwingt. Das ist je nachdem ein langer Weg, steht aber jedem Kind offen. Ist der Lernprozess hingegen nicht in eine zwischenmenschliche Beziehung eingebunden, ist er nicht motivierend, zu wenig nachhaltig oder findet gar nicht statt. Es ist deshalb nicht verwunderlich, dass die Schere zwischen den leistungsstärkeren und den leistungsschwächeren Kindern sehr schnell auseinandergeht, wenn sie mit beziehungslosen Lernkonzepten arbeiten müssen, die sie innerlich vereinsamen lassen. Das hat weniger mit bildungsfern und bildungsnah zu tun, wie jeweils argumentiert wird, sondern mit beziehungsnah oder beziehungsfern, weil das Lernen im beziehungsleeren Raum stattfinden muss.

Kommentar Riccardo Bonfranchi

Wir sind uns einig: Man kann Schüler und Schülerinnen motivieren. Aber es scheint gerade in unserem Arbeitsbereich nicht so einfach zu sein. Deine Beispiele legen hiervon beredtes Zeugnis ab. Was mir beim Lesen auffiel, und zwar sowohl bei deinem als auch bei meinem Text, ist die Tatsache, dass wir als Einzelpersonen auf der Insel namens »Schule« versuchen, mittels einer tragfähigen Beziehungsgestaltung den Schülern und Schülerinnen so viel Mut zu machen (so nennst du es) oder ihnen so viel Selbstwirksamkeit zu vermitteln (so nenne ich es), dass sie zu einer Motivation finden können.

Aber da sind Umweltfaktoren und Personen, die die gleichen Schüler und Schülerinnen vielleicht Tag für Tag spüren lassen, dass sie nichts können und dass sie es sowieso im Leben zu nichts bringen werden.

Ist das dann für uns nicht ein Kampf gegen Windmühlen, kommt man sich da als Heilpädagogin/als Heilpädagoge nicht wie Don Quichote vor?

Ein anderes Bild wäre der Mythos des täglich seinen Stein wälzenden Sisyphos. War Sisyphos etwa Heilpädagoge? Ich glaube schon. Immer wieder versuchen wir, den heilpädagogischen Stein nach oben zu schieben und wissen, dass er eventuell wieder herunterrollt. Aber wir wollten es so, haben diesen Beruf gewählt und sind lange, quasi ein Leben lang, dabeigeblieben. Was ist eigentlich unsere Motivation dabei? Ich kann nur für mich sagen, dass ich es letztlich nicht weiß, aber den Beruf nie an den Nagel hängen wollte. Weshalb wir also gegen Windmühlen kämpfen? Hauptsache, wir tun es und tun es gerne. Warum auch immer? Eben: immer!

Über Motivation zum Aufbau von Selbstwertgefühl und Selbstwirksamkeit

Beitrag Riccardo Bonfranchi

Wie ist das mit der Motivation bei mir selbst? Wenn ich für etwas motiviert bin, so deshalb, weil ich die Sache attraktiv, interessant finde. Ich werde dann aus eigenem Antrieb aktiv. Damit sind schon zwei wesentliche Aspekte der Motivation benannt, nämlich das Interesse, das ich für etwas aufbringe, und die Selbstmotivation. Von mir aus gesehen wäre die Frage also beantwortet! Aber natürlich ist dieser Ablauf in der Schule vielgestaltig und ich will dabei auch meine Bedeutung als Lehrer für die Motivierung der Klasse ins Auge fassen.

Information

Man muss im Voraus einige Überlegungen anstellen, wenn man die Motivation von Schülern und Schülerinnen positiv beeinflussen will. Da ist es zum einen sehr wichtig, dass sie verstehen, warum sie sich mit etwas beschäftigen sollen, was sie von sich aus nicht in Angriff nehmen würden. Die Schüler und Schülerinnen müssen deshalb zu Beginn einer Unterrichtseinheit über das Thema informiert werden, auch über dessen Sinn und Zweck. Wenn sie diese Information verstanden haben, kommt, damit verbunden, ihre innere persönliche Einschätzung ins Spiel. Jeder Schüler, jede Schülerin bewertet den Sinn und Zweck dessen, was er/sie tun soll – im besten Fall positiv.

Das Rätsel lösen

Ein weiterer Aspekt, der die Motivation steigern kann, ist derjenige der Neugierde. Wenn ich als Lehrer bei den Schülern und Schülerinnen die Neugierde auf das Ergebnis eines Sachverhalts wecken kann, dann wollen sie die Lösung erfahren, sie wollen das Rätsel lösen und dann sind sie auch motiviert, Dinge zu tun, die ihnen ohne diese neugierige Blickrichtung schwerer fallen würden. Das Problem, das sich in der Praxis stellt, ist, dass nicht alle Schüler und Schülerinnen auf ein Thema in gleicher Weise ansprechen. Die Motivationslage kann sehr unterschiedlich sein. Hier muss ich als Lehrer einen Weg finden, durch mein persönliches Interesse Vorbild zu sein, und vielleicht Kompromisse eingehen.

Lerngeschichte

Einen anderen Bereich darf ich nicht außer Acht lassen: Motive und Motivstrukturen sind natürlich wesentlich von der Lerngeschichte eines Schülers, einer Schülerin abhängig. So kann ein Schüler sehr wohl interessiert, also motiviert sein, aber es fehlt ihm das Durchhaltevermögen, weil er in der Vergangenheit immer wieder Misserfolgserlebnisse hatte. Er steht dann erst himmelhoch jauchzend einer Aufgabe gegenüber, stürzt dann aber zu Tode betrübt dabei ab. Hier gilt es, ihn für realistische Teilschritte zu gewinnen, damit sich immer wieder Erfolgserlebnisse einstellen können, die er sich selbst zuschreiben kann. Von zentraler Bedeutung beim Aufbau von individuellen Motivstrukturen ist also in der Lerngeschichte die Ausprägung der Erwartung von Erfolg oder Misserfolg. Das bedeutet für mich als Lehrer, das Selbstbewertungssystem eines Schülers, einer Schülerin zu beobachten. Wenn das Kind bereits gelernt hat, dass es immer wieder versagt, dass seine Leistung nicht genügt, dann wird es viel schwieriger sein, es zu motivieren. Zuerst muss wieder in konkreten Schritten die Hoffnung auf Erfolg aufgebaut, die Angst vor Misserfolg abgebaut werden. Dies kann nur im unmittelbaren Kontakt mit einer aufmerksamen, verständnisvoll handelnden Lehrperson geschehen. Wochenpläne, Werkstattunterricht und dergleichen lassen insbesondere diese demotivierten Schüler und Schülerinnen allein und das erneute Versagen ist vorprogrammiert. Dies hat mit Heilpädagogik, wie ich sie verstehe, nichts zu tun. Ich komme auch hier auf die bereits mehrfach geäußerte Überzeugung zurück, dass gerade solche Schüler und Schülerinnen sich nur über eine gelungene Lehrer-Schüler-Beziehung motivieren und zur Mitarbeit gewinnen lassen.

Selbstwirksamkeitsüberzeugung

Abschließend möchte ich auf einen entscheidenden Faktor der Motivation kommen, die sogenannte Selbstwirksamkeitsüberzeugung. Der Begriff der Selbstwirksamkeitsüberzeugung basiert auf dem Konzept von A. Bandura. Es besagt, dass das Anpacken von Aufgaben maßgeblich von der Selbstwirksamkeitsüberzeugung des/der Handelnden abhängig ist. Dieser/Diese nimmt dann an, dass er/sie als Person Einfluss auf die Situation nehmen kann. Insbesondere bei »unserer« Schülerschaft ist die Bereitschaft, sich motivieren zu lassen, von ihrem Selbstbild im Zusammenhang mit dieser Überzeugung abhängig. Es ist daher grundlegend, am Selbstwertgefühl der Schüler und Schülerinnen zu arbeiten. Ist dieses gestärkt, entwickelt sich in Verbindung mit der Neugierde auch die Motivation, Aufgaben, die ihnen gestellt werden, »frisch und fröhlich« in Angriff zu nehmen.

So verstanden ist auch die Unterscheidung einer intrinsischen von einer extrinsischen Motivation müßig. Menschen sind soziale Wesen und deshalb immer auch von der Meinung der Außenwelt abhängig oder zumindest beeinflusst. In der Realität vermischt sich die innere mit der von außen geleiteten Motivation zu einem nicht klar zu trennenden Konglomerat. Man sollte sich mit dieser Unterscheidung nicht aufhalten und dem Aufbau von Selbstwertgefühl vermehrte Aufmerksamkeit schenken.

Kommentar Eliane Perret

Du beschreibst in deinem ersten Teil verschiedene Faktoren, mit denen wir die Motivation von Kindern und Jugendlichen unterstützen können. Das ist sicher die optimale Ausgangssituation, dass man gemeinsam mit einem Ziel vor Augen an einer spannenden Frage arbeitet. Dann können die Schülerinnen und Schüler einen unheimlichen Eifer entwickeln. Vorausgesetzt – wie du es im zweiten Teil beschreibst – dass sie für sich eine reelle Chance auf Erfolg sehen und sie sich im Vergleich mit den anderen Kindern nicht von Anfang an unterlegen fühlen. Viele von unseren Schülerinnen und Schülern sind oft sehr ehrgeizig, auch wenn sie sich nach außen nicht so geben. Oft verstecken sie ihren Ehrgeiz hinter Coolness und scheinbarem Desinteresse und setzen alles daran, sich keine Blöße zu geben (auch wenn es keine wäre). Dass sie da mutiger werden und sich auf neues Terrain begeben, ist, wie du ebenfalls schreibst, gebunden an eine tragende Beziehung. Ich denke, wir sind uns da sehr einig.

28 Ist die Klassengemeinschaft eine Gemeinschaft?

Wirken und Nachwirken von (schulischer) Gemeinschaft

Beitrag Riccardo Bonfranchi

Eine ungewohnte, aber interessante Fragestellung!

Gemeinschaft

Wenn man fachgerecht vorgehen wollte, müsste man erst einmal definieren, was man gemeinhin unter »Gemeinschaft« versteht. Ich werde hier aber keine Literatur bemühen, sondern gehe von mir, vom Wichtigsten aus meiner Sicht aus, nämlich: dass man sich in einer Gemeinschaft wohlfühlen will. Man will das Gefühl haben, dass man gerade da am richtigen Ort ist, dass man dazugehört und dass man von den anderen Mitgliedern der Gemeinschaft geachtet oder sogar mit emotionaler Wärme aufgenommen wird. Weiter ginge man davon aus, dass man sich eine solche Gemeinschaft, an der man teilnehmen möchte, selbst aussucht.

... und Klassengemeinschaft

Dies ist aber bei der Klassengemeinschaft gerade nicht der Fall. Es ist die Schulverwaltung, die aufgrund manchmal nicht so klar ersichtlicher Kriterien die Kinder in die betreffenden Schulhäuser, auch das Gemeinschaften, einteilt. Und dann sind es die Leitungen der betreffenden Schulen, die diese Kinder den Klassen zuordnen. Und: Voilà, so entsteht dann, zufällig zusammengewürfelt, die Klassengemeinschaft. Wenn ich mich an meine Schul- und Studienzeit – vom Kindergarten über die Sporthochschule Köln bis hin zu den Universitäten in Köln und Zürich – erinnere, dann hatte ich eigentlich nie das Gefühl, dass die von mir formulierten Kriterien eine Rolle gespielt haben. Ich hatte eher den Eindruck, dass mich das Schicksal innerhalb des von mir gewählten Sektors in eine Gemeinschaft hineinkatapultiert hat, und da war ich dann eben. Aber immer wieder haben sich darin kleinere Gemeinschaften gebildet. Ich würde sie Subgemeinschaften der Gesamtgemeinschaften nennen. Hier, in diesen kleinen Gruppen von ca. zwei bis sechs Kollegen, habe ich mich dann jeweils sehr wohlgefühlt. Nebenbei bemerkt, kommen in mir beim Schreiben dieses Textes positive Erinnerungen auf, die mit der entstandenen Gemeinschaft vor allem aus der

Zeit an der Sporthochschule in Köln zusammenhängen. Das hat wohl damit zu tun, dass wir nicht nur zusammen studiert, sondern eben auch zusammen geschwitzt haben. Eine gute Sache, wie ich nachträglich finde.

Eine andere »Klassengemeinschaft« möchte ich noch erwähnen, nämlich die der späteren Klassenzusammenkünfte. Vertreter der Klasse, die ich in der Oberstufe besucht habe, organisieren auch heute noch, nach über 50 Jahren, in regelmäßigen Abständen Klassenzusammenkünfte. In früheren Jahren bin ich regelmäßig dazugekommen. In den letzten Jahren aber nicht mehr. Ich fühlte mich, je länger, je mehr, mit dem Kreis der alten Kollegen nicht mehr verbunden. Ich habe zwar erfahren, dass einige dieser ehemaligen Schulkameraden sich auch außerhalb der Zusammenkünfte privat treffen oder sogar gemeinsam Reisen unternehmen. Da hat sich dann wohl eine neue Zusammengehörigkeit gebildet. Das finde ich sehr positiv, auch wenn ich nicht Teil davon bin. Es gibt ja noch andere Gemeinschaften als diejenige, die auf der Schulklasse basiert.

Meine ganz persönlichen Erfahrungen und meine Gedanken zur Klassengemeinschaft habe ich nicht als Heilpädagoge formuliert. Denn ich denke, dass es in der Frage der Klassengemeinschaft keine Unterschiede zwischen Regel- und Sonderklassen gibt.

Kommentar Eliane Perret

Ich denke nicht, dass durch die verwaltungsmäßige Einteilung der Kinder zu ihren Schulklassen eine Klassengemeinschaft entsteht. Es ist ja eine bürokratische Notwendigkeit. Sondern Klassengemeinschaft kann – wie ich in meinem Beitrag darzustellen versuchte – im Laufe der Zeit hoffentlich entstehen. Das passiert aber nicht einfach so, sondern die Kinder sind in ihren sozial-emotionalen Kompetenzen gefragt, wenn es darum geht, miteinander Beziehungen aufzubauen. Alfred Adler hat (nicht nur in diesem Zusammenhang) in seiner Persönlichkeitstheorie die Bedeutung der Geschwistersituation hervorgehoben, ein wichtiger, individuell geformter Faktor bei der Beziehungsgestaltung. Ein Einzelkind z. B. ist stets den Vergleich mit Erwachsenen gewohnt. Das kann bei ihm durchaus das Gefühl hinterlassen, immer »am Schwanz« zu sein, auch wenn man sich anstrengt. Es stellt überhöhte Ansprüche an sich. Mit der aus diesem Vergleich geschwächten Gefühlslage gestaltet es die Beziehungen zu seinen Mitmenschen. Vielleicht aber auch mit dem Gefühl, dass immer alles nach seinen Wünschen gehen und man keine Rücksicht auf andere nehmen muss. Das war ja in seiner Familie kaum nötig. Anders sieht es natürlich für Kinder aus, die in der Geschwisterreihe am Anfang, in der Mitte oder am Schluss sind. Als Lehrperson ist es hilfreich, die entsprechenden Beziehungsmuster zu erkennen und bei der Gestaltung der Klassengemeinschaft einzubeziehen.

Ich finde es immer spannend zu beobachten, wie eine Kindergruppe allmählich zusammenfindet. Durchaus im Bewusstsein, dass ich lenkend und korrigierend mitgestalten muss, wenn ich unschöne Tendenzen beobachte.

Selbstverständlich entstehen in der Schulklasse Untergruppen, ich würde sie lieber als Freundschaften bezeichnen, die in der Schule und der Freizeit gemeinsame Interessen haben – hoffentlich positive. Man spielt zusammen Fußball oder ist Fan einer bestimmten Musikgruppe. Das kann sich durchaus positiv auf die Entwicklung einer Klassengemeinschaft auswirken, störend hingegen, wenn sich damit Ausschluss, Geläster oder gar Mobbing von anderen verbindet. Auch da sind wieder die Erwachsenen gefragt. Das ist in Kapitel 31 Thema.

In der Klassengemeinschaft werden Selbstwirksamkeit und Kooperationsfähigkeit erlernt und angewendet

Beitrag Eliane Perret

Klassen sind eine Gemeinschaft, eine sehr wichtige sogar! Welche Erinnerungen prägen das Bild aus der Schulzeit am meisten? Es sind doch die gemeinschaftlichen Erlebnisse, die Freundschaften, die gemeinsamen Streiche, aber auch die Streitereien und die Art und Weise, wie man sich gegenseitig unterstützt hat – oder eben auch nicht.

Ein wichtiges soziales Umfeld

Die Schulklasse ist für längere Zeit neben der Familie das wichtigste soziale Umfeld für ein Kind. Es sollte sich dort wohlfühlen, damit es sich aufs Lernen konzentrieren kann. Das setzt aber voraus, dass die Lehrperson es übernimmt, die ihr anvertrauten Schülerinnen und Schüler zu einer (Lern-) Gemeinschaft zusammenzuführen. Und das erachte ich als eine ihrer wichtigsten, aber auch anspruchsvollsten Aufgaben, die auf verschiedenen Wegen angepackt werden kann. Überlässt man es dem Zufall, übernehmen die nervösesten und stärksten Schülerinnen und Schüler das Ruder, – nur entsteht dann eher eine Kinder- oder Jugendbande als eine Klassengemeinschaft. Ich werde deshalb im Folgenden mein Augenmerk auf diese Aufgabe legen.

Soziales Miteinander fördern und fordern

Wenn neue Schülerinnen und Schüler zu mir kommen, möchte ich sie zuerst einmal kennenlernen und in ihrer individuellen Eigenart erfassen. Gerade bei Kindern mit Schwierigkeiten beim Lernen und im Verhalten ist es besonders wichtig, sie im Bereich des sozialen Miteinanders zu fördern und zu fordern. Dabei muss ich das Zusammenspiel aller im Auge haben, um kooperative Bestrebungen der einzelnen aufzugreifen und zu fördern, damit sie sich positiv ins Klassengeschehen einbringen können. Das erfordert eine sorgfältige Analyse der Situation und das genaue Beobachten möglicher Veränderungen.

Die Ausgangssituation ist bei jedem Kind individuell. Der Eintritt in den Kindergarten, in die Schule oder auch in eine neue Klassensituation ist gewissermaßen eine Testsituation, die zeigt, wie sich Kinder in der Beziehung zu ihren Mitmenschen einzubringen gewohnt sind und sich in einer neuen Umgebung zurechtzufinden suchen. Anfänglich reagieren sie mit den Verhaltensweisen und Reaktionen, die sie bis jetzt kennen. Ist ein Kind es gewohnt, zu bestimmen, immer recht zu haben? Hat es schon gelernt, seinem Gegenüber zuzuhören, sich aber auch mit den eigenen Gedanken einzubringen? Was macht es, wenn seine Wünsche und Bedürfnisse nicht unmittelbar befriedigt werden? Begegnet es seinen Mitmenschen respektvoll und fordert diesen Umgang auch für sich ein? Kann es an der Freude und dem Kummer anderer Anteil nehmen?

Lernfeld für prosoziale Kompetenzen

Diese Fragen sind nicht neu. Schon 1933 schrieb Alfred Adler, der Gründer der Individualpsychologie, über Kinder, wie wir sie auch heute an unseren Schulen haben: »Man kann da deutlich seine Fähigkeit zur Mitarbeit beobachten. Der Grad seiner Aufregung, die Formen seiner Weigerung, Abseitsstehen, Mangel an Interesse, an Konzentration und eine Unzahl anderer ›schulfeindlicher‹ Handlungen wie Zuspätkommen, Störungsversuche, Neigung zum Ausbleiben, ständiges Verlieren der Utensilien, Zeitvertrödelung anstatt Hausarbeiten weisen auf die mangelhafte Vorbereitung zur Mitarbeit hin.« (Adler, *Sinn des Lebens*, 1980 (1933), S. 44). Die Auflistung verweist auf die Aufgabe, die für mich ansteht: die Kinder dazu anzuleiten, mehr sozial-emotionale Kompetenzen zu entwickeln, wie man heute sagt. Sie brauchen dazu in der Lehrperson ein menschliches Gegenüber, das in ihnen eine positive menschliche Einstellung zur Gestaltung des Zusammenlebens fördert, denn prosoziale Werte wie Kooperation, Achtung, Verantwortung und Bildung sind unser kulturelles Fundament für ein gedeihliches Zusammenleben.

Klassenunterricht: Das Gefühl von Selbstwirksamkeit aufbauen

Vielfältige Möglichkeiten, das zu lernen, ergeben sich durch den Klassenunterricht – heute mit dem Ausdruck *Frontalunterricht* zu Unrecht in die Nähe militärischer Operationen gerückt und verpönt. Das gemeinsame Lernen in seinen unterschiedlichen Varianten ist aus meiner Erfahrung ein ausgezeichnetes Spielfeld, um soziale Fähigkeiten einzuüben und Beziehungen aufzubauen. Das Gefühl der Selbstwirksamkeit des Kindes wird gestärkt und der Erfolg ermutigt es, sich auch beim Lernen weiter auf unbekannte Gebiete vorzuwagen. Viele unserer Schülerinnen und Schüler versuchen das Risiko, Fehler zu machen, mit einer beachtlichen Palette an Ausweichstrategien zu umgehen, und scheuen den Vergleich mit den Gleichaltrigen. Beim gemeinsamen Erarbeiten des Lernstoffs ergibt sich dieser auf natürliche Weise. Auch das eine *Zone der nächsten Entwicklung* (Lev Vygotskij/Lew Wygotski). Allerdings muss die Leistungsspanne zwischen den Kindern angemessen sein, damit sich nicht einzelne Kinder obenauf schwingen und andere entmutigt resignieren oder sich auf wenig konstruktive Aktivitäten verlegen. Gerade in Hinblick auf die heute als selbstverständlich postulierte Integration sind solche Überlegungen wichtig. Als Lehrperson muss man im Auge behalten, dass die Lernstimmung nicht ungünstig angeheizt wird, eine Atmosphäre des Oben und Unten entsteht und die Kinder sich einteilen in Bewunderte und Verlierer. Dann werden Unsicherheiten im Selbstwertgefühl und Fehlentwicklungen noch verstärkt. Sich einander zuwenden zu können, sich gegenseitig zu helfen und Anerkennung zu geben, ist nicht nur für Kinder und Jugendliche eine Herausforderung. Je nachdem, wie die Bezugspersonen dem Kind begegnen, welche Meinungen, Normen und Werte sie vermitteln, bildet das Kind eigenaktiv prosoziale oder eben auch asoziale Empfindungen, Gefühle und Verhaltensweisen aus. Als Lehrerin muss ich mir deshalb meiner Bedeutung als Modell, an dem sich das Kind orientiert, bewusst sein.

Konfliktfähig werden

Das gilt ebenso für die Bewältigung von Konflikten, auf die Kinder auch ein Recht haben. Aber sie müssen fair ausgetragen werden, sonst verunmöglichen sie eine aufbauende Lernstimmung. Oft entstehen Streitereien aus Missverständnissen und Ungeschicklichkeiten im Umgang. Auslösend können auch Gefühle der Eifersucht, Konkurrenz, Unsicherheit sein oder das Vertuschen eigener Schwächen. Hier habe ich als Lehrerin die Funktion einer »Dolmetscherin«. Im gemeinsamen Gespräch kann ich die Schülerinnen und Schüler anleiten, eigene Gefühle und Reaktionen zu reflektieren und eine Vorstellung davon zu entwickeln, welcher Umgang und welche

Konfliktlösungsmodelle erfolgversprechender wären. Es ist erstaunlich, zu welchen Einsichten Kinder in der Lage sind. Stoßen sie damit auf ein positives Echo, so bestärkt es sie auf ihrem neuen Weg.

Die Klassengemeinschaft ist deshalb meines Erachtens eine sehr viele Entwicklungschancen eröffnende Gemeinschaft.

Kommentar Riccardo Bonfranchi

Interessant, dass du die Klassengemeinschaft als ein Gebilde verstehst, das durch die Lehrperson mitgestaltet werden muss. Sonst ist sie, wie du schreibst, eine Jugendbande. Ich sehe die Klassengemeinschaft als ein Gebilde, das sich völlig unabhängig von der Lehrperson vor allem informell, also unabhängig vom Schulunterricht bildet. Natürlich haben dann die stärksten Schüler und Schülerinnen das Sagen. Möglich auch, dass ich dies alles aus einer männlichen Erfahrung interpretiere.

Daher denke ich nicht, dass der Lehrperson in Bezug auf die Gestaltung der Klassengemeinschaft eine besondere Rolle zukommt. Vielleicht müssten wir für die nähere Analyse von einem Geschehen innerhalb und einem Geschehen außerhalb des Unterrichts ausgehen. Was nun das Geschehen außerhalb anbelangt, z. B. in der Garderobe vor dem Sportunterricht, auf dem Pausenplatz, in einem Schullager, auf dem gemeinsamen Schulweg oder an mit Schulkollegen verbrachten schulfreien Nachmittagen, so gehe ich davon aus, dass hier eigene Gesetzmäßigkeiten gelten, die mit denen, wie sie sich in der Klasse, also im Unterricht darstellen, nicht viel zu tun haben.

Das bedeutet nun aber gar nicht, dass ich deine Ausführungen nicht als richtig, sinnvoll und für die Schule angemessen halten würde. Sie beschreiben in meinen Augen die Situation so, wie sich eine Sozialerziehung in pädagogisch anspruchsvoller Art und Weise, von der Lehrperson stark beeinflusst, abspielen muss. Nur hat das für mein Dafürhalten wenig bis gar nichts mit den Gesetzmäßigkeiten, Abläufen, gruppendynamischen Spielen und Spielchen zu tun, wie sie für eine Klassengemeinschaft vor allem außerhalb des Klassenunterrichts typisch sind.

Ein letzter Gedanke: Das, was die einzelne Klasse als Gemeinschaft in der heutigen Zeit völlig sprengt, ist, was sich unter Kindern (!) und Jugendlichen in den sozialen Medien abspielt. Auch das ist eine Gemeinschaft und die ist sehr stark durch Mobbing, Fertigmachen, Lügen, Faken von Texten und vor allem auch Bildern gekennzeichnet (vgl. Kapitel 31). So war es teilweise auch schon früher, nur war die Ausbreitung, weil es das Netz noch nicht gab, auf eine Klasse beschränkt. Heute ist dieser Vorgang grenzenlos, er wirkt natürlich auch in die Schule hinein, und das stimmt mich nicht gerade froh.

29 Haben Lehrende und Lernende eine Beziehung zueinander?

Beziehungspflege als Werkzeug

Beitrag Eliane Perret

Hätte man vor zehn Jahren in einer Umfrage diese Frage gestellt, wäre die spontane Antwort der meisten Interviewten vermutlich gewesen: »Selbstverständlich, Lernen und Beziehung gehören doch zusammen.« Bereits damals ging es im Zusammenhang mit Schule und Lernen aber vor allem um Strukturen, neue Lernformen und Lerncoaching, Qualitätssicherung usw. Die menschliche Dimension des Lernens schien vergessen zu sein.

Und dann kam Hattie ...

Dann kam die Hattie-Studie in die Schlagzeilen. Sie hatte der Beziehung zwischen Lehrperson und Schülerinnen und Schülern einen starken positiven Effekt auf deren Lernleistungen zugewiesen (Effektstärke von d = 0,72. Hattie 2015, 3. Aufl., S. 141). Plötzlich tauchte sie also wieder auf, die Beziehung, verschämt in überarbeiteten neuen Lehrplänen oder auch in Diskussionen um die Schule, in denen es einmal nicht um die Pflicht zur Digitalisierung, zu selbstorganisiertem Lernen, um den drohenden verpassten Anschluss an die Entwicklung der heutigen Welt und ewiggestrig Andersdenkende, sondern um Pädagogik ging. Das war gut so. Gerade in der Heilpädagogik ist eine gelingende Beziehung zwischen dem Kind oder Jugendlichen und seinen Lehrpersonen das ausschlaggebende Moment, das eine positive Entwicklung möglich macht, so meine Erfahrung.

Beziehung als anthropologische Gegebenheit

Es ist eine anthropologische Gegebenheit: Der Mensch als soziales Wesen braucht die Beziehung zum Du, um seine Persönlichkeit entfalten zu können. Bei unseren Schülerinnen und Schülern ist diesbezüglich oft viel aufzuholen. Als Heilpädagogen haben wir es mit Menschen zu tun, kleinen und großen, in unterschiedlichen Phasen ihrer Entwicklung. Wollen wir sie unterstützen, die nächsten Entwicklungsaufgabe anzugehen, müssen wir sie verstehen, in ihrer Persönlichkeit, ihrem Gewordensein; Alfred Adler würde sagen, in ihrem *Lebensstil*. Das bedeutet, dem Kind oder Jugendlichen zu zeigen, wie man weiterkommt, wie man Stolpersteine und Hindernisse überwindet. Unsere »Materialkunde« ist die Menschenkenntnis. Das ist umso bedeutsamer, weil wir es oft mit Schülerinnen und Schülern zu tun haben, die eine Entwicklungsaufgabe aus unterschiedlichen Gründen nicht bewältigen können oder konnten. Grundlage für eine positive Veränderung ist die Beziehung. Sie wird zum wichtigsten Werkzeug in der heilpädagogischen Arbeit mit dem Kind; eine Beziehung, getragen von gegenseitigem Respekt und Wertschätzung. Die Kinder und Jugendlichen schätzen es, wenn sie ein zuverlässiges, herzliches Gegenüber haben, das Vertrauen in sie hat, gerecht ist, Humor hat und ihnen etwas zutraut.

Ein Beispiel

Das folgende Beispiel soll das verdeutlichen: Wir unterrichten an unserer Sonderschule Kinder mit Verhaltens- und Lernproblemen. Vor einigen Jahren kam Diego neu zu uns in die Mittelstufe. Er hatte eine längere Zeit im integrierten Unterricht hinter sich. Eine sehr bemühte Heilpädagogin hatte ihn begleitet. Diego wurde aber trotz intensiver Unterstützung immer mutloser. Seine Lernziele wurden nach unten angepasst, um ihn vor Misserfolgen zu schützen. Zu Hause spielten sich rund um die Hausaufgaben Dramen ab. Diego weigerte sich schließlich, weiter in die Schule zu gehen. Auf unsere Versuche, in den Schnuppertagen Beziehung mit ihm aufzunehmen, reagierte er zögernd und misstrauisch. Wir bemerkten bald, dass er ein auffallendes Geschick und eine Vorliebe für bildnerisches Gestalten hatte. Er schrieb auffallend schön und verwendete gerne Zeit darauf, seine Arbeiten sorgfältig zu gestalten. Mathematik hingegen war ihm ein Gräuel. Das gab uns die Möglichkeit, ihm ein echtes, positives Echo auf seine gestalterischen Fähigkeiten zu geben, was ihm ein verstecktes Lächeln entlockte. Auch seine Mitschülerinnen und Mitschüler staunten. Das wurde der Anfang unserer Beziehung. Diego blieb bei uns. In kleinen Schritten näherten wir uns im Laufe der nächsten Wochen und Monate dem Problemfach Mathematik an. »Nicht gegen den Fehler, sondern für das Fehlende«, wie Paul Moor es formuliert hatte. Es zeigte sich bald, dass eine sorgfältige Anleitung und klare Ziele sich positiv auswirkten. Diego wurde mutiger, die Zahlen wirbelten nicht mehr herum, er konnte etwas mit ihnen anfangen. Er war sehr ausgerichtet darauf, was wir ihm zutrauten. Bald kam ein starker Ehrgeiz zutage. Diego wollte gefordert werden, er wollte das Gleiche leisten wie die Besten der Klasse. Kam er nach seinen oft unrealistischen Vorstellungen nicht schnell genug voran, wurde er traurig und verweigernd. Es war eine Gratwanderung in der Beziehung, ihn zu fordern, ohne überfordernd zu sein. Oft brauchte es Humor, manchmal auch Entschiedenheit unsererseits, damit wir eine Situation entschärfen konnten. Aber unsere Beziehung wurde zunehmend tragfähiger. So konnten wir die Klippen gemeinsam nehmen. Diego wurde im Laufe der Zeit ein guter Schüler, auch mit der Mathematik freundete er sich an. Er startete zwei Jahre später zuversichtlich mit der Oberstufe (und konnte anschließend eine anspruchsvolle Lehre absolvieren). Er hatte im Leben wieder Tritt gefasst.

In der eigenen Persönlichkeit gefordert

Selbstverständlich muss hier in der gebotenen Kürze vieles unerwähnt bleiben, trotzdem soll das Beispiel zeigen, warum die Beziehung zwischen den Schülerinnen und Schülern und ihren Lehrpersonen so wichtig ist. Es geht nicht ums Verwalten und Organisieren. Sie brauchen uns als beziehungsfähige Mitmenschen, die sie verstehen, ihre Ziele mittragen und ihnen realistische Wege zeigen, wie sie zu erreichen sind. Wenn sie den Glauben an sich verloren haben, brauchen sie unsere Zuversicht und Ermutigung. Oft müssen wir ihnen Grenzen setzen und an einer Weggabelung auf den richtigen Weg verweisen. Das geht nicht immer problemlos und ohne Reibungsflächen, aber Reibung gibt Wärme. »Danke für die Geduld und die Nerven, die Sie hatten«, schrieb mir einmal eine Schülerin. Oft sind es kleine Schritte, kleine Erfolge, manchmal scheitern wir auch. Wir können uns bemühen und unseren Teil zum Gelingen in der Beziehung beitragen; aber wir müssen realistisch bleiben, denn auch unser Gegenüber, der Schüler, die Schülerin, muss mittun. Diese Arbeit fordert uns in unserer eigenen Persönlichkeit. Da müssen wir ehrlich mit uns sein und es uns eingestehen, wenn wir mit unseren eigenen Gefühlen konfrontiert sind und an Grenzen kommen. Vielleicht brauchen auch wir dann einen Mitmenschen, der uns den Weg zeigt, damit wir nicht mutlos werden.

Kommentar Riccardo Bonfranchi

Deine Ausführungen haben mich sehr angesprochen. Auch dein Praxisbeispiel kann ich gut nachvollziehen. Habe ich doch solche pädagogischen Highlights in meiner Karriere auch erlebt. Also bleibt für mich wieder einmal die Frage, warum sich die heutige Schule eher in Richtung Beziehungslosigkeit entwickelt. Warum geht man heute davon aus, dass die Beziehung kaum eine oder keine Rolle mehr zu spielen hat? Die wichtige Hattie-Studie wird einfach nicht zur Kenntnis genommen. Warum ist das so?

Als Antwort auf diese Frage hat man mir einmal zu verstehen gegeben, dass die heutige moderne Schule eben näher an der Arbeitswelt sein solle. Dort werde im Großraumbüro gearbeitet. Jeder Mitarbeiter, jede Mitarbeiterin müsse selbstständig sein und sich die Dinge am Computer selbst beibringen. Auf diese Anforderungen der Arbeitswelt müsse die Schule von Anfang an vorbereiten. Deshalb herrscht also heute der Wochenplan, die Lernwerkstatt, der Projektunterricht oder das Lernstudio, und die Lehrkraft mutiert zum Lerncoach!

Die Beziehung zum Schüler, der Schülerin und die Freude am gemeinsamen Lernen gehen dabei für viele verloren.

Was ich aufgreifen möchte, und das bereitet mir große Sorgen, ist das Anliegen der Heilpädagogik. Was heißt das hier? Gute Schüler und Schülerinnen haben mit den neuen Strukturen weniger Probleme. Sie sind selbstständig genug, um auch mit solchen Anforderungen umgehen zu können. Sie vermissen den Klassenverband vielleicht nicht. Aber die lernschwächeren Schüler und Schülerinnen, die sich sehr wenig zutrauen und auf kleinschrittige Begleitung und Ermutigung angewiesen sind, werden immer mehr auf der Strecke bleiben. Das ist die Schülerschaft, bei der sich die fehlende Lehrer-Schüler-Beziehung sehr, sehr negativ auswirken wird. Die Schere zwischen guten und schwachen Schülern und Schülerinnen wird weiter aufgehen.

Pointiert könnte man deshalb vielleicht sogar sagen, dass die mangelnde Beziehung zwischen Lehrpersonen und Schülern die Dummen dümmer und die Intelligenten intelligenter macht!

Grundpfeiler zur Herstellung einer guten Lehrer-Schüler-Beziehung

Beitrag Riccardo Bonfranchi

Unter Lehrer-Schüler-Beziehung versteht die Pädagogik das Zusammenspiel der Akteure und Akteurinnen in einem organisierten Lehr- und Lernprozess. Eine Lehrer-Schüler-Beziehung entsteht immer, wenn Menschen in eine Lehr- und Lernbeziehung zueinander treten. Diese Beziehung, davon geht man im Allgemeinen aus, sei »asymmetrisch«. Diesen Begriff möchte ich genauer fassen.

Was bedeutet »asymmetrisch« in dieser Beziehungskonstellation? Lehrkräfte und Schüler und Schülerinnen haben kein gleichwertiges Verhältnis. Das hat damit zu tun, dass von der Lehrperson selbstverständlich ein Vorsprung an Wissen und Können erwartet wird. Sie verfügt – entsprechend ihrem Auftrag – auch über ein gewisses Maß an Sanktionsgewalt. Sie kontrolliert das Lernen und dessen Ergebnisse, vergibt Noten und bewertet, auch normativ, was der Schüler, die Schülerin tun darf. Aus diesen Gründen sollte man eher von einer Dissymetrie, also einer fehlenden Symmetrie sprechen. (Asymmetrie beleuchtet dagegen ein hierarchisches Verhältnis des Oben und Unten. Dies kann nicht auf die von anderen Merkmalen gekennzeichnete Lehrer-Schüler-Situation übertragen werden.)

Beziehung – Grundlage des Lernens

Berühmt geworden ist die Metastudie des australischen Wissenschaftlers John Hattie, in der er Studien zur Qualität der Lehrer-Schüler-Beziehung auswertete und nachweisen konnte, dass eine vertrauensvolle Lehrer-Schüler-Beziehung einen starken positiven Effekt auf die Lernleistungen der Schülerinnen und Schüler hat (vgl. Hattie 2014).

Was genau macht eine solche gute lernförderliche Lehrer-Schüler-Beziehung aus? In der Literatur findet man die folgenden hierfür verantwortlichen Persönlichkeitsmerkmale und Vorgehensweisen des Lehrers, der Lehrerin:

- Empathie,
- Wärme,
- Authentizität,
- Non-direktives Vorgehen,
- Fördern von abstraktem Denken,
- Berücksichtigen von individuellen und kulturellen Unterschieden,
- Ermutigen zum Lernen,
- Wahrnehmen des/der Lernenden als Individuum,
- Pflege freundlich-positiver zwischenmenschlicher Beziehungen.

Diese Wirkfaktoren könnte ich durch Beispiele veranschaulichen. Doch das überlasse ich Ihnen. Denn jeder, der die Schule besucht hat, wird leicht selbst solche Beispiele finden. Wer einmal Schüler bzw. Schülerin war, kann folgende Faktoren aus seiner Erfahrung bestätigen: Man lernt dann motiviert, wenn die Lehrperson authentisch und warmherzig und damit für den Lernenden sympathisch ist. Man fragt sich, warum diese allgemein bekannten, erforschten und akzeptierten Grundlagen des Lernens heute überhaupt diskutiert werden müssen. Diese Frage scheint mir von ebenso großer Bedeutung zu sein wie die Ausgangsfrage, was eine gute Lehrer-Schüler-Beziehung ausmacht.

Beziehungen menschlich reif gestalten

Glücklicherweise erfüllen viele Lehrern und Lehrerinnen die oben aufgelisteten Kriterien. Sie begegnen ihrer Aufgabe mit viel Fachwissen und einem hohen Maß an persönlichem Engagement. Gerade in unserem Arbeitsfeld sind die Anforderungen sowohl fachlich wie auch menschlich sehr hoch. Ich hoffe, das mit den Praxisbeispielen in diesem Buch aufgezeigt zu haben.

Es bedeutet z. B., sich den Denkmustern und -strukturen von Menschen mit einer geistigen Behinderung anzunähern oder ihren oft sehr spontan und intensiv geäußerten Gefühlen richtig zu begegnen. Es bedeutet auch, eine würdige Beziehung zu gestalten und dabei die Prinzipien der Schadensvermeidung, des Wohltuns, der Autonomie und der Gerechtigkeit individuell richtig zu gewichten (vgl. Kapitel 10). Ich habe in meiner Zeit als Schulleiter viele Kolleginnen und Kolleginnen kennengelernt, die auf einem qualitativ sehr hohen Niveau gearbeitet und die Beziehung zu ihren Schülerinnen und Schülern menschlich reif gestaltet haben.

Natürlich war das nicht bei allen so. Aber glücklicherweise waren diese in der Minderzahl. Einige von ihnen hatten sich ihren Beruf anders vorgestellt – einfacher und menschlich weniger fordernd. Anderen ist in den letzten Jahren die Freude am Beruf abhandengekommen, weil sie sich ständig mit Neuerungen und immer mehr administrativem Ballast herumschlagen mussten, in dem sie keinen Sinn sahen. Sie resignierten und brachten die Kraft nicht mehr auf, die Beziehung mit den Kindern so zu gestalten, wie sie es sich wünschten, und gaben auf. Bedauerlich!

Kommentar Eliane Perret

Die Beziehung zwischen den Lehrpersonen und den Schülern und Schülerinnen erachteten wir als bedeutsam, – schon vor Hattie – da sind wir uns einig. Aber es war gut, dass das Thema durch die Hattie-Studie wieder ins Gespräch kam. Ob man diese Beziehung nun als a-, dis- oder einfach als symmetrisch bezeichnen soll? Darüber möchte ich mich nicht auslassen. Ich denke, in den von dir angeführten Faktoren, die eine gute, lernförderliche Beziehung zwischen den beiden Akteuren oder auch Akteurinnen ausmachen, kommt Wichtigeres zum Ausdruck. Vielleicht haben die vielen Experimente, die man in den letzten Jahren und Jahrzehnten mit unseren Kindern und Jugendlichen gemacht hat, dazu geführt, dass man wieder vertiefter darüber nachdenkt, was eigentlich essenziell ist. Vielleicht! Man sollte nun Konsequenzen ziehen. Ich denke an den Programmierten Unterricht, Sprachlabors, Werkstatt- und Projektunterricht, Wochenplan, E-Learning. Alles Unterrichtsvarianten mit dem gleichen Nenner: Die Kinder sollen sich den Stoff möglichst autonom, ohne Dialog und Unterstützung durch Lehrpersonen aneignen. Nicht den neuesten wissenschaftlichen Erkenntnissen genügend, würde ich sagen! In unterschiedlicher Form kommen alle Kinder zu kurz. Die Entmutigten werden noch mutloser. Die Guten kommen intellektuell zwar auch in diesen Unterrichtsformen zurecht; aber sie haben zu wenig Anregung und Möglichkeit, ihre Kooperationsfähigkeit zu entwickeln und das Gefühl zwischenmenschlicher Verbundenheit zu erleben. Die Möglichkeiten des Klassenunterrichts werden gerade diesbezüglich nicht ausgeschöpft und heute in der Ausbildung auch nicht mehr gelehrt.

Nun, einige haben sich das ausgedacht, meist ohne selbst viel Bezug und Erfahrung mit der Praxis zu haben; andere haben es mitgemacht, sei es aus Neugier, Modern-sein-Wollen oder einfach, weil man sie dazu gedrängt oder verpflichtet hat. Heute reiten viele auf dieser Welle. Nicht immer freiwillig, nicht immer mit einem guten Gefühl. Viele haben sich ihren Beruf anders vorgestellt. Sie hatten nicht den Mut, bei sich und ihrer Erfahrung zu bleiben und etwas zu sagen gegen all den Unsinn, den sie mitmachen mussten.

30 Braucht es Disziplin und Strafe überhaupt?

Strafen als Sichtbarmachen einer Regel

Beitrag Riccardo Bonfranchi

Was ist Strafe? Es handelt sich um ein komplexes Thema, das Bereiche der Gesetzgebung betrifft und auch in der Pädagogik immer viel diskutiert wurde.

Zunächst ein Blick zurück: Jahrhundertelang galten Strenge und körperliche Strafen als probate Mittel der Erziehung. Erziehung kam nie ohne sie aus. Eine Wende brachten unter anderem die Gedanken des Schweizer Pädagogen Pestalozzi. Wie ist das heute?

Strafen und Regeln

In neuerer Zeit hat sich mit dem Menschenbild auch der Blick auf die Strafe geändert. Sie sollte immer zu einer Einsicht beim Kind führen und nie die Menschenwürde verletzen. Körperstrafen sind in der Schule längst verboten. Strafe gilt heute als das Sichtbarmachen einer Regel. Dabei wird eine Verknüpfung der Sanktionierung mit einem Regelbruch hergestellt. Indem ein bestimmtes Verhalten sanktioniert wird, wird für die bestrafte Person selbst und für beteiligte Mitglieder der Gesellschaft die Geltung der Regel bestätigt. Strafe ist in ihrer Funktion also normstabilisierend. Nur wo eine Norm besteht und kontrolliert wird, kann auch bestraft werden. Auch in der Schule gelten Normen und Regeln. Sie müssen allen bekannt und für das Kind verständlich sein. Die Verletzung dieser – für das Kind sinnvollen – Regeln muss kontrolliert werden und die Konsequenzen müssen von vornherein klar vereinbart sein. Bei diesen Konsequenzen geht es nicht um Schuld und Sühne, sondern um das Einbeziehen des Kindes bei der Beseitigung von Störungen und um Wiedergutmachung, das heißt um den Täter-Opfer-Ausgleich. So gesehen kann Strafe ein Moment der Persönlichkeitsbildung sein.

Negative Folgen?

Die moderne Lernpsychologie richtet den Blick aber auch auf mögliche negative Folgen von Strafen auf das Verhalten. Was sind ihre Ergebnisse? Ich zähle sie aus dem Gedächtnis in loser Folge auf:

- Strafen verschlechtern die Lehrer-Schüler-Beziehung.

- Der/die Erziehende gewöhnt sich ans Strafen, das Kind ans Bestraftwerden.
- Strafen haben oft unabsehbare emotionale Nebenwirkungen.
- Wenn Strafe als eine Form der Zuwendung gesehen wird, erhöht sie das Fehlverhalten.
- Strafen können auch positive Verhaltensweisen unterdrücken, weil sich das Kind gar nichts mehr zutraut.
- Strafen produzieren Ausweichverhalten.
- Strafandrohungen können als feindliche Erklärungen missverstanden werden.
- Strafe muss mit dem unerwünschten Verhalten erkennbar zusammenhängen, als Konsequenz auf ein Verhalten folgen.
- Strafe sollte bei jedem Regelbruch erfolgen, nur Konstanz hat Wirkung.
- Strafe muss von Anfang an klar und »massiv genug« sein.

Aus dieser Auflistung ergibt sich, dass Strafen nach Möglichkeit zu vermeiden sind, weil sie nicht abzuschätzende negative Folgen haben können. Wenn sie aber nicht zu umgehen sind, müssen in der Anwendung bestimmte Regeln eingehalten werden, damit Strafen die erhoffte Wirkung auf das Verhalten zeigen können. So weit die Ergebnisse der Lernpsychologie.

Strafe als Handlungskonsequenz

Wie ist das nun also mit der Strafe in der Schule und was heißt das für mich als Lehrer? Ich muss mich ja gerade als Heilpädagoge in meinen Handlungen stets selbstkritisch hinterfragen und für mich klären: Waren die Schulregeln allen Kindern hinreichend bekannt? Welche Handlungen sind überhaupt strafbar? Ist meine Strafe für das Kind als Handlungskonsequenz erkennbar? Ist das zu bestrafende Kind »schuldfähig«? Denn Strafe muss für das Kind nachvollziehbar sein. Es gilt der Grundsatz: Die Bestrafung eines Kindes muss dem kognitiven Stadium des Kindes entsprechen, sie muss für das Kind verständlich sein und ihm damit ermöglichen, die vereinbarte Regel ein anderes Mal aus Einsicht einzuhalten.

Strafe wird im Schulalltag freilich immer wieder als Notmaßnahme eingesetzt, wenn man als Erwachsener am Ende seines Lateins ist und Worte nichts bewirken. Das heißt: Pädagogische Strafen können auch Versuche zur Behauptung oder Wiederherstellung eines autoritären Abstandes darstellen. Das kommt in der Praxis immer wieder vor, wird aber der Einsicht eines Schülers, einer Schülerin in die Regeln nicht dienen und kann negative Folgen haben.

Und jetzt?

Die Einsicht in Regeln ist an einer Heilpädagogischen Schule sicher nicht bei jedem Kind vorauszusetzen. Was hilft mir also als Lehrer? Der wichtigste Grundsatz ist, dass sich eine Lehrperson, die straft, in keinem Fall für die ausgesprochene Strafe schämen muss. Denn Strafe darf nie zu weit gehen und die Würde des Kindes verletzen. Diese Grenzüberschreitung ist gerade gegenüber Kindern unseres Schulbereichs nicht zu tolerieren! In der Heilpädagogik schützen wir uns deshalb davor und strafen in der Regel im Team unserer Institution. Unsere Strafzumessungen müssen nicht identisch sein, sie bewegen sich aber innerhalb einer gemeinsam vereinbarten Bandbreite, die für die ganze Schule gilt! Das ist nur möglich, wenn man sich kennt und sich vertraut. Ein offenes Gesprächsklima ist Voraussetzung! Eine Faustregel besagt, dass nur die jeweilige Bezugsperson eine Sanktion aussprechen sollte. Man sollte kein Kind einer anderen Klasse bestrafen. Wenn das Fehlverhalten nicht in der eigenen Klasse passierte, ist die jeweilige Bezugsperson zu informieren und bei der Zumessung der Sanktion beizuziehen. Denn Strafe soll das Vertrauensverhältnis zwischen Lehrkraft und Schüler/Schülerin nicht stören, sie darf die gegenseitige Achtung nicht beeinträchtigen.

Fazit: Strafen, Sanktionen sind in einem pädagogischen Kontext nie ganz zu vermeiden. Aber sie sollten als Ultima Ratio, als das letzte aller geeigneten Mittel, verstanden werden.

Kommentar Eliane Perret

Dein Kaleidoskop hat viele Farben und Muster!

Du ordnest das Thema »Strafe« in seinen geschichtlichen Kontext ein. Das finde ich wichtig. Zu oft vergisst man das bei der Diskussion über Strafmethoden – über die im jeweiligen Zeitraum üblichen Erziehungspraktiken. Schläge waren als Strafe zu einer bestimmten Zeit einfach »normal«. Man schlug sein Kind, weil man dachte, dass es nur so einen konstruktiven Weg ins Leben finden würde. Und oft taten die Schläge nicht nur dem Kind weh, sondern auch den Erwachsenen, die sie gaben, weil sie meinten, dies tun zu müssen. Zum Glück ist das heute nicht mehr so, denn es stehen uns mehr Kenntnisse über die Entwicklung eines Kindes zur Verfügung!

Deinen Blick auf die Lernpsychologie verstehe ich als Anregung, zu reflektieren, warum ein Kind sich nicht an die Regeln hält und dass sich Strafen durchaus nachteilig auswirken können. Oft sind negatives Verhalten und Regelbrüche in Ausrichtung auf die erwachsene Bezugsperson zu verstehen. Solche Zusammenhänge zu erkennen, erscheint mir wichtig. Denn sie helfen, die »Funktion« der Strafe – ein Begriff, der mir nicht so gefällt – in den richtigen Kontext einzuordnen. Auch da muss die Individualität des Kindes einbezogen werden. So kann ein Kind mit seinem Verhalten (negative) Aufmerksamkeit provozieren. Das zu sehen und nicht mitzuspielen, ist nicht immer einfach. Bei einem anderen Kind ist es wichtig, dass es die negativen Konsequenzen seines Handelns spürt und anerkennt, dass eine Wiedergutmachung nötig ist. Je nachdem ist also eine andere Reaktion angezeigt. Strafe kann deshalb nicht losgelöst vom pädagogischen und psychologischen Kontext gesehen werden. Sie darf aber in keinem Fall entwürdigend sein und das Kind in seiner persönlichen Integrität verletzen.

Regeln und Grenzen einhalten lernen

Beitrag Eliane Perret

»Disziplin« und »Strafe«: Diese Ausdrücke lösen bei vielen Menschen spontane Abwehr aus, weil sie an strenge, demütigende Erziehungsmethoden erinnern, die in den 70er-Jahren des vergangenen Jahrhunderts zu Recht infrage gestellt wurden.

Wertewandel und falsche Theorien

Seither haben sich viele Werte, Haltungen und Verhaltensweisen verändert, oft unmerklich. In der Pädagogik schoben sich die vermuteten Bedürfnisse der Kinder in den Mittelpunkt. Erzieherische Einflussnahme und Anleitung galten als unrechtmäßige Eingriffe in deren Persönlichkeitsentwicklung. Den Kindern wurde die Verantwortung für ihr Handeln übergeben. Diese Tendenz kennzeichnet bis heute den erzieherischen Umgang mit Kindern. Ständig werden sie gefragt, was sie wollen. Im Tram hinten oder vorne sitzen? Spaghetti oder Pizza essen?

Was aus Sicht von Erwachsenen als befreiend ausgelegt werden kann, bedeutet für viele Kinder, alleine gelassen zu werden und keine stützende Hand im Rücken zu haben.

Persönliche Erfahrungen und falsche Theorien können also den Blick auf die Bedeutung von Disziplin und Strafe trüben.

Ich möchte im Folgenden versuchen, etwas mehr Klarheit zu schaffen, wobei ich mich auf entwicklungspsychologischen Erkenntnissen abstützen werde.

Disziplin – entwicklungspsychologisch gesehen

Mit »Disziplin« verbinden sich möglicherweise Bilder von stramm in Reih und Glied stehenden Soldaten und Soldatinnen oder wir sprechen allenfalls von sportlichen oder wissenschaftlichen Disziplinen. In meinem Berufsfeld verstehe ich unter Disziplin die Fähigkeit, sich auf etwas zu fokussieren. Das wird heute mit »Selbstregulation« oder »Selbstkontrolle« umschrieben. Ein Beispiel: Die Lehrerin gibt den Kindern ein Arbeitsblatt mit Rechnungen, die den Zehnerübergang verlangen. Mischa macht sich sofort daran und hat nach kurzer Zeit schon einen Großteil der Aufgaben richtig gelöst. Es macht ihm sichtlich Spaß. Liam beginnt mit der ersten Aufgabe; er weiß zwar, wie sie zu lösen ist, aber er kommt weniger schnell voran als sein Kollege. Bald beginnt er herumzuschauen, gibt leise Geräusche von sich und versucht, Blickkontakt mit seinem Nachbarn aufzunehmen. Dann fällt ihm der Bleistift aus der Hand und schließlich muss er Wasser trinken gehen, weil er »fast verdurstet«. Hier möchte ich mit meinem Erklärungsversuch ansetzen. Um eine Aufgabe zu lösen, in diesem Falle in der Mathematik, braucht es Disziplin. Für viele Kinder (und auch Erwachsene) ist das nicht einfach. Es geht im heutigen Sprachgebrauch um *exekutive Funktionen*, mit denen ein Kind sein Denken und Handeln »in den Griff« bekommt: Hat es einen »Notizblock im Kopf« (Arbeitsgedächtnis), auf dem es die nötigen Informationen notiert und beim weiteren Arbeiten nutzt? Hilft ihm ein inneres »Stoppschild« (Inhibition), seine Aufmerksamkeit zu lenken und konzentriert bei der Sache zu bleiben? Verfügt es über einen »inneren Weichensteller« (kognitive Flexibilität), um sich auf neue Aufgabenstellungen einlassen zu können? Diese Fähigkeiten geben dem Kind den inneren »roten Faden« beim Arbeiten. Man könnte auch sagen, sie machen ihm diszipliniertes Denken und Handeln möglich, was nicht nur in der Mathematik wichtig ist. Das entwickelt sich bei einem Kind nicht einfach, sondern es muss dazu angeleitet werden. Es geht also um Schritte in seiner Persönlichkeitsreifung. Disziplin wird aus dieser Sicht zu einem Werkzeug, mit dem ein Kind sein Potenzial wirksam entfalten kann. Das gilt selbstverständlich nicht nur beim schulischen Lernen.

Selbstdisziplin ist lernbar

Eine Studie der US-Psychologen *Terrie Moffit* und *Avshalom Capsi* von der Duke-Universität hat im Übrigen die Bedeutung von *Selbstbeherrschung*, die ich hier mit Disziplin verbinden möchte, erforscht. Die Wissenschaftler haben die Charakterentwicklung und den Lebensweg von 1000 Neuseeländern vom dritten Lebensjahr bis ins Alter von 32 Jahren untersucht. Das Fazit war, dass Kinder, die schon in frühen Jahren selbstbeherrscht und pflichtbewusst waren, eine größere Chance auf Erfolg im Leben hatten als weniger kontrollierte Kinder. Gesundheit, Wohlstand und soziale Lebensumstände entwickeln sich demnach bei Menschen deutlich günstiger, wenn sie schon als Dreijährige vergleichsweise viel Selbstbeherrschung zeigen. Die Forscher betonen jedoch, dass sich der Grad der individuellen Selbstdisziplin beeinflussen lasse und kein Schicksal sei, sondern gelernt werden könne.

Strafe – wozu sie helfen kann

Zu Disziplin gehört in gewissem Sinne Strafe dazu. Verfügt nämlich ein Kind über keine Disziplin, so scheitert es in unterschiedlichen Bereichen. Es wird dann dadurch bestraft, dass es keinen Erfolg hat. Nicht nur beim Lernen, sondern auch in den zwischenmenschlichen Beziehungen. Freundschaften zerbrechen, die eigene Position im sozialen Umfeld ist fragil. Daher geht es mir im Folgenden vor allem um dieses Themenfeld.

Sollen Kinder z. B. respektloses oder aggressives Verhalten ändern, so reicht es selten, wenn die Erwachsenen wohlwollend Verständnis zeigen und positives Verhalten durch Lob verstärken. Das Kind muss erleben, dass bestimmte Regeln und Grenzen einzuhalten sind, dass es nicht gleichgültig ist, wie es sich verhält. Forschungen und praktische Erfahrung verweisen darauf, dass unliebsames Verhalten Folgen haben muss. Die Kombination von großzügigem Lob für positives Verhalten und konsequentem Strafen bei regelbrechendem Verhalten zeigt die besten Ergebnisse (Dan Olweus).

Wiedergutmachung als wichtiger Schritt

Die Strafe darf aber nicht entwürdigend und demütigend sein, wie ich es beispielsweise aus meiner Kinderzeit kenne. Das Kind sieht sonst keinen Zusammenhang zwischen dem eigenen Tun und der Strafe und entwickelt Resignation, Groll oder Rachegefühle. Nicht die Person, sondern das Verhalten steht deshalb zur Diskussion. Schläge dürfen heute kein Mittel der Strafe mehr sein. Das heißt, die Strafe muss zwar unangenehm, aber nicht feindlich sein. Gleichzeitig muss dem Kind ein Weg skizziert werden, wie es den angerichteten Schaden wiedergutmachen kann. Wiedergutmachung ist ein wichtiger Schritt in der emotionalen Entwicklung und führt zu mehr Sorgfalt und Achtsamkeit im Umgang mit den Mitmenschen. Es sind diese Situationen – und das Leben hält eine Vielzahl davon bereit –, die das Kind in seinem Gefühl der Selbstwirksamkeit stärken.

Als Erwachsene unterstützen wir die Kinder dabei und zeigen ihnen altersgemäß und einfühlend den Weg.

Kommentar Riccardo Bonfranchi

Deine Ausführungen sind überzeugend. In der Tat, so sollte und müsste es sein.

Insbesondere deine Ausführungen zur Frage der Disziplin haben mich sehr angesprochen. Disziplin hat hier nichts mit dem Exerzieren zu tun, wie es früher beim Militär üblich war. Du fasst unter dem Begriff der Disziplin das Erlernen der Selbstkontrolle. Kinder müssen angehalten werden, diese auszubauen, und sollten dabei zur Einsicht kommen, dass die Selbstdisziplin sie langfristig eher zu Erfolgen führen wird. Aber ist es nicht so, dass insbesondere sogenannte verhaltensauffällige Kinder über so wenig Selbstvertrauen verfügen, dass sie sich mit einem schnellen Erfolg begnügen? Denn sie nehmen von vornherein an, dass sie den längerfristigen Erfolg nicht erreichen werden. Dies deswegen, weil sie sich von ihren Erfahrungen her für chancenlos halten.

Wenn ich das Beispiel des von dir beschriebenen Liam betrachte, dann würde mich interessieren, wie er seine Verhaltensauffälligkeit hinter sich lassen könnte. Du beschreibst sein Verhalten und gehst dann zur Ursache, zur fehlenden Disziplin über. Aber wie kommt er in seiner Sichtweise weiter? Wie lernt Liam, besser damit umzugehen, dass er sich gegenüber Mischa als ewig Zweiter sieht? Ja, sicher, es fehlt ihm an Disziplin; aber der ständige Vergleich mit Mischa ist ihm zuwider und er verfügt auch nicht über die notwendige Arbeitsdisziplin, sonst wäre er nicht bei dir in der Schule. Deshalb zeigt er das von dir sehr klar beschriebene Verhalten.

Nun kommt die hier entscheidende Frage: Welche Konsequenzen erfordern seine ständigen den Unterricht störenden Verhaltensauffälligkeiten? Wie Strafe auszusehen hat, da sind wir uns einig. Wir haben beide Ähnliches studiert, Ähnliches gelernt und wissen, dass Pädagogik ohne Regeln und Grenzen, ohne Strafen oder besser Konsequenzen nicht auskommen kann, dass diese Strafen aber *nie* verletzend sein, den anderen *nie* demütigen dürfen. Wir stehen auf der Seite von Liam, möchten ihm einen besseren Weg ermöglichen und haben als Leitlinie unsere Werte. Ob er sie zu seinen machen kann, steht für mich auf einem anderen Blatt. Es ist seine Entscheidung, sein Leben. Möglich, dass er zu den gleichen Schlussfolgerungen wie wir kommt, was Selbstdisziplin oder Selbstkontrolle anbelangt. Vielleicht aber auch nicht. Wie du erwähnst, wird das Leben diesem Jungen noch viele Aufgaben vorsetzen, auch viele Fallstricke für ihn bereithalten, in denen er sich verfangen kann. Möglich, dass er sich dann an seine ehemalige Lehrerin, und was sie ihm gesagt und entgegengehalten hat, erinnern wird.

31 Gab es Gewalt und Mobbing in der Schule früher nicht?

Das Anti-Mobbing-Konzept nach Françoise Alsaker: Gegen Mobbing einschreiten und es verhindern

Beitrag Eliane Perret

Wir haben uns an unserer Schule viel mit den Fragen von Gewalt und Mobbing beschäftigt, weil beides mit den Problemen unserer Kinder eng verbunden sein kann. Damit unsere Schülerinnen und Schüler gut lernen und ihre Ziele erreichen können, müssen sie untereinander einen respektvollen Umgang pflegen können. Alle im Team sind sich in einer klaren Stellungnahme gegen Gewalt und Mobbing einig und intervenieren, wenn solche Situationen auftauchen. Wichtig ist auch unsere Forderung nach Wiedergutmachung.

Dan Olweus, Pionier der Mobbing- und Gewaltforschung

Als vor einiger Zeit Mobbing in der Pädagogik vermehrt thematisiert wurde, bildeten wir uns als Team bei Françoise Alsaker, damals Professorin für Entwicklungspsychologie an der Universität Bern, weiter. Auf ihren Forschungen und ihrem Programm stützen wir uns heute in der Schule ab. Es ist nicht immer leicht, Mobbing zu erkennen, und der Begriff wird heute oft falsch und inflationär gebraucht. Zwar kann Mobbing grob und offensichtlich sein, aber ebenso subtil und versteckt. Neben der Schule und Freizeit sind die sozialen Netzwerke ein fast uferloses Aktionsfeld. Sicher hat es Gewalt und Mobbing schon früher gegeben. Ich erinnere mich lebhaft an Situationen in meiner eigenen Schulzeit, in denen ein Kind gemobbt wurde, und in der Literatur findet man immer wieder Mobbingfälle beschrieben. Aber vor den ersten Studien in den 1970er-Jahren von Dan Olweus, dem norwegischen Pionier der Mobbing- und Gewaltforschung, hat man keine Daten erhoben.

Be-Prox – ein fundiertes und praxistaugliches Antimobbingkonzept

Bevor Françoise Alsaker 1972 an die Universität Bern kam, war sie Mitarbeiterin von Dan Olweus und hat mit ihm zusammen geforscht. Darauf basierend hat sie mit Be-Prox ein sehr fundiertes und praxistaugliches Antimobbingkonzept, das sechs Schritte umfasst, ausgearbeitet. In einem ersten

Schritt geht es um die Sensibilisierung für das Problem, sodass man sich der Tragweite für *alle* Kinder bewusst wird; nicht nur für die Kinder, die gemobbt werden, sondern auch für diejenigen, die Mobbing miterleben müssen. Erwachsene halten leider oft durch Wegschauen das Mobbing aufrecht. Hier steht ein persönlicher Entscheid an: Hin- oder Wegschauen! Verständlicherweise wäre es allen lieber, wenn alles gut läuft, statt hinzuschauen und alle unschönen Finessen von Mobbing kennenzulernen, speziell das jeweilige Muster von Mobbing. Mit diesem Entscheid ist der erste Schritt getan.

Das Schweigen brechen

Beobachtet man nun Mobbingsituationen oder erfährt durch Eltern oder die Kinder von ihnen, so muss im Gespräch mit den Kindern das Schweigen gebrochen werden, denn Mobbing lebt zu einem großen Teil davon. Es geht nicht um Moralpredigten, sondern die Vorfälle müssen transparent gemacht werden. Präventiv lohnt es sich, mit den Kindern darüber zu reden, was Freude macht im Zusammensein mit den anderen Kindern. Das kann zum Ausgangspunkt für die Frage werden, ob es andere Dinge gibt, die nicht so viel Freude machen. So werden durch das Absprechen alle Kinder in die Verantwortung einbezogen und können gemeinsam ihre Regeln formulieren. Ich habe auf diese Weise mit meinen Klassen eine Charta entwickelt, wie wir es gerne hätten, damit allen wohl ist. Sie sah jeweils in jeder Klasse anders aus und wurde mit Kinderchampagner feierlich eingeweiht.

Verbindliche Regeln

Der schwierigste Teil war stets, diese Regeln einzuhalten. Für das Gefühl des Kindes ist es wichtig, zu erfahren, dass Abmachungen verbindlich sind. Von mir als Lehrperson fordert es, einen langen Atem zu haben und nötigenfalls Sanktionen zu ergreifen. Das bedeutet auch, konsequent positiv auf das Einhalten des Vertrags Echo zu geben. Es geht um das Gefühl der Mitverantwortung und dass die Kinder lernen, gegen Unrecht einzustehen (und zu erfahren, was der Unterschied zum Petzen ist).

Natürlich ist mit solchen Interventionen die Arbeit noch nicht getan. Um dauerhaft eine positive Stimmung des Miteinanders zu schaffen, müssen die Ressourcen der Kinder genutzt und ihre sozialen Kompetenzen gestärkt werden.

Interessant und wichtig war für mich, dass der Schwerpunkt dabei nicht bei den mobbenden Kindern liegt. Diese haben zwar oft eine gute soziale Intelligenz und wissen sehr wohl, was in der Gruppe geschieht, haben aber kaum Mitgefühl mit dem Opfer. Es fehlt ihnen an Normen und der Motivation, die moralischen Werte umzusetzen. Deshalb muss die Empathie der anderen Kinder gestärkt werden, die nicht direkt involviert sind, aber sehr große Ressourcen in der Gruppe repräsentieren. So kann viel erreicht werden, auch wenn man damit nicht alle Probleme aus der Welt schafft.

Nicht das mangelnde Selbstwertgefühl

Natürlich hat mich auch sehr beschäftigt, welche Kinder zu Mobbern und Mobberinnen werden und welche deren Opfer sind. Ich vermutete zuerst bei allen Involvierten ein mangelndes Selbstwertgefühl. Darum war es für mich aufschlussreich zu erfahren, zu welchen Resultaten Frau Professor Alsaker in ihren Forschungen kam: Mobbing hat sehr viel mit Macht zu tun! Mobber und Mobberinnen sind nicht diejenigen, die wenig Selbstwert haben. Es sind Kinder, die relativ gut in der Klasse integriert sind, aber über andere bestimmen möchten. Einen tiefen Selbstwert und oft depressive Gefühle findet man hingegen bei den Opfern des Mobbings. Ebenso betroffen (als Täter oder als Opfer?) sind Kinder, die das Ausüben von Aggressionen nicht unter Kontrolle haben und impulsiv reagieren. Oft sind das Kinder, die auch sonst verhaltensauffällig sind und stören. Mobber und Mobberinnen fallen bei genauer Beobachtung meist schon im Kindergarten als manipulativ auf. Was nachher Mobbing auslöst, ist noch nicht abschließend erforscht. Manchmal ist es die Angst, bestimmte Privilegien zu verlieren. Die Kinder haben die Erfahrung gemacht, dass ihr Verhalten sich lohnt. Ein gewisses Machtgehabe können sie zu Hause oder in den Medien lernen. Das kann durch Modelllernen oder fehlende Interventionen geschehen, weil die Erziehenden nicht recht wissen, wie sie damit umgehen sollen. Die Kinder festigen ihr Verhalten, wenn ihre Bezugspersonen es fälschlicherweise als harmloses und vorübergehendes kindliches Verhalten einstufen und tolerieren.

So weit also die Forschungsresultate, die ich dann im Schulalltag überprüfen konnte. Diese Weiterbildung wirkte sich sehr nachhaltig aus und gab uns viel an die Hand, genauer zu beobachten und angemessen zu handeln, oder noch besser, solch unschönen Geschehnissen vorzubeugen.

Kommentar Riccardo Bonfranchi

Mit Überraschung habe ich deinem Beitrag entnommen, dass dir eine Weiterbildung für den Schulalltag viel gebracht hat. Meinen Glückwunsch! An so manchen Weiterbildungen habe ich schon teilgenommen, von denen ich sagen muss, dass sie leider nicht so viel Wissenswertes vermittelt haben.
Was mir an deinem Beitrag sehr gefallen hat, ist, dass du den Fokus gerade auch auf die Prävention legst. Aus meiner Praxis weiß ich, dass oft erst dann

eine Diskussion im Lehrerkollegium aufkam, wenn das Kind schon sprichwörtlich in den Brunnen gefallen war. Dann erst wurde gehandelt, dann erst fragte man sich: »Was machen wir jetzt?« Insbesondere die Prävention gegenüber den Tätern, den Mobbern und Mobberinnen, ist unerlässlich, wie du gut nachvollziehbar aufzeigst.

Entscheidend für das Verstehen von Mobbing finde ich wie du die Erkenntnisse der Verhaltenstheorie (Bandura, Skinner) bzw. Verhaltenstherapie. Denn Verhalten wird gelernt, und was wichtig ist, Verhalten, das sich stabilisieren soll, muss belohnt werden. Dies gilt auch für das Modelllernen. Nur belohntes Verhalten wird modellhaft imitiert und dann in einem Verfestigungsprozess erlernt. Dies läuft auch bei den Mobbern und Mobberinnen so ab. Solche Prozesse müssen bereits in ihrer Entstehung erkannt, benannt und gestoppt werden.

Geschieht das nicht, so ist nach der Theorie von Skinner klar, dass sich die sogenannte Wiederauftretenswahrscheinlichkeit des Verhaltens massiv erhöht. Die schweigende Mehrheit, die du auch erwähnt hast, tut dann noch ein Übriges. Sie muss ebenfalls als ein den Mobber bzw. die Mobberin belohnender Faktor angesehen werden. Warum? Es ist dem Täter nämlich sehr wohl klar, dass er seinen Lustgewinn, seinen Machtzuwachs aus einer unmoralischen Verhaltensweise zieht. Er beobachtet deshalb sehr genau, wie sich die schweigende Mehrheit verhält. Wenn sie das Mobbing stillschweigend zulässt, verstärkt sie sein Verhalten. Muss er befürchten, dass eine Mehrheit gegen ihn einschreitet und das Opfer aktiv unterstützt, wird er seine Mobbing-Aktivität gar nicht erst beginnen, sie einstellen oder umlenken. So betrachtet, erhöht auch eine schweigende Mehrheit die Wiederauftretenswahrscheinlichkeit seines verwerflichen Verhaltens.

Umso wichtiger, dass es ein Präventionsmodell gibt, das sich in der Praxis bewährt.

Veränderungen von Reichweite, Ausmaß und Dauer – Mobbing in Zeiten von Social Media

Beitrag Riccardo Bonfranchi

Meine spontane Einschätzung ist, dass es natürlich auch früher schon Gewalt und Mobbing gab.

Es gab Außenseiter, die nicht dazu gehörten und die nach heutigem Sprachgebrauch gemobbt wurden. Sie wurden ausgelacht, verhöhnt, bloßgestellt. Auch Gewalt gab es früher. Ich war während meiner Primarschulzeit selbst oft in Schlägereien verwickelt. Da kam man nicht ohne Beulen und blaue Augen davon. In der Sekundarschulzeit hörte das auf. Dort galt es als unpassend, sich zu prügeln.

Dagegen galten aber auch Regeln, die von allen, die etwas auf sich hielten, eingehalten wurden. Regeln, die vielleicht heute nicht mehr bekannt sind oder nicht mehr angewendet werden. Erstes Gebot war: Wenn jemand am Boden liegt, wird nicht mehr zugeschlagen oder zugetreten. »Zwei gegen einen« galt als feige und Mädchen wurden prinzipiell nicht geschlagen. Ein gewisses Ehrgefühl spielte eine Rolle. Einiges hat sich demgegenüber heute verändert. Sich Gedanken zu machen, warum das so ist, würde sich lohnen. So darf der Einfluss der Medien und der darin vermittelten Vorbilder nicht unterschätzt werden. Dies haben die Forschungen der Lernpsychologie gezeigt.

Zurück zum Mobbing, dem Fertigmachen eines Menschen auf nichtphysischer Ebene: Was ist heute anders gegenüber früher? Es ist auf jeden Fall die Reichweite und das Ausmaß des Mobbings, das mittels Social Media jederzeit und überall öffentlich gemacht werden kann. Wenn durch einen einzigen Klick von vielen, in der breiten Öffentlichkeit sogar von vielen Tausenden von Menschen ein Einzelner, eine Einzelne mit einer Flut von abwertenden Äußerungen und entwürdigenden Bildern überschüttet wird, so kann dies nicht spurlos an ihm vorübergehen. Es war auch früher schlimm, aber heute ist es für die Betroffenen oft unerträglich. Suizide, die daraus erfolgten, erstaunen nicht.

Was passiert hier eigentlich? Ist es einfach nur die starke Zunahme von Mittätern und Mitläufern, die in den Social Media einen leicht zugänglichen Weg finden, abwertende Äußerungen von sich geben? Nein – denn es kommt noch die zeitliche Dauer des Mobbings dazu, welche die Auswirkung heute enorm verstärkt. Das Ausgelacht-Werden passierte früher von Angesicht zu Angesicht, häufig auf dem Schulweg. Wenn der Ausgelachte zu Hause war, war für ihn dieses unerfreuliche Geschehen erst einmal vorbei. Dazu nutzte es sich im Lauf der Zeit für die Mobbenden ab, es war nicht mehr lustig, bald musste »eine andere Sau durchs Dorf getrieben werden«, damit die Befriedigung ihrer Macht bei den Tätern erhalten blieb. Früher war es auch so, dass Mädchen sich kaum an solchen demütigenden Aktionen beteiligten. Hatten sie mehr soziale Fähigkeiten oder wurden sie einfach nicht einbezogen? Das hat sich jedenfalls verändert. Ein Opfer kann nie sicher sein, wenn es aufs Handy schaut, ob nicht wieder eine Flut von Schmähungen zu den bisherigen dazugekommen ist. Und es weiß oft nicht, wer dahintersteckt. Dieses Mobbing kann monatelang andauern. Den Umfang der Beleidigungen habe ich schon erwähnt. Zudem sind Mädchen heute genauso Opfer wie Täterinnen. Was wiederum den Kreis der Beteiligten drastisch ausweitet.

Der Umfang, die Dauer, die Anzahl der Täter und Täterinnen beim Mobbing hat heute durch die elektronischen Verbreitungsmöglichkeiten enorm zugenommen und dabei kann man auch von einer qualitativen Veränderung sprechen, nicht nur von einer quantitativen. Heute werden häufig auch beleidigende Bilder oder Filmsequenzen ins Netz gestellt.

Also muss ich die aufgeworfene Frage klar mit einem Ja beantworten. Es gab auch früher Gewalt und Mobbing in der Schule, aber diese verwerflichen Erscheinungen hatten ein quantitativ und qualitativ anderes, nämlich weniger weitreichendes, weniger andauerndes und auch weniger bösartiges Ausmaß als heute. Dies zu wissen und nicht wegzuschauen, ist für jeden Pädagogen und jede Pädagogin ein erster Schritt dagegen.

Kommentar Eliane Perret

Ich glaube, jeder von uns erinnert Vorfälle aus der Kindheit, die durch Gewalt und Plagen gekennzeichnet waren. Bei uns führten einmal zwei Dörfer »Krieg« gegeneinander. Wir Kinder gingen zusammen ins gleiche Schulhaus. Jeweils nach der Schule ging es los. Wir Mädchen waren nur als Randfiguren involviert. Wie und warum wir den »Krieg« beendeten, weiß ich nicht mehr. Vermutlich sind die Erwachsenen eingeschritten. Aber klar war, dass wir die Regeln einhielten, die du beschrieben hast.

Du beschreibst auch, dass wir es heute mit einer schleichenden Zunahme der Jugendgewalt zu tun haben und die Vorfälle an Brutalität zugenommen haben. Das ist auch durch unabhängige Studien dokumentiert und immer wieder Thema in den Medien. Die Frage nach dem Warum wird meistens nur angetippt. Meines Erachtens hat die Entwicklung viel mit gesellschaftlichen Entwicklungen und falschen Theorien zu tun, die sich aber hartnäckig halten.

Aggressives, gewalttätiges Verhalten wird gelernt! Das ist spätestens durch die soziale Lerntheorie (Bandura und Walters) nachgewiesen worden. Sie hat frühere Theorien widerlegt, die Aggression als Reaktion auf Frustration (Dollard, Mowrer und Sears) oder als durch bestimmte Reize ausgelöstes Instinktverhalten (Konrad Lorenz) erklärten.

Heutige gesellschaftliche Entwicklungen bringen es meines Erachtens leider mit sich, dass viele Kinder weder in der Familie noch in der Schule noch im weiteren gesellschaftlichen Umfeld beziehungsmäßig eingebettet und gehalten sind. Sie fühlen sich leer und nicht gebraucht. Innere Langeweile bestimmt ihr Leben. Diese Beziehungslosigkeit, das sich daraus entwickelnde Gefühl von Sinnlosigkeit und die daraus erwachsenden persönlichen Probleme sind der Nährboden für die Ausbreitung von Gewalt und Mobbing. Medien»vorbilder« werden zu »Ersatz-Erziehenden« und

Kinder und Jugendliche laufen Gefahr, sich negativen Strömungen und Gruppen anzuschließen, damit sie irgendwo »dazugehören«. Oft geht der Konsum von gewalttätigen Filmen, Killerspielen, gewaltverherrlichender Musik und entsprechendem Outfit damit einher. Die (un)sozialen Medien werden zu positiven Verstärkern, weil sie den Tätern eine unermesslich große Bühne eröffnen.

Darum kommt auch der Prävention eine so große Bedeutung zu, wie du ja in deinem Echo auf meinen Beitrag vermerkt hast.

32 Stehen Familie und Schule miteinander in Verbindung?

Verständnis als Grundpfeiler fruchtbarer Zusammenarbeit

Beitrag Riccardo Bonfranchi

Schule und Familie sollten ein gutes Miteinander haben, quasi ein Zusammenarbeitsverhältnis. Denn durch eine gute Zusammenarbeit von Schule und Elternhaus wächst und festigt sich das Verständnis für das behinderte Kind, für behinderte Angehörige – eine Bereicherung für alle!

Im Mittelpunkt der Arbeit unserer Schule mit den Eltern/Angehörigen steht also immer das behinderte Kind, der/die behinderte Erwachsene. Diese Zusammenarbeit bedeutet, Transparenz zuzulassen und gegenseitig Einblick zu gewähren, sowohl in den Institutions- als auch in den Familienalltag. Sie kann gelingen, wenn sie auf Augenhöhe partnerschaftlich gestaltet wird. *Partnerschaftliche Zusammenarbeit* erfolgt in gegenseitigem Respekt vor der Kompetenz und der jeweiligen nicht leichten Aufgabe des Gegenübers. Dann akzeptieren sich beide Seiten, Eltern/Angehörige und Heilpädagoginnen/Heilpädagogen, in ihren Kompetenzen und ihrer Verantwortung. In einer gelungenen Zusammenarbeit sind sie bereit, voneinander zu lernen und ihre Erfahrungen auszutauschen.

Gegenseitiges Verständnis in der Zusammenarbeit

Folgende Prinzipien der Zusammenarbeit konnten wir an unserer Institution berücksichtigen:

1. Wir respektieren die besondere Situation der Familien mit einem behinderten Kind.
2. Wichtig sind uns Kenntnisse über den Auseinandersetzungs- und Verarbeitungsprozess und die besondere Belastung der Eltern durch Pflege und Sorge für das behinderte Kind, die spezielle Situation der Geschwister und das soziale Umfeld der Familie.
3. Wir sehen jede Reaktionsform der Eltern/Angehörigen im Auseinandersetzungsprozess als grundsätzlich sinnvoll an, weil sie hilft, das psychosoziale Gleichgewicht zu bewahren oder wiederherzustellen. Die Kooperation mit der Familie des behinderten Menschen sollte stets geprägt sein durch Wertschätzung und Anerkennung.
4. Wir überprüfen die eigenen Einstellungen, Vorurteile und Überzeugungen gegenüber den einzelnen Familienmitgliedern und ihrer Rollentei-

lung immer wieder kritisch, um ein realistisches Verständnis für die familiäre Situation entwickeln zu können.
5. Wir achten darauf, dass möglichst beide Elternteile einbezogen werden. Besondere Aufmerksamkeit ist bei getrennt lebenden/geschiedenen Eltern geboten. Je nach Alter beziehen wir auch die Geschwister mit ein.
6. Absoluten Vorrang in der Zusammenarbeit mit den Eltern haben Empathie, Verständnis und Anerkennung.

Nach diesen Grundsätzen konnten wir im Team mit den Angehörigen zusammenarbeiten und hatten damit eine gemeinsame Arbeitsgrundlage. In einer solchen Atmosphäre sind offene Gespräche möglich.

Schwierigkeiten und Grenzen

Angesichts der Komplexität dieses Ziels der partnerschaftlichen Zusammenarbeit sind wir uns immer auch möglicher Schwierigkeiten und Grenzen bewusst. Stolpersteine sind:

- auf Seiten der Lehrpersonen oft mangelnde Zeit, unzureichende Ausbildung in Methoden der Gesprächsführung und fehlende Kenntnis der Lebenssituation der Familie,
- auf Seiten der Eltern häufig Sprachprobleme, Ängste, Verschlossenheit oder Desinteresse.

Auch gegenseitige Vorurteile können eine Rolle spielen.

Dazu kann es für uns heilpädagogische Fachkräfte schwierig sein, die Angehörigen zu verstehen, wenn diese aus einem anderen Umfeld stammen (andere Werte, andere Sprachebene) oder aus Kulturen kommen, in denen mit Behinderung anders umgegangen wird. Und manchmal können wir als Fachleute unsere Grenzen zwar wahrnehmen, aber nicht akzeptieren. Manche fordern von sich, für jedes Problem eine Lösung zu haben, weil wir ja die (bezahlten) Fachleute sind, und überfordern sich deshalb ständig.

Erwähnen möchte ich hier noch einen weiteren erschwerenden Umstand, der in jeder Zusammenarbeit auftreten kann: das Entstehen von *Projektionen*. Wenn das behinderte Kind noch klein ist, ist die Heilpädagogin vielleicht im Alter einer Großmutter. Dann können bei der Mutter des Kindes Mutterprojektionen geweckt werden. Mütter behinderter Kinder stellen unter Umständen dann wie an ihre Mutter Ansprüche an die Fachperson, die diese gar nie erfüllen kann. Dies als Beispiel einer Projektion, die die Zusammenarbeit erschweren kann. Projektionen können auch auf Seiten der Heilpädagoginnen und Heilpädagogen auftreten. Um dies zu beobachten, einzuordnen und möglichst nicht persönlich zu nehmen, ist Schulung nötig.

Drei Perspektiven der Zusammenarbeit gestern und heute

Ein kurzer Blick in die Geschichte der Zusammenarbeit zwischen Angehörigen und Fachpersonal beleuchtet, wie sich die Positionen im Lauf der Jahrzehnte verändert haben, und lässt die heutigen besser verstehen:

Mit Beginn der modernen Heilpädagogik (sechziger, siebziger Jahre des 20. Jh.) wurden die Eltern als Laien in Bezug auf ihr behindertes Kind gesehen. Das Fachpersonal wurde dagegen als kompetent definiert. Es erklärte den Eltern, wie sie sich ihrem Sohn, ihrer Tochter gegenüber zu verhalten hätten und was in Bezug auf das behinderte Kind richtig und falsch war. Die Eltern wurden als der verlängerte Arm der Fachpersonen betrachtet.

Dieses *Laienmodell* konnte in der Geschichte der Heil- und Sozialpädagogik nicht aufrechterhalten werden. Insbesondere Eltern und Elternvereinigungen setzten sich dagegen zur Wehr.

In einer nächsten Phase wurde versucht, die Position der Eltern aufzuwerten, sie als gleichwertig mit den Fachleuten zu sehen. Dieses Modell wurde als *Co-Therapeuten-Modell* bekannt. Die Angehörigen wurden fachlich angeleitet und damit zu Mitwirkenden in der Betreuung und Förderung. Aber es waren die Fachleute, die die Ergebnisse überprüften, korrigierten, berieten und neue Übungsmethoden vorgaben. Die Angehörigen gerieten dabei immer wieder in eine schwierige Lage, fühlten sich öfter sogar schuldig, wenn etwa erwartete Fortschritte ausblieben. In dieser Weise konnte das Modell daher nicht aufrechterhalten werden.

Heute steht im Mittelpunkt der Zusammenarbeit der Prozess der Konsensfindung. Wir sprechen deshalb von einem *Kooperationsmodell* zwischen Angehörigen und Fachleuten. In letzter Zeit musste ich mir als Lehrer aber ehrlich eingestehen, dass eine solche einvernehmliche partnerschaftliche Zusammenarbeit oft kaum möglich ist. Es hat sich eine Angehörigengeneration herangebildet, welche das Hinterfragen gelernt hat und sich mit der Frage nach einer noch lebenswerten Zukunft für ihre Kinder, Brüder oder Schwestern intensiv und komplex beschäftigt.

Fazit

Zusammenfassend kann ich sagen, dass die Zusammenarbeit zwischen Schule und Elternhaus zum Wohl des Kindes unerlässlich ist. Sie erfordert jedoch Wohlwollen, Augenmaß, Erfahrung und Kenntnis der vielen Facetten dieser Arbeit.

Kommentar Eliane Perret

Das Verhältnis von Elternhaus und Schule ist von vielfältigen Faktoren geprägt. Das wird in deiner umfassenden und differenzierten Darstellung deutlich und deckt sich auch mit meinen Erfahrungen. Du hast das sicher in dieser Art auch den Mitarbeitenden in den verschiedenen Institutionen weitergegeben, in denen du tätig warst. Eine solche Darstellung kann einen inneren Kompass geben, auf was in der Zusammenarbeit mit Eltern zu achten ist.

Du sprichst z. B. auch die Projektionen an, die sowohl seitens der Eltern wie auch der Heilpädagoginnen und Heilpädagogen zum Tragen kommen können. Sie sind sehr bedeutsam, denn sie können den Blick auf das Problem verschleiern. Wir sind deshalb auch als »Profis« gefordert, unsere eigenen Gefühlsreaktionen zu hinterfragen und nötigenfalls zu klären.

Auch wenn die Zusammenarbeit Ansprüche an alle Beteiligten stellt, so lohnt sie sich. Gelingende Elterngespräche können die Arbeit mit dem Kind ungemein erleichtern. Ich habe immer wieder erlebt, dass wir mit einer anderen Stimmung und mit neuem »Blick« an die Arbeit gegangen sind, wenn wir das Umfeld des Kindes genauer erfassen konnten.

Arbeitsbündnisse für eine fruchtbare Zusammenarbeit in Respekt, Achtung und Verständnis

Beitrag Eliane Perret

Die Frage zu diesem Kapitel hat mich stutzig gemacht: Was meint Verbindung in diesem Fall? Sicher ist, dass die Schule und die Eltern eine gemeinsame Aufgabe haben, in der Eltern und Schule eine je eigene Aufgabe haben. Um sie zu lösen, müssen sie sich »verständigen« können, was verschiedene Aspekte einschließt.

Belastete Lernbiografie

Nun befinden sich Schülerinnen und Schüler, die in eine Sonderschule für Kinder mit Verhaltens- und Lernproblemen kommen, in einer speziellen Situation. Es geschieht im Allgemeinen nicht freiwillig! Bevor es dazu kommt, ist schon vieles geschehen, was das Kind und die Familie belastet. Die Lernbiografie des Kindes ist mit Problemen beladen, die Schule oft ein Ort des Versagens. Der gemeinsame Unterricht mit den anderen Kindern hat nicht funktioniert – aus verschiedenen Gründen. Es gab deshalb Gespräche mit Lehrkräften, Schulleitungen, Sozialdiensten und eventuell auch Behörden. Vieles wurde versucht: Querversetzung, Förderunterricht, Einzelunterricht, Time-out, schulpsychologische Abklärung, schulische Standortgespräche, integrierte Förderung durch eine Heilpädagogin oder Heilpädagogen usw.

Nicht nur die schulische Situation war schwierig, auch zu Hause gab es viele belastende Momente. Diagnosen stehen im Raum – ADS, ADHS, ASS ...? Oft zeugen dicke Akten oder Dossiers von vielfältigen Versuchen des Verstehens und Handelns. Das Verhältnis zur Schule ist in manchen Fällen getrübt und von Misstrauen und Enttäuschung geprägt. Auch die Beziehung zwischen den Eltern und dem Kind ist oft gezeichnet durch eine ganze Palette von Gefühlen.

Die Familie kennenlernen

Und nun hoffen sie auf einen Neuanfang. Der beginnt bei uns mit einem ersten Gespräch mit den Eltern und dem Kind und anschließenden Schnuppertagen. Dieses erste Gespräch gibt oft interessante Hinweise auf die Problematik. Ist es möglich, ein offenes Gespräch zu führen? Werden die Probleme bagatellisiert oder dramatisiert? Wie ist der »Ton« untereinander? Wer führt das Wort? Sprechen die Eltern für ihr Kind? Weisen sie es immer wieder zurecht, fordern es auf, ruhig zu sein oder sich »anständig« hinzusetzen? Oder korrigiert das Kind seine Eltern mit Mimik, Gestik und Worten? Lässt es sich auf ein Gespräch ein? Wie erklären die Eltern die jetzige Situation? Schimpfen sie über die bisherige Lehrerin oder die Klasse? Es geht für mich darum, die Familienstimmung zu erahnen und einen ersten Schritt für eine künftige Zusammenarbeit anzudenken.

Das Kind lebt in seinem familiären Umfeld, das wir nach Möglichkeit in unsere heilpädagogische Arbeit einbeziehen möchten. Das ist ein wichtiger Teil der Arbeit mit den uns anvertrauten Kindern und Jugendlichen und aus meiner Erfahrung für das Vorankommen von Kindern und Jugendlichen entscheidend. Dabei haben Eltern und Lehrer verschiedene Arbeitsfelder, in denen sie mit dem Kind tätig sind. Eltern haben die gesetzliche Vertretung und Erziehungsverantwortung für ihre Kinder. Sie wollen und tun das aus ihrer Sicht Beste für ihr Kind. Sie kennen es am längsten und in sehr unterschiedlichen Situationen. Ihr Blick ist auf ihr Kind gerichtet, geprägt durch die Dynamik in der Familie und die Rolle, die das Kind darin einnimmt. Sie möchten in ihren Beobachtungen, Überlegungen und Sorgen ernst genommen werden.

Lehrer und Eltern: Gemeinsam für das Kind

Lehrer sehen das Kind in der Leistungssituation mit den Gleichaltrigen und haben einen breiteren Vergleich mit anderen Kindern. Der Blick aufs Kind ist weniger belastet, er ist auf den schulischen Werdegang fokussiert und darum distanzierter. Diesen unterschiedlichen Aspekten im Verhältnis zwischen den Eltern und der Schule muss Rechnung getragen werden. Das erfordert gegenseitigen Respekt und Achtung, denn beide, Lehrpersonen und Eltern, sind Experten bzw. Expertinnen auf ihrem Gebiet. Nun geht man ein Stück des Weges gemeinsam.

Das erste Gespräch kann schon wichtige Hinweise für die künftige Arbeit mit dem Kind geben. Kommt ein Kind nun zu uns in die Schule, sollten die Elterngespräche nicht nur dann stattfinden, wenn ein Problem ansteht. Auch müssen die Voraussetzungen gegeben sein, dass die Eltern sich offen ins Gespräch eingeben können. Manchmal gibt es Sprach- und Kulturschranken, die verhindern, sich flüssig und differenziert auszutauschen. Da nehmen interkulturelle Übersetzer und Übersetzerinnen eine wichtige Funktion ein. Es geht aber nicht nur um Sprache. Auch die besten Sprach- und Kulturkenntnisse nützen nichts, wenn z. B. die Eltern eines angolanischen Kindes damit zurechtkommen müssen, dass der Übersetzer bzw. die Übersetzerin aus Portugal kommt, gefühlsmäßig also zu den Kolonialherren gehört; die emotionale Distanz im Gespräch kann schneidend werden. Es gibt also vieles zu beachten.

Keine Schuldzuweisung

Ziel soll es sein, mit den Eltern ein »Arbeitsbündnis« zu schaffen. Dann können Elterngespräche sehr unterstützend sein. Eltern lernen durch die Schilderungen des Schulalltags andere Seiten des Kindes kennen und umgekehrt erfahren die Lehrer vieles, was im Schulalltag weniger Thema ist. Das Bild des Kindes wird deutlicher und neu entdeckte Stärken des Kindes können zu Ansatzpunkten pädagogischen Handelns werden, aus denen sich wiederum Möglichkeiten ergeben, wie es seine Schwächen angehen könnte. Man kann auch erahnen oder erfährt es unverblümt, wo zu Hause die Probleme liegen. Der Erziehungsstil wird deutlicher. Daraus ergeben sich eventuell Anregungen zur Veränderung, nie aber eine Schuldzuweisung. Die Eltern haben eine anspruchsvolle Aufgabe, die sie nach bestem Wissen und Können angehen.

Alfred Adler, der Begründer der Individualpsychologie, erkannte im Übrigen bereits zu Beginn des letzten Jahrhunderts die Bedeutung der Erziehung und der Zusammenarbeit von Schule und Elternhaus (vgl. Kap. 25). Durch seine Erziehungsberatungsstellen und seine Vorlesungen am Pädagogischen Institut in Wien leistete er einen wichtigen Beitrag zum Thema »Schwer erziehbare Kinder«, wie man sie damals zu Unrecht nannte. Damals wie heute ist im Verhältnis zwischen Eltern und Schule das gemeinsame Schulter-an-Schulter-Stehen wichtig. Es gibt den Kindern und Jugendlichen den notwendigen Halt und die Zuversicht, voranzukommen, und oft mobilisieren sie dann ihrerseits Kräfte, um ihren Beitrag altersgemäß und auf der positiven Seite des Lebens zu leisten.

Kommentar Riccardo Bonfranchi

Wir sehen es beide als wichtige Grundlage einer positiven Beziehung zum Kind an, dass sich die Schule und das Elternhaus miteinander verständigen können. Deine Schilderung ist detailliert, auch in der Darstellung dessen, wodurch das Verhältnis getrübt und gestört werden kann. Man spürt hier deutlich die große Erfahrung der Praktikerin, die schon Hunderte von Elterngespräche in ihrer beruflichen Karriere geführt hat. Diese Zeilen haben mich beeindruckt.

Wir sind uns also einig, dass gerade in der Heilpädagogik der Zusammenarbeit zwischen Schule und Elternhaus eine große Bedeutung beigemessen werden muss. Dem Gelingen stehen jedoch oft Schwierigkeiten entgegen. Wir haben viele Schüler und Schülerinnen, deren Eltern aus bildungsferneren Schichten stammen und nur ungern zu einem Gespräch in die Schule kommen. Vielleicht darum, weil die Eltern in ihrer Kindheit keine allzu guten Erfahrungen mit dieser Institution gemacht haben und nun erfahren, dass sich das bei ihren eigenen Kindern – leider – weiter fortsetzt. Eine denkbar ungünstige Konstellation für ein fruchtbares Gespräch! Oder sei es, dass die Eltern aus dem Ausland stammen und unser Schulsystem nicht kennen, selbst wenn sie unserer Sprache mächtig sind.

Wir stellen deshalb oft fest, dass die Voraussetzungen für ein solches Teamwork Schule/Elternhaus extrem ungünstig sind. Handelt es sich doch häufig um Kinder, die mit dem »Apparat Schule« auf Kriegsfuß stehen.

Nun sind aber gerade wir die Repräsentanten und Repräsentantinnen dieser Institution, und an uns muss es nun liegen, verloren gegangenes Terrain, sprich Vertrauen, wiederzugewinnen bzw. wiederaufzubauen. Eigentlich ein unmögliches Unterfangen, das jeglichen Regeln gelungener Gesprächsführung widerspricht.

Trotzdem muss es Tag für Tag geleistet werden.

33 Werden Eltern durch die Behinderung ihrer Kinder auch behindert?

Belastung trotz vielfältiger professioneller Förderung

Beitrag Eliane Perret

Im Dorf, in dem ich meine Kindheit verbrachte, lebte in unserer Nachbarschaft eine ältere Frau mit ihrem Sohn, der ein Downsyndrom hatte. Er war sicher schon über vierzig Jahre alt – in meiner Erinnerung jedenfalls sehr alt. Ich besuchte die Frau des Öftern gemeinsam mit meiner Mutter. In Erinnerung habe ich vor allem, dass Karli, so hieß er, immer am Stubentisch saß und mit einem Surrli (Kreisel) spielte. Damit der Tisch nicht kaputtging, hatte er eine Unterlage aus Blech. Dazwischen gab Karli hin und wieder einige Laute von sich, die seine Mutter verstand – ich nicht. Trotzdem mochte ich ihn. Er war freundlich und musste oft lachen. In die Schule war er nie gegangen, weil es sie damals nur weit weg von seiner Familie gab. Seine Geschwister waren längst ausgeflogen, sein Vater gestorben. Jetzt war seine Mutter für ihn da, sie hatten es gut zusammen, das spürte man. Als sie starb, kam er in ein Heim. Ich verlor Karli aus den Augen. Seine Mutter hatte einen großen Teil ihres Lebens auf ihn ausgerichtet. War sie durch die Behinderung ihres Sohnes behindert? Ich weiß es nicht, ich habe nie mit ihr darüber gesprochen. Heute jedenfalls hätten Karli und seine Mutter andere Möglichkeiten. Er hätte zur Schule gehen, entsprechend seinen Möglichkeiten gefördert und als Erwachsener eine Tätigkeit ausüben können. Das hätte ihr und sein Leben verändert.

Heute sind wir glücklicherweise in einer anderen Situation. Ich denke da an Miriam, ein Mädchen ebenfalls mit Downsyndrom, die Schwester einer unserer Schülerinnen. Sie begleitete die Mutter oft zu den Gesprächen. Selbstverständlich interessierte es mich, wie ihr Bildungsweg und ihre Entwicklung verlaufen, und ich nutzte oft die Gelegenheit, mit der Mutter ins Gespräch zu kommen. Die Familie hatte bereits früh Unterstützung durch eine heilpädagogische Früherzieherin erhalten. Die Mutter äußerte sich sehr positiv darüber, dass sie gerade in dieser ersten Zeit ihre Hilfe in Anspruch nehmen konnte. Nicht nur fachlich, sondern auch menschlich war es für sie wertvoll und erleichternd. Danach kam Miriam in den Heilpädagogischen Kindergarten und wurde dort gezielt und auf ihre Bedürfnisse zugeschnitten gefördert. Sie lernte viele Alltagskompetenzen wie die Körperpflege, die sie selbstständiger machten. Sie hatte aber auch Lernfelder außerhalb des Kindergartens. Eines davon war ihre Schwester. Schon im Kindergarten setzte sich Miriam neben sie an den Tisch, wenn sie Aufgaben machte. Sie »schrieb« dann auch. Vermutlich war sie deshalb in der Schule – eine heilpädagogische Einrichtung – auch offen dafür, selber schreiben zu lernen. Ihre Lehrerinnen hatten vielfältige Möglichkeiten, ihr diese Kulturtechnik zugänglich zu machen. Miriam erzählte uns gerne Witze. Sie lachte selbst am meisten darüber. Uns muteten sie oft etwas kindlich an, aber bei ihren Freundinnen und Freunden in der Schule kam sie damit gut an. Besonders gerne war Miriam im Kochunterricht, auch zu Hause half sie gerne der Mutter. Daraus konnte später eine Möglichkeit für die berufliche Eingliederung entwickelt werden. Miriam machte in geschütztem Rahmen eine Ausbildung zur Köchin, auf die sie sehr stolz ist. Heute lebt sie in einer betreuten Wohngemeinschaft und sie hatte das Glück, einen Arbeitsplatz in einem Restaurationsbetrieb zu finden, der entsprechende Arbeitsplätze eingerichtet hatte.

Eine Herausforderung für alle

Mit meinen Beispielen möchte ich auch auf die große Entwicklung hinweisen, die gerade im Bereich der Behindertenpädagogik stattgefunden hat. Oblag früher die Förderung oder vielmehr Betreuung von Kindern in erster Linie der Familie – allenfalls gab es noch eine Heimlösung – so gibt es heute eine breite Palette von Möglichkeiten, die uns zur Verfügung stehen. Ich habe deshalb bewusst auch zwei Beispiele von Kindern mit einer vergleichbaren Behinderung genommen, auch wenn sie nicht aus meinem Arbeitsbereich stammen.

Gerade in den Heilpädagogischen Schulen stehen solche vielfältigen Angebote zur Verfügung, mit dem Anspruch, ein Kind umfassend zu fördern. Das sollte bei der Diskussion um die Integration vermehrt berücksichtigt werden.

Selbstverständlich ist es für die Familie immer noch eine anspruchsvolle Situation. Mir fällt es dennoch schwer, die Frage, ob Eltern durch die Behinderung ihrer Kinder auch behindert sind, allgemein zu beantworten. Doch scheint es mir logisch, dass sich mit der Behinderung eines Kindes für die Familie (nicht nur für die Eltern) eine große Aufgabe stellt. Man hatte es sich anders vorgestellt mit den Kindern, sagen manchmal Mütter und Väter betroffen. Sie gehen auch unterschiedlich damit um. Träume wurden zerstört. Das galt es, zuerst einmal zu akzeptieren, und vielleicht galt sogar, erst einmal hinzuschauen. Das kann mit Trauer, aber auch mit Stress, Ärger und Wut verbunden sein. Manchmal verschärfen auch ungewollt Uneinigkeit und Schuldzuschreibungen das Problem. Während der eine Elternteil das Problem eher erkennt, relativiert der andere alles. Auch die Geschwister suchen ihre Rolle im Familiengefüge, in dem sich oft zu viel um das problematische Geschwisterkind dreht. Manche reagieren mit Anpassung und Abgrenzung, andere fühlen sich zurückgesetzt und ärgern sich über den Störenfried. Oft entwickelt sich offen oder verdeckt eine starke Eifersucht. Probleme, die auch sonst vorkommen und die sich – wie ich oft erfahren habe – lösen lassen.

Gemeinsam einer Behinderung der Bildsamkeit begegnen

Die spezifische Lebenssituation und die Persönlichkeit des behinderten Menschen ergeben einen breiten Spielraum dafür, wie die Behinderung im Leben des/der Betroffenen wirksam wird. Hier schließe ich mich der Meinung meines Doktorvaters, Professor Gerhard Heese an, der die Bedeutung des sozialen Umfeldes für das behinderte Kind betont hat. Das betrifft natürlich als Erstes die Eltern und die Familie als engstes Beziehungsnetz. Je nachdem, wie sie mit dieser anspruchsvollen Aufgabe umgehen können, werden sie sich auch selbst mehr oder weniger stark behindert fühlen. Das ist meine Antwort auf die Frage.

Kommentar Riccardo Bonfranchi

Ja, es ist sicher richtig, wenn du schreibst, dass die Möglichkeiten in Bezug auf Förderung und Betreuung behinderter Kinder heute wesentlich vielfältiger und professioneller geworden sind. Dies bezieht sich sowohl auf die medizinisch-therapeutischen Belange wie auch auf die heil- und sonderpädagogische Förderung, wie sie insbesondere in den Heilpädagogischen Schulen geleistet wird. Auf die unsäglichen Integrationsbemühungen, die die Behinderungen eher bagatellisieren und trivialisieren, will ich hier nicht näher eingehen. Aber auch sie haben, und das ist nicht zu unterschätzen, Auswirkungen auf die Eltern eines behinderten Kindes.

Mir geht es hier eher um die psychische Befindlichkeit der betroffenen Eltern. Die Geburt eines Kindes mit einer Behinderung ist nach wie vor NICHT die Geburt eines Kindes, sondern eines Schicksals. Deine Beispiele legen beredtes Zeugnis hiervon ab! Warum? Es ist ja eine weitere Tatsache, dass in unserer heutigen Leistungsgesellschaft a) gutes Aussehen (Schönheits-OPs usw.), b) hohe Intelligenz (alle sollen aufs Gymnasium) und c) Arbeitseifer (alle wollen einen guten Job, Geld verdienen usw.) als hohe Werte vertreten werden. Diesen drei Werten, wie ich sie hier einmal nennen möchte, vermögen Menschen vor allem mit einer kognitiven und mehrfachen Behinderung nicht zu genügen. Auch Kinder mit starken Verhaltensauffälligkeiten erreichen leistungsmäßig meist den Durchschnitt ihrer Altersgruppe nicht.

Das ist, in aller hier gebotenen Kürze, die Ausgangsüberlegung. Kehren wir zu den Eltern zurück. Was ist der Wunsch von Eltern für ihre Kinder? Sie sollen hübsch aussehen, intelligent und strebsam sein. Alle Eltern haben diese Wünsche immer schon gehabt und man könnte sich nun streiten, ob diese Wünsche bzw. die Verwirklichung dieser Werte in der heutigen Zeit nicht sogar noch zugenommen haben.

Wenn aber nun mein Kind diesen Werten nicht entspricht und es eben MEIN Kind ist, erscheint es mir nahezu zwingend zu sein, dass auch ich mich als Vater oder Mutter behindert fühlen muss. Ob mir dann die heute zur Verfügung stehende Unterstützung vollauf genügt, halte ich für fraglich, da ich zwar nicht Vater eines behinderten Kindes bin, aber mich mit einer großen Zahl von Eltern behinderter Kinder darüber unterhalten habe.

Fazit: Die Frage, ob die Familien, im Klartext eben oft die Mütter, durch die Schädigung, die ihr Kind erlitten hat, selbst auch mitbehindert sind, stellt sich für mich deshalb nicht. Sie sind es, und das sehr oft nicht wenig!

Krisenbewältigung als Familie, als Eltern und als Paar

Beitrag Riccardo Bonfranchi

Die Geburt eines behinderten Kindes stellt die ganze Familie vor eine Reihe schwierig zu bewältigender Situationen. Die verschiedenen Familienmitglieder (Vater, Mutter, Geschwister) sind dabei unterschiedlich betroffen. Einigkeit besteht in der Fachliteratur darüber, dass die Geburt eines behinderten Kindes bzw. die Entdeckung einer schweren Schädigung für die Familie eine Periode schwerster Belastung bedeutet.

Familie in der Krise

Die Enttäuschung vitaler Wünsche, die Bedrohung der mütterlichen Identität, die Konfrontation mit sozialer Isolation und Vorurteilen, hohe finanzielle und körperliche Belastungen lösen eine existenzielle Krise aus. In der nun folgenden Zeit werden alle zur Überprüfung ihrer bisherigen Einstellungen zu Gesundheit, Krankheit, Leben und Tod gezwungen. Das äußert sich in einer tiefen Verunsicherung, im Gefühl, versagt zu haben, eigene und fremde Erwartungen nicht erfüllen zu können. Eine Welt bricht zusammen. Die Eltern müssen sich ganz neu orientieren und das weckt zunächst einmal Ängste.

Zahlreiche Untersuchungen zeigen, dass Menschen ganz unterschiedlich mit diesem Schock umgehen. Herkunftsfamilien und die soziale Umwelt sowie die individuelle Art, mit Krisen umzugehen, bestimmen den weiteren Verlauf.

Im Folgenden beziehe ich mich auf Gedanken, die ich bereits in meiner Veröffentlichung *Studienbuch der geistigen Behinderung* im 6. Kapitel aufgegriffen habe. (Bonfranchi 2013).

Die Situation der Mütter bei der Geburt eines behinderten Kindes

Mütter erleben bei der Geburt eines behinderten Kindes einen dreifachen Verlust:

- den *kindzentrierten* Verlust: Verlust des Bildes vom ungeschädigten »idealen Kind«,
- den *identitätszentrierten* Verlust: Verlust der Autonomie und Identität als Frau, Kompetenzverlust der mütterlichen Autorität durch die Behinderung,
- den *sozialzentrierten* Verlust: Verlust an Identifikation mit dem Kind, an autonomer Lebensplanung und sozialer Integration; dauernde Überforderung und daraus auch die drohende Destabilisierung der partnerschaftlichen Gemeinschaft.

Die Kränkung und Trauer, nicht ein normales, gesundes Kind auf die Welt gebracht zu haben, trifft die Mutter umso mehr, als sie, nach der Geburt oft vom Kind getrennt, ihre mütterlichen Fähigkeiten in keiner Weise entfalten kann. Im Gegenteil muss sie nun das Pflegepersonal oder die Heilpädagogische Früherzieherin als überlegen, mit besseren mütterlichen Eigenschaften ausgestattet empfinden.

Auch die Zeit danach, wenn das Kind zu Hause ist, bringt keine Besserung. Die Frauen berichten von beglückenden Beziehungsfantasien und erleben in der Realität vielfach ein Kind, das sehr viel schreit, sich nicht beruhigen lässt oder aber fast gar nicht auf sie und die Umwelt reagiert. Zur eigentlichen Aufgabe der Mutter kommen weitere Anforderungen wie Therapie und Förderung des Kindes und seine dauerhafte Pflegebedürftigkeit hinzu. Der Partner will natürlich auch nicht vernachlässigt werden, ebenso wenig andere Kinder. Langsam wächst die Erkenntnis, dass die Behinderung des Kindes lebenslang weitgehend die Alltagsgestaltung der Mutter bestimmen wird. Damit verliert sie einen Großteil ihrer Autonomie.

Die Situation der Väter bei der Geburt eines behinderten Kindes

Nur wenig Literatur zu diesem Thema beschäftigt sich mit der Rolle des Vaters. Einzelne Untersuchungen zeigen, dass Väter eines behinderten Kindes eher zu verstärkter innerer Distanzierung neigen. Dies geht oft mit einer emotionalen Hilflosigkeit einher. Dabei wird der Alltag des Vaters in seiner Rolle des Familienversorgers oft weit weniger tangiert als der der Mutter, die in der Regel für den inneren Zusammenhalt der Familie verantwortlich ist. Männer meiden problembezogene Gespräche eher. Sie tragen ihre Gefühle weniger nach außen. Es fällt ihnen schwerer, sich mit dem behinderten Kind in der Öffentlichkeit zu zeigen. Darum machen sie oft weniger Erfahrungen mit den Reaktionen der Umwelt als die Mütter. Aus diesen Gründen ist es schwieriger für sie, ihre Probleme zu verarbeiten. Kontakte zu Fachleuten suchen in erster Linie die Mütter. Dadurch entstehen auch Beziehungen zu anderen Müttern. Diese Kontakte erleichtern es, die Situation zu verarbeiten. Aus beruflichen und zeitlichen Gründen können dies die Väter oft nicht leisten. Sie bekommen also kaum die nötigen Anregungen zum Umgang mit dem behinderten Kind. Im Kontakt mit ihm sind Väter oft stärker auf sprachliche Kommunikationsmittel angewiesen als Mütter. Dies erschwert die Beziehung zwischen Vater und Kind.

Der Einfluss der Behinderung auf die Paarbeziehung

Männer können in ihrem spezifischen Trauerprozess und aufgrund ihrer geschlechtsspezifischen Sozialisation die Gefühlslage der Frauen häufig nicht nachvollziehen.

Wenn sie ihre Frau zeitlich entlasten, ist das meist mit finanziellen Einbußen und Prestigeverlust verbunden. Zudem binden sich Mütter häufig so eng an ihr behindertes Kind, dass der Partner nahezu überflüssig wird. Schwierigkeiten in der Paarbeziehung sind die Folge. Dies ist auch durch die tägliche Belastung der Mutter, durch die aufwendige Pflege und Betreuung des Kindes, durch das Gefühl der Isolation, durch eine depressive Gefühlslage, durch die Angst vor der Zukunft sowie durch Erschöpfung und Resignation bedingt. Ehen mit einem behinderten Kind werden häufiger geschieden als andere. Die Ursachen hierfür aber allein beim behinderten Kind zu suchen, würde zu kurz greifen. Es kann sein, dass die Beziehung bereits vorher nicht mehr ganz im Lot war. Es gibt Gegenbeispiele, wenn Väter ihre berufliche Karriere abbrechen oder einschränken, um sich vermehrt um ihr behindertes Kind zu kümmern. Tatsache bleibt die erhöhte Scheidungsziffer bei Ehen mit einem behinderten Kind. Die Rollenteilung: Vater als Ernährer, Mutter als Familienfrau und Pflegende sowie die starke Bindung der Mutter an das Kind führen oft zu einer schlechteren Prognose der Paarbeziehung. Auch bei einer heute oft anderen Aufteilung der gemeinsamen Aufgaben kann es zu vergleichbaren Schwierigkeiten kommen.

Die Trauer der Eltern

Die Lebenskrise, die mit der Diagnose der Behinderung des Kindes ausbricht, kann am besten verstanden werden, wenn man sie unter dem Aspekt der Trauer betrachtet: der Trauer um den Verlust der Erwartung eines »unversehrten Kindes« und des erträumten Familienlebens. Der Trauerprozess bei der Geburt eines behinderten Kindes läuft in der Regel in folgenden Phasen ab:

1. Verlust der Erwartung eines unversehrten Kindes
2. Innerer Aufruhr, Stress
3. Weigerung, die Diagnose anzunehmen (oft verbunden mit »doctor-shopping«)
4. Unsicherheit und Angst, aufkeimende Gewissheit
5. Ärger, Zorn (warum ich, wir?)
6. Depression
7. Zustimmung, Akzeptanz der Realität, Akzeptanz des Kindes, wie es ist

Diese Prozesse werden natürlich individuell unterschiedlich durchlebt und wahrgenommen. Und auch wenn die siebte Phase erreicht ist, heißt das nicht, dass frühere Phasen nicht immer wieder durchlaufen werden. Denn der Trauerprozess ist zugleich ein Heilungsprozess, der lebenslang anhält. Es geht dabei darum, mit der Situation leben zu lernen und daraus mehr oder weniger eine neue Autonomie zu gewinnen. Insbesondere beim Wechsel des Kindes in eine andere Institution können bereits abgeschlossene Prozesse wieder zum Tragen kommen.

Um auf die Ausgangsfrage zurückzukommen: Aus meiner Darstellung ergibt sich zweifellos, dass mit der Geburt eines behinderten Kindes alle Familienmitglieder in ihrer Lebensplanung betroffen und eingeschränkt sind (besonders die Eltern ihr Leben lang) und so als »behindert« bezeichnet werden können.

Kommentar Eliane Perret

Du beschreibst umfassend und differenziert die vielfältigen Auswirkungen, mit denen Eltern durch die Geburt eines behinderten Kindes konfrontiert sind. Sie sind unverhofft vor eine Aufgabe gestellt, mit der sie nicht gerechnet haben. Man hatte zusammen Pläne geschmiedet und sich ein »normales« Familienleben ausgemalt. Ein Leben, in dem die Kinder größer und selbstständiger und schließlich auch erwachsen werden und man zusehends wieder neuen Freiraum für die eigene Lebensgestaltung hat. Nun hat sich mit der Geburt des Kindes ein »Hindernis« ergeben, das nicht einfach aus dem Weg zu räumen ist. Eine Aufgabe, die sich dauerhaft stellt. Selbstverständlich wirkt sich das auf die eigene psychische Gestimmtheit und das Zusammenleben in der Familie und im sozialen Umfeld aus; das ist für mich keine Frage. Es ist für alle ein anspruchsvoller gefühlsmäßiger Prozess, sich auf diese neue Aufgabe einzulassen. Alle müssen sich damit auseinandersetzen, dass sich das eigene Leben in anderen Bahnen bewegen wird. Du beschreibst ja, wie es die Ehesituation belasten, unter Umständen sogar eine Scheidung nach sich ziehen kann. Im besseren Fall wird die Geburt des behinderten Kindes zur Chance, sich durch die gemeinsame Aufgabe noch mehr zu verbinden. Auch für die Geschwister ist es eine Herausforderung, nicht nur innerhalb der Familie, sondern auch in ihrem außerfamiliären Umfeld damit umzugehen, dass ein Geschwisterkind nicht »normal« ist. Daraus ergibt sich ein Zusammenspiel zwischen dem behinderten Menschen und seinem Umfeld. Ich möchte hier meinen Doktorvater, Professor Gerhard Heese, zitieren:

»Was wir Behinderung nennen, ist nur zu einem geringen Teil die – prinzipiell messbare – Schädigung. Weit mehr ist die Behinderung das, was aus der Schädigung für den Betroffenen in seinem Bezug zu anderen Menschen folgt.«

Das ist meines Erachtens keine Einbahnstraße, sondern gilt auch umgekehrt. Es ist eine in vielerlei Hinsicht sehr anspruchsvolle Aufgabe, die von den Eltern ungeplant übernommen werden muss, für die man in der eigenen Lebensplanung keinen Platz eingeräumt hatte und der man nicht ausweichen kann. Wie jeder einzelne Mensch mit dieser Situation umgeht, wirkt sich wiederum auf sein Lebensgefühl, auf sein Sich-behindert-Fühlen aus.

Für mich als Heilpädagogin ist es wichtig, um diese Problematik zu wissen und mich in die Lage der Eltern einfühlen zu können. Es ergibt sich für mich jedoch die Aufgabe, aufgrund meines Fachwissens und meiner Erfahrung eine Kooperation mit ihnen aufzubauen und gemeinsam eine Perspektive zu entwickeln.

Dank

Gemeinsam ein Buch zu schreiben, ist eine Herausforderung. Ein Versuch mit offenem Ausgang, wie wir zu Beginn feststellten. Wissentlich oder unwissentlich haben viele Menschen dazu beigetragen, dass unser Projekt gelang. Auch Zufälle gehörten dazu, wie am Anfang die Begegnung der Autorin und des Autors, aus der die Idee des gemeinsamen Schreibens entstand. Bereits im Vorfeld haben uns jedoch viele Menschen mit ihrem Wissen und ihren Ideen zum Weiterdenken inspiriert und uns geholfen, einen eigenen Standpunkt zu finden. Sie kommen in unserem Buch immer wieder zu Wort. Dazu gehören auch die Kinder, Jugendlichen und Erwachsenen, denen wir in unserer langen beruflichen Tätigkeit begegnet sind. Sie sind zu wichtigen Akteuren und Akteurinnen unseres Buches geworden. In vielen Gesprächen gaben uns deren Eltern Einblick in ihren Lebensalltag und die dabei auftauchenden Fragen und Probleme. Herzlichen Dank!

Einem Menschen möchten wir unsere besondere Referenz erweisen. Liebe Renate Dünki, du hast mit großer Sorgfalt unsere Texte gelesen. Es ging um Verständlichkeit, Orthografie und Grammatik. Das war das eine. Das andere aber war, dass du als erfahrene Heilpädagogin die Kompetenz hattest, unsere Beiträge fachlich zu beurteilen, die richtigen Fragen zu stellen und uns ein entsprechendes Echo und wichtige Impulse zu geben. Dann hast du auch das Kunststück geschafft, bei jedem Thema unsere Beiträge und Kommentare zu einem stimmigen Ganzen zu verbinden. Du brachtest immer wieder deine Freude an unserem Buchprojekt und dessen Bedeutung für die längst fällige Diskussion zu aktuellen Entwicklungen in der Heilpädagogik zum Ausdruck. Auch das war motivierend und verdient einen zusätzlichen herzlichen Dank.

Damit ein Buch entstehen kann, sind die Schreibenden auch auf ein motivierendes persönliches Umfeld angewiesen. Liebe Judith, lieber René, ihr wart und seid uns am wichtigsten.

Literaturhinweise

Wir haben uns beim Schreiben unter anderem auf folgenden Büchern abgestützt. Sie könnten auch auf Ihr Interesse stoßen und zum Weiterlesen und Weiterdenken anregen:

Adler, A. (1973, 1929). *Individualpsychologie in der Schule.* Frankfurt a. M.: Fischer.

Ainsworth. M. D. S. (1967). *Infancy in Uganda. Infant Care and Growth of Love.* Baltimore: Johns Hopkins Press.

Alsaker, F. (2012). *Mutig gegen Mobbing in Kindergarten und Schule.* Bern: Huber.

Aurin, K. (1990). *Gute Schulen – worauf beruht ihre Wirksamkeit.* Bad Heilbronn: Klinkhardt.

Axline, V. (1980). *Dibs.* Bern und München: Scherz.

Baumrind, D. A. (1991). Parenting Styles and Adolescent Development. In: Lerner, R., Petersen, A. C. & Brooks-Gunn, J. (Hrsg), *The Encyclopedia of Adolescence.* New York: Garland Publishing 1991 b, S. 746–758 .

Beauchamp, T. L. & Childress J. L. (2012). *Principles of Biomedical Ethics.* Oxford: Universitiy Press.

Bieber, T. (2010). *Sanfte Steuerungsmechanismen in der Bildungspolitik. Die PISA Studie und der Bologna Prozess in der Schweiz.* Universität Bremen: TranState Working Papers No. 117. Sfb597.

Bonfranchi, R. (2011). *Ethische Handlungsfelder der Heilpädagogik.* Bern: Peter Lang Verlag.

Bonfranchi, R. (2013). *Studienbuch der geistigen Behinderung.* München: Grin Verlag.

Bonfranchi, R. (2017). *Phänomenologie der Geistigen Behinderung.* Bern: Edition SZH/ CSPS.

Bottome. P. (2013). *Alfred Adler aus der Nähe porträtiert.* Berlin: VTA.

Bowlby, J. (2011). *Frühe Bindung und kindliche Entwicklung.* München: Ernst Reinhardt Verlag.

Brezinka, W. (1974). *Grundbegriffe der Erziehungswissenschaft.* München: Ernst Reinhardt Verlag.

Dweck, C. (2007). *Selbstbild. Wie unser Denken Erfolg und Niederlage bewirkt.* Frankfurt a. M.: Campus.

Frances, Allen. (2013). *Normal. Gegen die Inflation psychiatrischer Diagnosen.* Köln: DuMont.

Fromm Reichmann, F. (1959). *Intensive Psychotherapie.* Stuttgart: Hippokrates.

Grossmann, K. & Grossmann, K. E. (2017). *Bindungen – das Gefüge psychischer Sicherheit.* Leipzig: Klett-Cotta.

Hasler, F. (2013). *Neuromythologie. Eine Streitschrift gegen die Deutungsmacht der Hirnforschung.* Bielefeld: transcript.

Hattie, John A. C. (2014). *Lernen sichtbar machen für Lehrpersonen.* Überarbeitete deutschsprachige Ausgabe von »Visible Learning for Teachers«, besorgt von Wolfgang Beywl und Klaus Zierer. Baltmannsweiler: Schneider Verlag Hohengehren.

Haydn, T. (1993). *Sheila.* München: dtv.

Hobson, P. (2014). *Die Wiege des Denkens. Soziale und emotionale Ursprünge des Denkens.* Gießen: Psychosozial-Verlag.

Horster, D. & Oelkers, N. (2005). *Pädagogik und Ethik.* Wiesbaden: Springer.

Kaiser, A. (1981). *Das Gemeinschaftsgefühl – Entstehung und Bedeutung für die menschliche Entwicklung.* Zürich: Verlag Psychologische Menschenkenntnis.

Klafki, W. et al. (1975). *Erziehungswissenschaft, Band 2.* Frankfurt a. M.: Springer.

Klafki, W., Otto, G. & Schulz, W. (1977). *Didaktik und Praxis.* Weinheim: Beltz/ Juventa.

Kluy, A. (2019). *Alfred Adler. Der Vermessung der menschlichen Psyche.* München: DVA.

Kobi, E. E. (1993). *Grundfragen der Heilpädagogik. Eine Einführung in heilpädagogisches Denken.* Bern, Stuttgart, Wien: Verlag Paul Haupt.

Kobi. E. E. (2008). *Alternative Integration als integrierte Alternative?* In: Heilpädagogik. Die Fachzeitschrift im Internet. Jg. 7. Ausgabe 02/08. https://sonder paedagoge.quibbling.de/hpo/archiv/jg7.htm#kobi (Zugriff am 01.05.2021).

Kobi, E. E. (2010). *Personale Heilpädagogik. Kulturanthropologische Perspektiven.* Berlin: BHP-Verlag.

Langer, R. (Hrsg.) (2008). *›Warum tun die das?‹ Governanceanalysen zum Steuerungshandeln in der Schulentwicklung.* Berlin, Heidelberg: Springer.

Moor, P. (1999). *Heilpädagogik. Ein pädagogisches Lehrbuch. Studienausgabe.* Bern: Edition SZH/ CSPS.

NEK-CNE. Über die Verbesserung des Menschen mit pharmakologischen Wirkstoffen. *Schweizerische Ärztezeitung*, 2011, 43 (vollständige Fassung online: www.saez.ch).

Oelkers, J. (2008). *Selbstreguliertes Lernen: Idee und Wirklichkeit.* Vortrag im Tagungszentrum Schloss Au am 30.05.2011.

Olweus, D. (2006). *Gewalt in der Schule. Was Lehrer und Eltern wissen sollten und tun können.* Bern: Huber.

Pelizzari, A. (2001). *Die Ökonomisierung des Politischen. New Public Management und der neoliberale Angriff auf die öffentlichen Dienste.* Konstanz: UVK Verlagsgesellschaft.

Pfenninger, S. E. & Singleton, D. (2017). *Beyond Age Effects in Instructional L2 Learning: Revisiting the Age Factor*. Bristol: Multilingual Matters.

Roth, L. (Hrsg.). (1991). *Pädagogik. Handbuch für Studium und Praxis.* München: Ehrenwirth Verlag.

Simon, Alfons. (2018, 1950). *Verstehen und Helfen.* Meilen: Verlag für Psychologie und Erziehung.

Spaemann., R. (2006). *Ethik Lehr- und Lesebuch. Texte – Fragen – Antworten* (mit Walter Schweidler). Stuttgart: Klett-Cotta.

Speck, O. (2019). *Dilemma Inklusion. Wie Schule allen Kindern gerecht werden kann.* München: Ernst Reinhardt Verlag.

Sperber, M. (1961). *Wie eine Träne im Ozean.* München: dtv.

Sperber, M. (1980). *Alfred Adler oder das Elend der Psychologie.* Berlin: Ullstein.

Stamm, M. (2018). *Neue Väter brauchen neue Mütter. Warum Familie nur gemeinsam gelingt.* München: Piper.

Steiner, A. (2006). *Das Leben, unser höchstes Gut. Albert Schweitzers Ethik im 21. Jahrhundert.* Freiburg i. Br.: Herder.

Storebo, O. J. et al. (2015). *Methylphenidate for children and adolescents with attention deficit hyperactivity disorder (ADHD).* Verfügbar unter www.cochranelibrary.com/cdsr/doi/10.1002/14651858.CD009885.pub2/full (Zugriff am: 1.10.2020).

Tomasello, M. (2020). *Mensch werden – eine Theorie der Ontogenese.* Berlin: Suhrkamp.

Werner, E. (1997). Gefährdete Kindheit in der Moderne. Protektive Faktoren. *Vierteljahresschrift für Heilpädagogik,* 66 (2), S. 192–203.

Wygotski, L. (1987). *Ausgewählte Schriften. Band 2: Arbeiten zur psychischen Entwicklung der Persönlichkeit.* Köln: Pahl-Rugenstein.

Zassenhaus, H. (1974). *Ein Baum blüht im November. Bericht aus den Jahren des Zweiten Weltkrieges.* Hamburg: Hoffmann und Campe (Neuausgabe Zürich: Kopernikus).